U0921935

2020

中国文化及相关产业统计年鉴

China Statistical Yearbook on Culture and Related Industries

国家统计局社会科技和文化产业统计司
中宣部文化体制改革和发展办公室 编

Compiled by
Department of Social, Science and Technology, and Cultural Statistics
National Bureau of Statistics of China
Cultural Reform and Development Office
Publicity Department of CPC Central Committee

© 中国统计出版社有限公司 2020
版权所有。未经许可，本书的任何部分不得以任何方式在世界任何地区以任何文字翻印、拷贝、仿制或转载。

© 2020 China Statistics Press Co., Ltd.
All rights reserved. No part of the publication may be reproduced or transmitted in any form or by any means, electronic or mechanical, including photocopying, recording, or any information storage and retrieval system, without written permission from the publisher.

图书在版编目（CIP）数据

中国文化及相关产业统计年鉴. 2020 = China Statistical Yearbook on Culture and Related Industries 2020：汉英对照 / 国家统计局社会科技和文化产业统计司，中宣部文化体制改革和发展办公室编. -- 北京 ：中国统计出版社, 2020.12
ISBN 978-7-5037-9365-3

Ⅰ. ①中… Ⅱ. ①国… ②中… Ⅲ. ①文化产业—中国—2020—年鉴—汉、英 Ⅳ. ①G124-54

中国版本图书馆 CIP 数据核字(2020)第 217722 号

中国文化及相关产业统计年鉴—2020

作　　者/国家统计局社会科技和文化产业统计司，中宣部文化体制改革和发展办公室
责任编辑/李　冲
封面设计/李雪燕
出版发行/中国统计出版社有限公司
通信地址/北京市丰台区西三环南路甲 6 号　邮政编码/100073
电　　话/邮购（010）63376909　书店（010）68783171
网　　址/http://www.zgtjcbs.com
印　　刷/河北鑫兆源印刷有限公司
经　　销/新华书店
开　　本/880mm×1230mm　1/16
字　　数/600 千字
印　　张/16.25
版　　别/2020 年 12 月第 1 版
版　　次/2020 年 12 月第 1 次印刷
定　　价/280.00 元

本书附同版本 CD-ROM 一张，光盘内容以书面文字为准。
如有印装差错，由本社发行部调换。

《中国文化及相关产业统计年鉴-2020》
编辑委员会和编辑部

编辑委员会

主　任：万东华　张海明

委　员：（以姓氏笔画为序）

王　敏　王志华　王明亮　王高峰　叶雁林　闫　实

杜　梅　李建臣　郑冠兰　解三明

编　辑　部

总　编　辑：万东华　李建臣

编辑部主任：辛　佳　冀素琛

编辑部成员：（以姓氏笔画为序）

丁　一　马　静　王　冬　王　波　王晓浒　冯怡琳

刘慧平　孙　笑　李莉娜　杨　雪　张启龙　姚宁洲

徐　玉　陶宝刚　阎　鹏

编辑工作人员：（以姓氏笔画为序）

亢　博　史　书　刘晓雪　李　硕　李学伟　张　刚

陈中源　陈伊丽　袁　璐　高　玥　曹　千　常文亚

焦智康

英 文 翻 译：辛　佳　陈伊丽

英 文 审 校：张　军

责 任 编 辑：李　冲

China Statistical Yearbook on Culture and Related Industries-2020

Editorial Board and Editorial Staff

Editorial Board

Chairman: Wan Donghua　Zhang Haiming

Editorial Board: (in order of strokes of Chinese surname)

Wang Min　Wang Zhihua　Wang Mingliang　Wang Gaofeng
Ye Yanlin　Yan Shi　Du Mei　Li Jianchen　Zheng Guanlan
Xie Sanming

Editorial Staff

Editor-in-chief: Wan Donghua　Li Jianchen

Directors of Editorial Department: Xin Jia　Ji Suchen

Editorial Member: (in order of strokes of Chinese surname)

Ding Yi　Ma Jing　Wang Dong　Wang Bo　Wang Xiaohu
Feng Yilin　Liu Huiping　Sun Xiao　Li Lina　Yang Xue
Zhang Qilong　Yao Ningzhou　Xu Yu　Tao Baogang　Yan Peng

Editorial Staff: (in order of strokes of Chinese surname)

Kang Bo　Shi Shu　Liu Xiaoxue　Li Shuo　Li Xuewei
Zhang Gang　Chen Zhongyuan　Chen Yili　Yuan Lu
Gao Yue　Cao Qian　Chang Wenya　Jiao Zhikang

English Translators: Xin Jia　ChenYili

English Proofreader: Zhang Jun

Executive Editor: Li Chong

编者说明

《中国文化及相关产业统计年鉴-2020》由国家统计局和中宣部共同编辑。本年鉴收录了 2019 年全国和各省、自治区、直辖市与文化产业相关的统计数据，以及 2007-2019 年全国主要统计数据，是一部全面反映我国文化改革发展情况的资料性年刊。

本年鉴内容分为六个部分。第一部分为经济和社会发展概况；第二部分为文化及相关产业发展情况；第三部分为文化及相关产业法人单位发展情况；第四部分主要文化行业发展情况；第五部分为港澳台地区统计资料；第六部分为国际统计资料。最后附录了中国入选世界文化遗产项目、主要统计指标解释和《文化及相关产业分类（2018）》。

本年鉴对部分总计和分项因小数取舍而产生的误差，均未做配平处理。年鉴各表中的“空格”表示该统计指标数据不足本表最小单位数、数据不详或无该项数据；“#”表示其中的主要项；“*”或“1、2、3”表示本表的注解。

参与本年鉴编辑的部门还有：工业和信息化部、民政部、财政部、商务部、文化和旅游部、国家市场监督管理总局、国家广播电视总局、国家新闻出版署、国家电影局、国家知识产权局和国家档案局。我们对上述部门有关人员在本年鉴编辑过程中给予的大力支持，表示衷心地感谢！

EDITOR'S NOTES

Ⅰ. *China Statistical Yearbook on Culture and Related Industries 2020* is compiled by National Bureau of Statistics of China and Publicity Department of CPC Central Committee. It covers data relevant with cultural industries for 2019 at national level and local level of province, autonomous region and municipality directly under the Central Government, and national key statistical data from 2007 to 2019.The yearbook is an annual statistical publication reflecting comprehensively the development and reform of culture of China.

Ⅱ. The yearbook contains six chapters: 1. Economic and Social Development; 2. Development of Culture and Related Industries; 3. Condition on Legal Entities of Culture and Related Industries; 4. Development of Main Cultural Industries; 5. Statistical Indicators of Hong Kong, Macao and Taiwan Province of China; 6. International Statistical Indicators. Items Listing in World Cultural Heritage of China, Explanatory Notes on Main Statistical Indicators, Classification of Culture and related Industries(2018) are listed as Appendices.

Ⅲ. Statistical discrepancies on totals and relative figures due to rounding are not adjusted in the yearbook. Notations used in the yearbook: (blank space) indicates that the figure is not large enough to be measured with the smallest unit in the table, or data are unknown, or are not available; "#" indicates a major breakdown of the total.

Ⅳ. Data in the yearbook are also source from the following departments: Ministry of Industry and Information Technology, Ministry of Civil Affairs, Ministry of Finance, Ministry of Commerce, Ministry of Culture and Tourism, State Administration for Market Regulation, National Radio and Television Administration, National Press and Publication Administration of the People's Republic of China, China Film Administration, State Intellectual Property Office and the State Archives Administration. Here we want to express our deep appreciation to these departments!

目　录

Contents

一、经济和社会发展概况

Economic and Social Development

1-1 国内生产总值 …… 3
Gross Domestic Product
1-2 国内生产总值构成 …… 3
Composition of Gross Domestic Product
1-3 地区生产总值 …… 4
Gross Regional Product
1-4 按三次产业分地区生产总值(2019 年) …… 5
Gross Regional Product by Three Strata of Industry(2019)
1-5 按三次产业分地区生产总值构成(2019 年) …… 6
Composition of Gross Regional Product by Three Strata of Industry(2019)
1-6 人口数及城乡构成 …… 7
Population in Urban and Rural Areas
1-7 人口数及年龄结构 …… 7
Population and Age Composition
1-8 分地区年末人口数 …… 8
Population at Year-end by Region
1-9 分地区人口数及城乡构成(2019 年) …… 9
Population at Year-end in Urban and Rural Areas by Region(2019)
1-10 按三次产业分就业人员数及构成 (年底数) …… 10
Number of Employed Persons at Year-end and Composition by Three Strata of Industry
1-11 按行业分城镇非私营单位就业人员数(年底数) …… 11
Number of Employed Persons in Urban Non-Private Units at Year-end by Sector
1-12 全社会固定资产投资实际到位资金比上年增长情况 …… 15
Growth Rate of Actual Funds for Investment of Total Investment in Fixed Assets in the Whole Country over Preceding Year
1-13 分地区居民人均可支配收入与消费支出(2019 年) …… 16
Per Capita Disposable Income and Consumption Expenditure by Region(2019)
1-14 居民收入与支出 …… 17
Income and Consumption Expenditure
1-15 货物进出口总额 …… 17
Total Value of Imports and Exports
1-16 分地区货物进出口总额(2019 年) …… 18
Total Value of Imports and Exports by Region(2019)

1-17 一般公共预算收入及增速 …… 19
General Public Budget Revenue and Its Increase Rate
1-18 一般公共预算支出及增速 …… 19
General Public Budget Expenditure and Its Increase Rate
1-19 分地区一般公共预算收入和支出(2019 年) …… 20
General Public Budget Revenue and Expenditure by Region(2019)
1-20 旅游业发展情况 …… 21
Development of Tourism
1-21 国内旅游情况 …… 21
Domestic Tourism
1-22 分地区接待入境过夜游客 …… 22
Number of Overseas Visitor Arrivals by Region
1-23 分地区国际旅游收入 …… 24
Foreign Exchange Earnings from International Tourism by Region

二、文化及相关产业发展情况
Development of Culture and Related Industries

2-1-1 文化及相关产业法人单位数 …… 27
Number of Legal Entities Engaged in Culture and Related Industries
2-1-2 文化及相关产业增加值及占 GDP 比重 …… 28
Value-added of Culture and Related Industries and Its Percentage in GDP
2-1-3 分地区文化及相关产业增加值及占 GDP 比重(2018 年) …… 29
Regional Value-added of Culture and Related Industries and Its Percentage in GDP(2018)
2-1-4 分地区文化及相关产业法人单位主要指标(2004 年) …… 30
Basic Statistics on Legal Entities Engaged in Culture and Related Industries by Region(2004)
2-1-5 分地区文化及相关产业法人单位主要指标(2008 年) …… 32
Basic Statistics on Legal Entities Engaged in Culture and Related Industries by Region(2008)
2-1-6 分地区文化及相关产业法人单位主要指标(2013 年) …… 34
Basic Statistics on Legal Entities Engaged in Culture and Related Industries by Region(2013)
2-1-7 分地区文化及相关产业法人单位主要指标(2018 年) …… 35
Basic Statistics on Legal Entities Engaged in Culture and Related Industries by Region(2018)
2-2 按类别分文化及相关产业固定资产投资增速(2019 年) …… 36
Growth Rate of Investment in Fixed Assets of Culture and Related Industries by Category(2019)
2-3-1 居民人均可支配收入与文化娱乐消费支出 …… 37
Per Capita Disposable Income and Consumption Expenditure on Education,Culture and Recreation of Households
2-3-2 分地区全国居民人均文化娱乐消费支出 …… 38
Per Capita Consumption Expenditure on Culture and Recreation of Nationwide Households by Region
2-3-3 分地区城镇居民人均文化娱乐消费支出 …… 39
Per Capita Consumption Expenditure on Culture and Recreation of Urban Households by Region
2-3-4 分地区农村居民人均文化娱乐消费支出 …… 40
Per Capita Consumption Expenditure on Culture and Recreation of Rural Households by Region
2-3-5 分地区居民人均文化娱乐消费支出(2019 年) …… 41
Per Capita Consumption Expenditure on Culture and Recreation of Households by Region(2019)

2-3-6 文化娱乐用品及服务价格指数 …… 42
Price Indices of Articles and Service for Culture and Recreation
2-3-7 按城乡分文化娱乐用品及服务价格指数(2019 年) …… 42
Price Indices of Articles and Service for Culture and Recreation in Urban and Rural Area(2019)
2-4-1 文化产品进出口情况 …… 43
Imports and Exports of Cultural Commodities
2-4-2 按商品类别分文化产品进出口情况(2019 年) …… 43
Imports and Exports of Cultural Commodities by Category of Commodities(2019)
2-4-3 按贸易方式分文化产品进出口情况(2019 年) …… 44
Imports and Exports of Cultural Commodities by Type of Trade(2019)
2-4-4 按企业性质分文化产品进出口情况(2019 年) …… 44
Imports and Exports of Cultural Commodities by Registration Status of Enterprises(2019)
2-4-5 文化产品前十五位出口市场 …… 45
Ranking List of Exports of Cultural Commodities by Country (Region) of Destination
2-4-6 文化产品前十五位进口市场 …… 46
Ranking List of Imports of Cultural Commodities by Country (Region) of Origin
2-5-1 全国一般公共预算文化体育与传媒支出 …… 48
Expenditure for Culture, Sport and Media of National Government Revenue
2-5-2 地方一般公共预算文化体育与传媒支出 …… 49
Expenditure for Culture, Sport and Media of Regional Government Revenue
2-6-1 国内文化及相关产业专利授权情况 …… 50
Basic Statistics on Granted Patent Applications on Culture and Related Industries
2-6-2 按类别分文化及相关产业专利授权情况(2019 年) …… 51
Basic Statistics on Granted Patent Applications on Culture and Related Industries by Category(2019)

三、文化及相关产业法人单位发展情况
Condition on Legal Entities of Culture and Related Industries

3-1-1 按类别分文化及相关产业法人单位基本情况(2019 年) …… 55
Basic Statistics on Culture and Related Industries by Category(2019)
3-1-2 分地区文化及相关产业法人单位基本情况(2019 年) …… 56
Basic Statistics on Culture and Related Industries by Region(2019)
3-2-1 规模以上文化及相关产业企业基本情况(2019 年) …… 57
Basic Statistics on Culture and Related Industries above Designated Size(2019)
3-2-2 按类别分规模以上文化及相关产业企业基本情况(2019 年) …… 58
Basic Statistics on Culture and Related Industries above Designated Size by Category(2019)
3-2-3 分地区规模以上文化及相关产业企业基本情况(2019 年) …… 60
Basic Statistics on Culture and Related Industries above Designated Size by Region(2019)
3-3-1 规模以上文化制造业企业基本情况(2019 年) …… 62
Basic Statistics on Cultural Industrial Enterprises above Designated Size(2019)
3-3-2 分地区规模以上文化制造业企业主要指标(2019 年) …… 65
Main Indicators on Cultural Industrial Enterprises above Designated Size by Region(2019)
3-3-3 规模以上文化制造业企业科技活动情况(2019 年) …… 69
Basic Statistics on Science and Technology Activities of Cultural Industrial Enterprises
above Designated Size(2019)

3-3-4 分地区规模以上文化制造业企业科技活动情况(2019 年) …… 73
Basic Statistics on Science and Technology Activities of Cultural Industrial Enterprises above Designated Size by Region(2019)
3-4-1 限额以上文化批发和零售业企业基本情况(2019 年) …… 75
Basic Statistics on Cultural Wholesale and Retail Trades Enterprises above Designated Size(2019)
3-4-2 分地区限额以上文化批发和零售业企业主要指标(2019 年) …… 77
Main Indicators on Cultural Wholesale and Retail Trades Enterprises above Designated Size by Region(2019)
3-5-1 规模以上文化服务业企业基本情况(2019 年) …… 81
Basic Statistics on Cultural Enterprises of Service Industry above Designated Size(2019)
3-5-2 分地区规模以上文化服务业企业主要指标(2019 年) …… 84
Main Indicators on Cultural Enterprises of Service Industry above Designated Size by Region(2019)

四、主要文化行业发展情况
Development of Main Cultural Industries

4-1-1 出版物基本情况 …… 91
Basic Statistics on Publications
4-1-2 分地区少年儿童读物和课本出版情况(2019 年) …… 93
Number of Books Published for Children and Textbooks by Region(2019)
4-1-3 全国图书出版机构及人员情况 …… 94
Institutions and Engaged Persons of Publication Industry
4-1-4 出版物发行购、销、存情况 …… 95
Basic Statistics on Purchase,Sales and Stock of Publications
4-1-5 出版物印刷机构情况 …… 96
Basic Statistics on Printing Institutions
4-1-6 全国图书、期刊、报纸进出口情况 …… 97
Basic Statistics on Imports and Exports of Books, Magazines and Newspapers
4-1-7 全国音像制品、电子出版物与数字出版物进出口情况 …… 97
Basic Statistics on Audio-Video Product, Electronic Publications and Digital Publications
4-1-8 版权合同登记情况 …… 98
Basic Statistics on Registration of Copyright Contracts
4-1-9 全国作品自愿登记情况 …… 99
Basic Statistics on Registration of Original Products
4-1-10 版权引进和输出情况 …… 100
Basic Statistics on Copyright Import and Export
4-2-1 全国广播和电视综合人口覆盖情况 …… 101
Population Coverage Rate of Radio and TV Programs
4-2-2 全国有线广播电视实际用户情况 …… 102
Users of Cable Radios and TVs
4-2-3 全国广播电视节目制作和播出情况 …… 103
Production and Broadcasting of Radio and TV Programs
4-2-4 分地区广播节目制作情况(2019 年) …… 104
Production and Transaction of Radio Program by Region(2019)

4-2-5 分地区电视节目制作交易情况(2019 年) …… 105
Production and Transaction of TV Program by Region(2019)
4-2-6 分地区广播节目播出情况(2019 年) …… 108
Broadcasting of Radio Program by Region(2019)
4-2-7 分地区电视节目播出情况(2019 年) …… 110
Broadcasting of TV Program by Region(2019)
4-2-8 分地区电视剧播出情况(2019 年) …… 112
Broadcasting of TV Plays by Region(2019)
4-2-9 全国广播电视从业人员情况 …… 113
Persons Engaged in Radio and TV Broadcasting Industry
4-2-10 全国广播电视实际创收收入及资产情况 …… 114
Revenue and Assets of Radio and TV Broadcasting Industry
4-2-11 分地区广播电视实际创收收入及资产情况(2019 年) …… 115
Revenue of Radio and TV Broadcasting Industry by Region(2019)
4-2-12 分地区广播电视行政事业单位财务收支情况(2019 年) …… 117
Main Financial Indicators of Administrative Organs and Institutions Engaged in Radio and TV Broadcasting(2019)
4-2-13 分地区广播电视行政事业单位实际创收情况(2019 年) …… 118
Actual Revenue of Administrative Organs and Institutions Engaged in Radio and TV Broadcasting by Region(2019)
4-2-14 分地区广播电视行政事业单位资产负债情况(2019 年) …… 119
Assets and Liabilities of Administrative Organs and Institutions Engaged in Radio and TV Broadcasting by Region(2019)
4-2-15 分地区广播电视企业单位经营情况(2019 年) …… 120
Main Financial Indicators of Enterprises Engaged in Radio and TV Broadcasting by Region(2019)
4-2-16 分地区广播电视企业单位创收情况(2019 年) …… 121
Actual Revenue of Enterprises Engaged in Radio and TV Broadcasting by Region(2019)
4-2-17 分地区广播电视企业单位资产负债情况(2019 年) …… 122
Assets and Liabilities of Enterprises Engaged in Radio and TV Broadcasting by Region(2019)
4-2-18 全国电视节目进口情况 …… 123
Basic Statistics on Imported and Exported TV Programs
4-2-19 全国电视节目进出口情况(2019 年) …… 123
Basic Statistics on Imported and Exported TV Programs(2019)
4-2-20 分地区电视节目进出口情况(2019 年) …… 125
Basic Statistics on Imported and Exported TV Programs by Region(2019)
4-2-21 全国电影发展情况 …… 126
Basic Statistics on Film Industry
4-3-1 博物馆基本情况 …… 127
Basic Statistics on Museums
4-3-2 分地区博物馆基本情况(2019 年) …… 128
Basic Statistics on Museums by Region(2019)
4-3-3 群众文化机构基本情况 …… 131
Basic Statistics on Mass Cultural Institutions
4-3-4 分地区群众文化机构基本情况(2019 年) …… 132
Basic Statistics on Mass Cultural Institutions by Region(2019)

4-3-5 公共图书馆基本情况 ……135
Basic Statistics on Public Libraries
4-3-6 分地区公共图书馆基本情况(2019 年) ……136
Basic Statistics on Public Libraries by Region(2019)
4-3-7 艺术表演团体基本情况 ……140
Basic Statistics on Art Performance Troupes
4-3-8 分地区艺术表演团体基本情况(2019 年) ……141
Basic Statistics on Art Performance Troupes by Region(2019)
4-3-9 艺术表演场馆基本情况 ……144
Basic Statistics on Art Performance Places
4-3-10 分地区艺术表演场馆基本情况(2019 年) ……145
Basic Statistics on Art Performance Places of Culture System by Region(2019)
4-3-11 文物保护管理机构基本情况 ……148
Basic Statistics on Agencies of Cultural Relics Preservation
4-3-12 文物科研机构基本情况 ……148
Basic Statistics on Scientific and Research Agencies of Cultural Relics
4-3-13 分地区文物保护管理机构基本情况(2019 年) ……149
Basic Statistics on Agencies of Cultural Relics Preservation by Region(2019)
4-3-14 分地区文物科研机构基本情况(2019 年) ……152
Basic Statistics on Scientific and Research Agencies of Cultural Relics by Region(2019)
4-3-15 文化类社会组织情况 ……155
Basic Statistics on Social Organizations Related with Culture
4-3-16 档案馆机构和人员情况 ……156
Basic Statistics on Archive Institutions and Personnel
4-3-17 国家综合档案馆基本情况 ……157
Basic Statistics on National Comprehensive Archives
4-4-1 娱乐场所基本情况 ……158
Basic Statistics on Entertainment Units
4-4-2 分地区娱乐场所基本情况(2019 年) ……159
Basic Statistics on Entertainment Units by Region(2019)
4-4-3 网吧基本情况 ……161
Basic Statistics on Internet Bars
4-4-4 分地区网吧基本情况(2019 年) ……162
Basic Statistics on Internet Bars by Region(2019)
4-4-5 分地区动漫企业基本情况(2019 年) ……164
Basic Statistics on Comic and Animation Enterprises by Region(2019)
4-5-1 全国广告业基本情况 ……167
Basic Statistics on Advertising Industry
4-5-2 分地区广告经营单位 ……168
Number of Advertising Units by Region
4-5-3 分地区广告从业人员 ……170
Basic Statistics on Persons Engaged in Advertising by Region
4-5-4 分地区广告经营额 ……172
Basic Statistics on Advertising Turnover by Region

4-5-5 与文化产业相关的通信业基本情况……174
Basic Statistics on Communication Service Related with Culture Industries

五、港澳台地区统计资料
Statistical Indicators of Hong Kong, Macao and Taiwan Province of China

5-1-1 香港文化及创意产业增加值……179
Value Added of the Cultural and Creative Industries of Hong Kong,China
5-1-2 香港文化及创意产业就业人数……180
Number of Persons Engaged in the Cultural and Creative Industries of Hong Kong,China
5-1-3 香港文化及创意产品进出口情况……182
Total Exports and Imports of Cultural and Creative Goods of Hong Kong,China
5-1-4 香港文化及创意服务输出和输入情况……183
Exports and Imports of Cultural and Creative Services of Hong Kong,China
5-2-1 澳门文化活动参与情况……186
Basic Statistics on Arts Attendance of Macao,China
5-2-2 澳门会展业基本情况……188
Basic Statistics on Exhibition Industry of Macao,China
5-2-3 澳门表演及文化展览情况……189
Basic Statistics on Public Performance and Cultural Exhibitions of Macao,China
5-2-4 澳门公共图书馆及阅览室情况……189
Basic Statistics on Public Libraries and Reading Rooms of Macao,China
5-2-5 澳门出版、博物馆及广播电影电视情况……190
Basic Statistics on Publishing, Museums,Radio, TV and Films of Macao,China
5-3-1 台湾省文创产业营业额与本地生产总值……191
Total Revenue of Cultural and Creative Industries and GDP of Taiwan,China
5-3-2 台湾省文创产业从业人员情况……192
Basic Statistics on Engaged Persons of Cultural and Creative Industries of Taiwan,China
5-3-3 台湾省文化创意产业企业情况……193
Basic Statistics on Enterprises of Cultural and Creative Industries of Taiwan,China

六、国际统计资料
International Statistical Indicators

6-1 世界主要国家版权产业增加值占 GDP 的比重……197
Contribution of Copyright Industries to GDP in Main Countries
6-2 世界主要国家版权产业从业人员占从业总人员数的比重……198
Employed Persons Engaged in Copyright Industries as Percentage of Total Employed Persons
6-3 世界创意产品出口情况……199
Basic Statistics on Exported Creative Goods
6-4 世界创意产品进口情况……200
Basic Statistics on Imported Creative Goods
6-5 世界主要国家故事影片生产情况……201
Total Number of National Feature Films Produced in Main Countries

6-6 世界主要国家电影银幕情况……203
Total Number of Screens in Main Countries
6-7 按产业分美国文化总产出及增加值(2017 年)……205
Output and Value Added of Culture by Industry in America(2017)
6-8 按产业分类的美国文化从业人员及劳动报酬(2017 年)……207
Employment and Compensation of Culture by Industry in America(2017)
6-9 加拿大文化产业基本情况……209
Basic Statistics on Culture Industries in Canada
6-10 澳大利亚文化产业增加值基本情况……210
The Added Value of Creative Industries in Australia
6-11 英国文化产业增加值基本情况……211
Gross value added for the Creative Industries in UK
6-12 德国文化产业基本情况……212
Key Data on the Culture and Creative Industries in Germany
6-13 法国文化产业增加值及构成……214
Value-added of Cultural Industries and Its Composition in France
6-14 西班牙核心文化产业增加值……215
Value-added of Core Cultural Industries in Spain
6-15 日本文化产业基本情况……216
Basic Statistics on Culture Industries in Japan
6-16 韩国文化产业统计(2012 年)……218
Statistics of Korea's Creative Content Industry(2012)
6-17 印度娱乐传媒业营业额基本情况……218
Business Revenue of Entertainment and Media Industry in India

附录一 中国入选世界文化遗产项目
Appendix 1 Items Listing in World Cultural Heritage of China
1.中国入选“世界遗产名录”的文化和自然遗产项目……221
2.中国入选世界“非物质文化遗产名录”的项目……223

附录二 主要统计指标解释……227
Appendix 2 Explanatory Notes on Main Statistical Indicators

附录三 文化及相关产业分类（2018）
Appendix 3 Classification of Culture and Related Industries (2018)
文化及相关产业分类(2018)……233
表 1 文化及相关产业的类别名称和行业代码……235
表 2 带“*”行业分类文化生产活动内容的说明……244

1

经济和社会发展概况

Economic and Social Development

1-1 国内生产总值
Gross Domestic Product

单位：亿元 (100 million yuan)

年 份 Year	国内生产总值 Gross Domestic Product	第一产业 Primary Industry	第二产业 Secondary Industry	#工业 Industry	第三产业 Tertiary Industry	#批发零售业 Wholesale and Retail Trades
2007	270092.3	27674.1	126630.5	111690.8	115787.7	20941.1
2008	319244.6	32464.1	149952.9	131724.0	136827.5	26186.2
2009	348517.7	33583.8	160168.8	138092.6	154765.1	29004.6
2010	412119.3	38430.8	191626.5	165123.1	182061.9	35907.9
2011	487940.2	44781.5	227035.1	195139.1	216123.6	43734.5
2012	538580.0	49084.6	244639.1	208901.4	244856.2	49835.5
2013	592963.2	53028.1	261951.6	222333.2	277983.5	56288.9
2014	643563.1	55626.3	277282.8	233197.4	310654.0	63170.4
2015	688858.2	57774.6	281338.9	234968.9	349744.7	67719.6
2016	746395.1	60139.2	295427.8	245406.4	390828.1	73724.5
2017	832035.9	62099.5	331580.5	275119.3	438355.9	81156.6
2018	919281.1	64745.2	364835.2	301089.3	489700.8	88903.7
2019	990865.1	70466.7	386165.3	317108.7	534233.1	95845.7

注：1.本表按当年价格计算(以下相关表同)。
2.实施研发支出核算方法改革后，对各年度GDP数据进行了系统修订(以下相关表同)。

a) Data in this table are calculated at current prices.The same applies to the relevant tables following.

b) As methodology of R&D expenditure accounting is reformed, data of GDP of all years are adjusted systematically. The same applies to the relevant tables following.

1-2 国内生产总值构成
Composition of Gross Domestic Product

单位：% (%)

年 份 Year	国内生产总值 Gross Domestic Product	第一产业 Primary Industry	第二产业 Secondary Industry	#工业 Industry	第三产业 Tertiary Industry	#批发零售业 Wholesale and Retail Trades
2007	100.0	10.2	46.9	41.4	42.9	7.8
2008	100.0	10.2	47.0	41.3	42.9	8.2
2009	100.0	9.6	46.0	39.6	44.4	8.3
2010	100.0	9.3	46.5	40.1	44.2	8.7
2011	100.0	9.2	46.5	40.0	44.3	9.0
2012	100.0	9.1	45.4	38.8	45.5	9.3
2013	100.0	8.9	44.2	37.5	46.9	9.5
2014	100.0	8.6	43.1	36.2	48.3	9.8
2015	100.0	8.4	40.8	34.1	50.8	9.8
2016	100.0	8.1	39.6	32.9	52.4	9.9
2017	100.0	7.5	39.9	33.1	52.7	9.8
2018	100.0	7.0	39.7	32.8	53.3	9.7
2019	100.0	7.1	39.0	32.0	53.9	9.7

1-3 地区生产总值
Gross Regional Product

单位：亿元 (100 million yuan)

地 区	Region	2013	2014	2015	2016	2017	2018	2019
北 京	Beijing	19800.8	21330.8	23014.6	25669.1	28014.9	30320.0	35371.3
天 津	Tianjin	14442.0	15726.9	16538.2	17885.4	18549.2	18809.6	14104.3
河 北	Hebei	28443.0	29421.2	29806.1	32070.5	34016.3	36010.3	35104.5
山 西	Shanxi	12665.3	12761.5	12766.5	13050.4	15528.4	16818.1	17026.7
内蒙古	Inner Mongolia	16916.5	17770.2	17831.5	18128.1	16096.2	17289.2	17212.5
辽 宁	Liaoning	27213.2	28626.6	28669.0	22246.9	23409.2	25315.4	24909.5
吉 林	Jilin	13046.4	13803.1	14063.1	14776.8	14944.5	15074.6	11726.8
黑龙江	Heilongjiang	14454.9	15039.4	15083.7	15386.1	15902.7	16361.6	13612.7
上 海	Shanghai	21818.2	23567.7	25123.5	28178.7	30633.0	32679.9	38155.3
江 苏	Jiangsu	59753.4	65088.3	70116.4	77388.3	85869.8	92595.4	99631.5
浙 江	Zhejiang	37756.6	40173.0	42886.5	47251.4	51768.3	56197.2	62351.7
安 徽	Anhui	19229.3	20848.7	22005.6	24407.6	27018.0	30006.8	37114.0
福 建	Fujian	21868.5	24055.8	25979.8	28810.6	32182.1	35804.0	42395.0
江 西	Jiangxi	14410.2	15714.6	16723.8	18499.0	20006.3	21984.8	24757.5
山 东	Shandong	55230.3	59426.6	63002.3	68024.5	72634.1	76469.7	71067.5
河 南	Henan	32191.3	34938.2	37002.2	40471.8	44552.8	48055.9	54259.2
湖 北	Hubei	24791.8	27379.2	29550.2	32665.4	35478.1	39366.6	45828.3
湖 南	Hunan	24621.7	27037.3	28902.2	31551.4	33903.0	36425.8	39752.1
广 东	Guangdong	62474.8	67809.9	72812.6	80854.9	89705.2	97277.8	107671.1
广 西	Guangxi	14449.9	15672.9	16803.1	18317.6	18523.3	20352.5	21237.1
海 南	Hainan	3177.6	3500.7	3702.8	4053.2	4462.5	4832.1	5308.9
重 庆	Chongqing	12783.3	14262.6	15717.3	17740.6	19424.7	20363.2	23605.8
四 川	Sichuan	26392.1	28536.7	30053.1	32934.5	36980.2	40678.1	46615.8
贵 州	Guizhou	8086.9	9266.4	10502.6	11776.7	13540.8	14806.5	16769.3
云 南	Yunnan	11832.3	12814.6	13619.2	14788.4	16376.3	17881.1	23223.8
西 藏	Tibet	815.7	920.8	1026.4	1151.4	1310.9	1477.6	1697.8
陕 西	Shaanxi	16205.5	17689.9	18021.9	19399.6	21898.8	24438.3	25793.2
甘 肃	Gansu	6330.7	6836.8	6790.3	7200.4	7459.9	8246.1	8718.3
青 海	Qinghai	2122.1	2303.3	2417.1	2572.5	2624.8	2865.2	2966.0
宁 夏	Ningxia	2577.6	2752.1	2911.8	3168.6	3443.6	3705.2	3748.5
新 疆	Xinjiang	8443.8	9273.5	9324.8	9649.7	10882.0	12199.1	13597.1

注：表中数据为初步核算数(以下相关表同)。
a) Date in this table are preliminary accounting figures. The same applies to the relevant tables.

1-4 按三次产业分地区生产总值(2019年)
Gross Regional Product by Three Strata of Industry (2019)

单位：亿元 (100 million yuan)

地 区	Region	地 区 生产总值 Gross Regional Product	第一产业 Primary Industry	第二产业 Secondary Industry	第三产业 Tertiary Industry
北 京	Beijing	35371.3	113.7	5715.1	29542.5
天 津	Tianjin	14104.3	185.2	4969.2	8949.9
河 北	Hebei	35104.5	3518.4	13597.3	17988.8
山 西	Shanxi	17026.7	824.7	7453.1	8748.9
内蒙古	Inner Mongolia	17212.5	1863.2	6818.9	8530.5
辽 宁	Liaoning	24909.5	2177.8	9531.2	13200.4
吉 林	Jilin	11726.8	1287.3	4134.8	6304.7
黑龙江	Heilongjiang	13612.7	3182.5	3615.2	6815.0
上 海	Shanghai	38155.3	103.9	10299.2	27752.3
江 苏	Jiangsu	99631.5	4296.3	44270.5	51064.7
浙 江	Zhejiang	62351.7	2097.4	26566.6	33687.8
安 徽	Anhui	37114.0	2915.7	15337.9	18860.4
福 建	Fujian	42395.0	2596.2	20581.7	19217.0
江 西	Jiangxi	24757.5	2057.6	10939.8	11760.1
山 东	Shandong	71067.5	5116.4	28310.9	37640.2
河 南	Henan	54259.2	4635.4	23605.8	26018.0
湖 北	Hubei	45828.3	3809.1	19098.6	22920.6
湖 南	Hunan	39752.1	3647.0	14947.0	21158.2
广 东	Guangdong	107671.1	4351.3	43546.4	59773.4
广 西	Guangxi	21237.1	3387.7	7077.4	10772.0
海 南	Hainan	5308.9	1080.4	1099.0	3129.5
重 庆	Chongqing	23605.8	1551.4	9496.8	12557.5
四 川	Sichuan	46615.8	4807.2	17365.3	24443.3
贵 州	Guizhou	16769.3	2280.6	6058.5	8430.3
云 南	Yunnan	23223.8	3037.6	7961.6	12224.6
西 藏	Tibet	1697.8	138.2	635.6	924.0
陕 西	Shaanxi	25793.2	1990.9	11980.8	11821.5
甘 肃	Gansu	8718.3	1050.5	2862.4	4805.4
青 海	Qinghai	2966.0	301.9	1159.8	1504.3
宁 夏	Ningxia	3748.5	279.9	1584.7	1883.8
新 疆	Xinjiang	13597.1	1781.8	4795.5	7019.9

1-5 按三次产业分地区生产总值构成(2019年)
Composition of Gross Regional Product by Three Strata of Industry(2019)

单位：%　　(%)

地区	Region	地区生产总值 Gross Regional Product	第一产业 Primary Industry	第二产业 Secondary Industry	第三产业 Tertiary Industry
北　京	Beijing	100.0	0.3	16.2	83.5
天　津	Tianjin	100.0	1.3	35.2	63.5
河　北	Hebei	100.0	10.0	38.7	51.3
山　西	Shanxi	100.0	4.8	43.8	51.4
内蒙古	Inner Mongolia	100.0	10.8	39.6	49.6
辽　宁	Liaoning	100.0	8.7	38.3	53.0
吉　林	Jilin	100.0	11.0	35.2	53.8
黑龙江	Heilongjiang	100.0	23.4	26.6	50.1
上　海	Shanghai	100.0	0.3	27.0	72.7
江　苏	Jiangsu	100.0	4.3	44.4	51.3
浙　江	Zhejiang	100.0	3.4	42.6	54.0
安　徽	Anhui	100.0	7.9	41.3	50.8
福　建	Fujian	100.0	6.1	48.5	45.3
江　西	Jiangxi	100.0	8.3	44.2	47.5
山　东	Shandong	100.0	7.2	39.8	53.0
河　南	Henan	100.0	8.5	43.5	48.0
湖　北	Hubei	100.0	8.3	41.7	50.0
湖　南	Hunan	100.0	9.2	37.6	53.2
广　东	Guangdong	100.0	4.0	40.4	55.5
广　西	Guangxi	100.0	16.0	33.3	50.7
海　南	Hainan	100.0	20.3	20.7	59.0
重　庆	Chongqing	100.0	6.6	40.2	53.2
四　川	Sichuan	100.0	10.3	37.3	52.4
贵　州	Guizhou	100.0	13.6	36.1	50.3
云　南	Yunnan	100.0	13.1	34.3	52.6
西　藏	Tibet	100.0	8.2	37.4	54.4
陕　西	Shaanxi	100.0	7.7	46.4	45.8
甘　肃	Gansu	100.0	12.0	32.8	55.1
青　海	Qinghai	100.0	10.2	39.1	50.7
宁　夏	Ningxia	100.0	7.5	42.3	50.3
新　疆	Xinjiang	100.0	13.1	35.3	51.6

1-6 人口数及城乡构成
Population in Urban and Rural Areas

单位：万人，%　　　　(10 000 persons,%)

年份 Year	总人口(年末) Total Population (year-end)	城镇 Urban	乡村 Rural	构成 Composition 城镇 Urban	乡村 Rural
2007	132129	60633	71496	45.89	54.11
2008	132802	62403	70399	46.99	53.01
2009	133450	64512	68938	48.34	51.66
2010	134091	66978	67113	49.95	50.05
2011	134735	69079	65656	51.27	48.73
2012	135404	71182	64222	52.57	47.43
2013	136072	73111	62961	53.73	46.27
2014	136782	74916	61866	54.77	45.23
2015	137462	77116	60346	56.10	43.90
2016	138271	79298	58973	57.35	42.65
2017	139008	81347	57661	58.52	41.48
2018	139538	83137	56401	59.58	40.42
2019	140005	84843	55162	60.60	39.40

1-7 人口数及年龄结构
Population and Age Composition

单位：万人，%　　　　(10 000 persons,%)

年份 Year	总人口(年末) Total Population (year-end)	按年龄组分 by Age 0-14岁 Aged 0-14 人口数 Population	比重 Proportion	15-64岁 Aged 15-64 人口数 Population	比重 Proportion	65岁及以上 Aged 65 and Over 人口数 Population	比重 Proportion
2007	132129	25660	19.4	95833	72.5	10636	8.1
2008	132802	25166	19.0	96680	72.7	10956	8.3
2009	133450	24659	18.5	97484	73.0	11307	8.5
2010	134091	22259	16.6	99938	74.5	11894	8.9
2011	134735	22164	16.5	100283	74.4	12288	9.1
2012	135404	22287	16.5	100403	74.1	12714	9.4
2013	136072	22329	16.4	100582	73.9	13161	9.7
2014	136782	22558	16.5	100469	73.4	13755	10.1
2015	137462	22715	16.5	100361	73.0	14386	10.5
2016	138271	23008	16.7	100260	72.5	15003	10.8
2017	139008	23348	16.8	99829	71.8	15831	11.4
2018	139538	23523	16.9	99357	71.2	16658	11.9
2019	140005	23492	16.8	98910	70.6	17603	12.6

1-8 分地区年末人口数
Population at Year-end by Region

单位：万人 (10 000 persons)

地 区	Region	2008	2009	2010	2011	2012	2013	2014	2015	2016	2017	2018	2019
全 国	**National Total**	**132802**	**133450**	**134091**	**134735**	**135404**	**136072**	**136782**	**137462**	**138271**	**139008**	**139538**	**140005**
北 京	Beijing	1771	1860	1962	2019	2069	2115	2152	2171	2173	2171	2154	2154
天 津	Tianjin	1176	1228	1299	1355	1413	1472	1517	1547	1562	1557	1560	1562
河 北	Hebei	6989	7034	7194	7241	7288	7333	7384	7425	7470	7520	7556	7592
山 西	Shanxi	3411	3427	3574	3593	3611	3630	3648	3664	3682	3702	3718	3729
内蒙古	Inner Mongolia	2444	2458	2472	2482	2490	2498	2505	2511	2520	2529	2534	2540
辽 宁	Liaoning	4315	4341	4375	4383	4389	4390	4391	4382	4378	4369	4359	4352
吉 林	Jilin	2734	2740	2747	2749	2750	2751	2752	2753	2733	2717	2704	2691
黑龙江	Heilongjiang	3825	3826	3833	3834	3834	3835	3833	3812	3799	3789	3773	3751
上 海	Shanghai	2141	2210	2303	2347	2380	2415	2426	2415	2420	2418	2424	2428
江 苏	Jiangsu	7762	7810	7869	7899	7920	7939	7960	7976	7999	8029	8051	8070
浙 江	Zhejiang	5212	5276	5447	5463	5477	5498	5508	5539	5590	5657	5737	5850
安 徽	Anhui	6135	6131	5957	5968	5988	6030	6083	6144	6196	6255	6324	6366
福 建	Fujian	3639	3666	3693	3720	3748	3774	3806	3839	3874	3911	3941	3973
江 西	Jiangxi	4400	4432	4462	4488	4504	4522	4542	4566	4592	4622	4648	4666
山 东	Shandong	9417	9470	9588	9637	9685	9733	9789	9847	9947	10006	10047	10070
河 南	Henan	9429	9487	9405	9388	9406	9413	9436	9480	9532	9559	9605	9640
湖 北	Hubei	5711	5720	5728	5758	5779	5799	5816	5852	5885	5902	5917	5927
湖 南	Hunan	6380	6406	6570	6596	6639	6691	6737	6783	6822	6860	6899	6918
广 东	Guangdong	9893	10130	10441	10505	10594	10644	10724	10849	10999	11169	11346	11521
广 西	Guangxi	4816	4856	4610	4645	4682	4719	4754	4796	4838	4885	4926	4960
海 南	Hainan	854	864	869	877	887	895	903	911	917	926	934	945
重 庆	Chongqing	2839	2859	2885	2919	2945	2970	2991	3017	3048	3075	3102	3124
四 川	Sichuan	8138	8185	8045	8050	8076	8107	8140	8204	8262	8302	8341	8375
贵 州	Guizhou	3596	3537	3479	3469	3484	3502	3508	3530	3555	3580	3600	3623
云 南	Yunnan	4543	4571	4602	4631	4659	4687	4714	4742	4771	4801	4830	4858
西 藏	Tibet	292	296	300	303	308	312	318	324	331	337	344	351
陕 西	Shaanxi	3718	3727	3735	3743	3753	3764	3775	3793	3813	3835	3864	3876
甘 肃	Gansu	2551	2555	2560	2564	2578	2582	2591	2600	2610	2626	2637	2647
青 海	Qinghai	554	557	563	568	573	578	583	588	593	598	603	608
宁 夏	Ningxia	618	625	633	639	647	654	662	668	675	682	688	695
新 疆	Xinjiang	2131	2159	2185	2209	2233	2264	2298	2360	2398	2445	2487	2523

注：2010年数据为当年人口普查数据推算数；其余年份数据为年度人口抽样调查推算数据。各地区数据为常住人口口径。

a) Data of 2010 are the census year estimates; the rest are the estimates from the annual national sample survey of population. Data by region are of permanent residents.

1-9 分地区人口数及城乡构成(2019年)
Population at Year-end in Urban and Rural Areas by Region (2019)

单位：万人，%　　　　(10 000 persons,%)

地区	Region	总人口(年末) Total Population (year-end)	城镇人口 Urban Population		乡村人口 Rural Population	
			人口数 Population	比重 Proportion	人口数 Population	比重 Proportion
全国	**National Total**	**140005**	**84843**	**60.60**	**55162**	**39.40**
北京	Beijing	2154	1865	86.60	289	13.40
天津	Tianjin	1562	1304	83.48	258	16.52
河北	Hebei	7592	4374	57.62	3218	42.38
山西	Shanxi	3729	2221	59.55	1508	40.45
内蒙古	Inner Mongolia	2540	1609	63.37	931	36.63
辽宁	Liaoning	4352	2964	68.11	1388	31.89
吉林	Jilin	2691	1568	58.27	1123	41.73
黑龙江	Heilongjiang	3751	2284	60.90	1467	39.10
上海	Shanghai	2428	2144	88.30	284	11.70
江苏	Jiangsu	8070	5698	70.61	2372	29.39
浙江	Zhejiang	5850	4095	70.00	1755	30.00
安徽	Anhui	6366	3553	55.81	2813	44.19
福建	Fujian	3973	2642	66.50	1331	33.50
江西	Jiangxi	4666	2679	57.42	1987	42.58
山东	Shandong	10070	6194	61.51	3876	38.49
河南	Henan	9640	5129	53.21	4511	46.79
湖北	Hubei	5927	3615	61.00	2312	39.00
湖南	Hunan	6918	3959	57.22	2959	42.78
广东	Guangdong	11521	8226	71.40	3295	28.60
广西	Guangxi	4960	2534	51.09	2426	48.91
海南	Hainan	945	560	59.23	385	40.77
重庆	Chongqing	3124	2087	66.80	1037	33.20
四川	Sichuan	8375	4505	53.79	3870	46.21
贵州	Guizhou	3623	1776	49.02	1847	50.98
云南	Yunnan	4858	2376	48.91	2482	51.09
西藏	Tibet	351	111	31.54	240	68.46
陕西	Shaanxi	3876	2304	59.43	1572	40.57
甘肃	Gansu	2647	1284	48.49	1363	51.51
青海	Qinghai	608	337	55.52	271	44.48
宁夏	Ningxia	695	416	59.86	279	40.14
新疆	Xinjiang	2523	1309	51.87	1214	48.13

注：1.本表数据根据2019年全国人口变动情况抽样调查数据推算。全国总人口根据抽样误差和调查误差进行了修正，分地区人口未作修正。
2.全国总人口包括现役军人数，分地区数字中未包括。

a) Data in the table are estimates from the 2019 National Sample Survey on Population Changes. The national total population was adjusted on the basis of sampling errors and survey errors. Similar adjustments were not made to regional figures.

b) The military personnel were included in the national total population, but were not included in the population by region.

1-10 按三次产业分就业人员数及构成（年底数）
Number of Employed Persons at Year-end and Composition by Three Strata of Industry

单位：万人，%　　(10 000 persons,%)

年 份 Year	就业人员 Total Employed Persons	第一产业 Primary Industry	第二产业 Secondary Industry	第三产业 Tertiary Industry	构成 Composition 第一产业 Primary Industry	第二产业 Secondary Industry	第三产业 Tertiary Industry
2007	75321	30731	20186	24404	40.8	26.8	32.4
2008	75564	29923	20553	25087	39.6	27.2	33.2
2009	75828	28890	21080	25857	38.1	27.8	34.1
2010	76105	27931	21842	26332	36.7	28.7	34.6
2011	76420	26594	22544	27282	34.8	29.5	35.7
2012	76704	25773	23241	27690	33.6	30.3	36.1
2013	76977	24171	23170	29636	31.4	30.1	38.5
2014	77253	22790	23099	31364	29.5	29.9	40.6
2015	77451	21919	22693	32839	28.3	29.3	42.4
2016	77603	21496	22350	33757	27.7	28.8	43.5
2017	77640	20944	21824	34872	27.0	28.1	44.9
2018	77586	20258	21390	35938	26.1	27.6	46.3
2019	77471	19445	21305	36721	25.1	27.5	47.4

1-11 按行业分城镇非私营单位就业人员数(年底数)
Number of Employed Persons in Urban Non-Private Units at Year-end by Sector

单位：万人 (10 000 persons)

年份 Year 地区 Region		合计 Total	农、林、牧、渔业 Agriculture, Forestry, Animal Husbandry and Fishery	采矿业 Mining	制造业 Manufacturing	电力、热气、燃气及水生产和供应业 Production and Supply of Electricity, Heat, Gas and Water
	2007	12024.4	426.3	535.0	3465.4	303.4
	2008	12192.5	410.1	540.4	3434.3	306.5
	2009	12573.0	373.7	553.7	3491.9	307.7
	2010	13051.5	375.7	562.0	3637.2	310.5
	2011	14413.3	359.5	611.6	4088.3	334.7
	2012	15236.4	338.9	631.0	4262.2	344.6
	2013	18108.4	294.8	636.5	5257.9	404.5
	2014	18277.8	284.6	596.5	5243.1	403.7
	2015	18062.5	270.0	545.8	5068.7	396.0
	2016	17888.1	263.2	490.9	4893.8	387.6
	2017	17643.8	255.4	455.4	4635.5	377.0
	2018	17258.2	192.6	414.4	4178.3	369.2
	2019	17161.8	134.1	367.7	3832.0	373.1
北　京	Beijing	791.3	0.4	3.2	65.4	9.6
天　津	Tianjin	269.4	0.3	5.8	67.3	4.2
河　北	Hebei	576.0	2.7	16.5	95.1	18.7
山　西	Shanxi	441.1	1.0	81.5	56.4	15.8
内蒙古	Inner Mongolia	280.9	8.6	14.5	30.8	14.6
辽　宁	Liaoning	499.9	17.2	19.6	110.4	15.8
吉　林	Jilin	277.3	7.0	8.6	50.8	10.4
黑龙江	Heilongjiang	349.6	40.7	23.4	30.1	14.5
上　海	Shanghai	716.1	7.6	0.1	143.5	3.5
江　苏	Jiangsu	1332.3	2.7	4.0	453.7	14.3
浙　江	Zhejiang	987.3	0.5	0.4	286.8	11.1
安　徽	Anhui	581.0	3.2	14.3	127.7	10.4
福　建	Fujian	639.6	1.5	1.4	170.8	11.4
江　西	Jiangxi	451.7	2.1	3.0	107.5	9.4
山　东	Shandong	1072.0	1.2	29.7	271.7	27.9
河　南	Henan	968.0	2.1	29.6	222.1	23.5
湖　北	Hubei	653.8	9.0	4.0	134.3	14.6
湖　南	Hunan	596.7	1.4	5.0	94.3	15.1
广　东	Guangdong	2064.6	2.4	1.7	835.8	25.7
广　西	Guangxi	404.1	5.4	1.4	50.0	10.0
海　南	Hainan	102.2	2.9	0.5	7.3	2.2
重　庆	Chongqing	374.4	0.7	3.1	64.5	6.2
四　川	Sichuan	788.9	1.4	12.9	123.8	20.9
贵　州	Guizhou	321.1	0.7	11.8	29.6	9.5
云　南	Yunnan	367.5	3.5	6.6	42.1	12.1
西　藏	Tibet	44.8	0.2	0.6	1.4	1.4
陕　西	Shaanxi	501.3	1.3	33.8	80.4	13.5
甘　肃	Gansu	253.0	2.0	7.7	28.1	11.3
青　海	Qinghai	67.0	0.6	3.1	8.9	2.1
宁　夏	Ningxia	70.0	0.7	5.6	8.9	3.5
新　疆	Xinjiang	318.8	3.2	14.1	32.4	10.2

1-11 续表 1 continued

单位：万人 (10 000 persons)

年 份 地 区	Year Region	建筑业 Construction	批发和零售业 Wholesale and Retail Trades	交通运输、仓储和邮政业 Transport, Storage and Post	住宿和餐饮业 Hotels and Catering Services	信息传输、软件和信息技术服务业 Information Transmission, Software and Information Technology
	2007	1050.8	506.9	623.1	185.8	150.2
	2008	1072.6	514.4	627.3	193.2	159.5
	2009	1177.5	520.8	634.4	202.1	173.8
	2010	1267.5	535.1	631.1	209.2	185.8
	2011	1724.8	647.5	662.8	242.7	212.8
	2012	2010.3	711.8	667.5	265.1	222.8
	2013	2921.9	890.8	846.2	304.4	327.3
	2014	2921.2	888.6	861.4	289.3	336.3
	2015	2796.0	883.3	854.4	276.1	349.9
	2016	2724.7	875.0	849.5	269.7	364.1
	2017	2643.2	842.8	843.9	265.9	395.4
	2018	2710.9	823.3	819.0	269.8	424.3
	2019	2270.5	830.0	815.5	265.2	455.3
北 京	Beijing	45.1	59.6	59.0	30.5	85.9
天 津	Tianjin	25.1	20.0	14.9	6.3	6.6
河 北	Hebei	43.2	20.6	27.5	4.5	10.1
山 西	Shanxi	29.0	13.6	21.1	3.5	5.2
内蒙古	Inner Mongolia	12.9	8.3	19.9	2.9	4.7
辽 宁	Liaoning	32.4	18.8	32.9	5.1	13.7
吉 林	Jilin	14.9	10.4	16.3	2.3	5.6
黑龙江	Heilongjiang	17.4	11.2	25.8	1.4	8.8
上 海	Shanghai	32.4	99.0	50.4	29.9	41.8
江 苏	Jiangsu	270.1	60.5	48.3	19.2	32.4
浙 江	Zhejiang	212.4	39.7	31.2	14.6	24.4
安 徽	Anhui	111.1	27.0	23.7	5.8	9.3
福 建	Fujian	163.7	24.7	22.9	9.2	10.8
江 西	Jiangxi	83.4	16.0	18.3	3.6	5.5
山 东	Shandong	150.5	46.7	44.7	11.6	17.3
河 南	Henan	153.1	36.8	41.2	7.8	16.6
湖 北	Hubei	119.7	36.9	31.0	8.8	18.1
湖 南	Hunan	105.0	21.7	25.9	6.3	8.1
广 东	Guangdong	132.8	114.7	82.6	40.6	66.2
广 西	Guangxi	71.9	13.0	19.1	4.4	4.5
海 南	Hainan	6.2	5.6	7.3	5.5	2.2
重 庆	Chongqing	78.7	22.3	21.5	4.5	4.7
四 川	Sichuan	151.7	28.1	32.0	12.5	20.0
贵 州	Guizhou	43.4	11.1	13.2	2.8	4.0
云 南	Yunnan	38.9	15.8	16.3	5.4	5.3
西 藏	Tibet	4.3	2.4	2.6	0.6	0.9
陕 西	Shaanxi	58.7	22.7	27.1	9.3	13.4
甘 肃	Gansu	34.6	7.8	13.2	2.8	3.7
青 海	Qinghai	4.6	2.4	5.2	0.6	0.9
宁 夏	Ningxia	3.4	2.3	3.8	0.5	0.8
新 疆	Xinjiang	20.4	10.4	16.7	2.5	3.6

1-11 续表 2 continued

单位：万人 (10 000 persons)

年 份 地 区	Year Region	金融业 Financial Intermediation	房地产业 Real Estate	租赁和商务服务业 Leasing and Business Services	科学研究和技术服务业 Scientific Research and Technical Services	水利、环境和公共设施管理业 Management of Water Conservancy, Environment and Public Facilities
	2007	389.7	166.5	247.2	243.4	193.5
	2008	417.6	172.7	274.7	257.0	197.3
	2009	449.0	190.9	290.5	272.6	205.7
	2010	470.1	211.6	310.1	292.3	218.9
	2011	505.3	248.6	286.6	298.5	230.3
	2012	527.8	273.7	292.3	330.7	243.8
	2013	537.9	373.7	421.9	387.8	259.2
	2014	566.3	402.2	449.4	408.0	269.1
	2015	606.8	417.3	474.0	410.6	273.3
	2016	665.2	431.7	488.4	419.6	269.6
	2017	688.8	444.8	522.6	420.4	268.5
	2018	699.3	466.0	529.5	411.5	260.6
	2019	826.1	510.3	660.4	434.3	244.5
北 京	Beijing	64.5	47.4	73.7	68.9	12.4
天 津	Tianjin	19.8	10.8	15.3	11.1	3.7
河 北	Hebei	37.0	10.4	16.1	16.4	9.1
山 西	Shanxi	30.0	5.5	11.8	7.7	8.0
内蒙古	Inner Mongolia	20.7	5.7	7.1	7.0	3.9
辽 宁	Liaoning	33.5	10.7	13.4	9.8	7.4
吉 林	Jilin	17.5	6.1	6.4	7.8	6.8
黑龙江	Heilongjiang	23.4	5.8	13.5	8.6	6.7
上 海	Shanghai	37.9	30.1	76.4	36.2	10.6
江 苏	Jiangsu	38.9	29.1	46.1	27.3	13.2
浙 江	Zhejiang	47.6	26.8	35.6	18.0	11.3
安 徽	Anhui	23.2	17.6	18.3	10.6	8.3
福 建	Fujian	25.2	17.4	19.9	7.9	6.9
江 西	Jiangxi	20.2	9.4	7.3	6.4	5.1
山 东	Shandong	55.6	26.0	22.9	18.2	17.8
河 南	Henan	29.5	28.0	26.4	17.6	13.6
湖 北	Hubei	20.2	17.7	17.7	17.0	11.8
湖 南	Hunan	35.7	14.1	13.9	13.4	9.5
广 东	Guangdong	84.4	86.0	112.6	47.3	18.0
广 西	Guangxi	19.6	9.1	11.3	7.4	7.4
海 南	Hainan	5.1	8.2	3.1	2.1	3.6
重 庆	Chongqing	20.6	13.7	14.3	7.6	4.1
四 川	Sichuan	32.7	25.2	25.4	15.3	9.8
贵 州	Guizhou	14.5	10.7	8.2	4.8	4.3
云 南	Yunnan	11.9	10.4	11.9	9.4	6.1
西 藏	Tibet	1.4	0.5	1.5	1.2	0.5
陕 西	Shaanxi	27.8	13.8	11.0	12.9	10.3
甘 肃	Gansu	9.6	5.4	3.8	6.6	6.0
青 海	Qinghai	2.9	1.4	1.6	1.8	1.0
宁 夏	Ningxia	3.9	1.4	3.0	1.4	1.7
新 疆	Xinjiang	11.2	6.0	10.9	6.6	5.8

1-11 续表 3 continued

单位：万人 (10 000 persons)

年 份 地 区	Year Region	居民服务、修理和其他服务业 Services to Households, Repair and Other Services	教 育 Education	卫生和社会工作 Health and Social Service	文化、体育和娱乐业 Culture, Sports and Entertainment	公共管理、社会保障和社会组织 Public Management, Social Security and Social Organization
	2007	57.4	1520.9	542.8	125.0	1291.2
	2008	56.5	1534.0	563.6	126.0	1335.0
	2009	58.8	1550.4	595.8	129.5	1394.3
	2010	60.2	1581.8	632.5	131.4	1428.5
	2011	59.9	1617.8	679.1	135.0	1467.6
	2012	62.1	1653.4	719.3	137.7	1541.5
	2013	72.3	1687.2	770.0	147.0	1567.0
	2014	75.4	1727.3	810.4	145.5	1599.3
	2015	75.2	1736.5	841.6	149.1	1637.8
	2016	75.4	1729.2	867.0	150.8	1672.6
	2017	78.2	1730.4	897.9	152.2	1725.6
	2018	77.4	1735.6	912.4	146.6	1817.5
	2019	86.3	1909.3	1006.2	151.2	1989.8
北 京	Beijing	6.8	57.6	32.5	18.6	50.2
天 津	Tianjin	6.5	20.2	11.7	2.1	17.6
河 北	Hebei	2.5	96.0	45.3	5.2	99.2
山 西	Shanxi	0.8	55.2	24.7	4.4	65.8
内蒙古	Inner Mongolia	0.8	37.9	19.2	3.2	58.4
辽 宁	Liaoning	2.3	51.0	31.5	4.5	69.9
吉 林	Jilin	1.8	37.2	21.2	3.3	42.8
黑龙江	Heilongjiang	2.8	39.6	24.9	2.8	48.0
上 海	Shanghai	10.9	40.1	28.4	7.5	29.8
江 苏	Jiangsu	4.9	110.3	59.4	9.2	88.5
浙 江	Zhejiang	3.7	87.6	51.3	8.0	76.4
安 徽	Anhui	2.2	69.5	35.6	3.7	59.6
福 建	Fujian	3.5	60.7	25.8	4.2	51.9
江 西	Jiangxi	0.9	60.1	28.0	3.0	62.6
山 东	Shandong	3.3	121.4	70.6	6.9	128.0
河 南	Henan	2.7	121.5	66.1	6.8	123.1
湖 北	Hubei	2.5	70.6	41.7	5.9	72.3
湖 南	Hunan	2.3	84.1	45.9	6.2	88.8
广 东	Guangdong	12.9	162.4	82.9	13.4	142.1
广 西	Guangxi	1.0	68.7	35.3	3.2	61.6
海 南	Hainan	0.7	14.4	7.3	1.3	16.7
重 庆	Chongqing	1.0	45.6	20.9	2.7	37.7
四 川	Sichuan	2.8	104.4	57.1	5.5	107.6
贵 州	Guizhou	1.6	53.9	25.0	2.3	70.0
云 南	Yunnan	1.6	63.4	30.2	3.8	72.8
西 藏	Tibet	0.2	5.4	1.9	0.6	17.3
陕 西	Shaanxi	1.9	61.4	31.6	5.7	64.6
甘 肃	Gansu	0.5	39.2	17.0	2.8	50.9
青 海	Qinghai	0.1	8.6	5.4	0.8	15.1
宁 夏	Ningxia	0.0	9.6	5.2	0.8	13.3
新 疆	Xinjiang	0.5	51.9	22.6	2.6	87.2

1-12 全社会固定资产投资实际到位资金比上年增长情况
Growth Rate of Actual Funds for Investment of Total Investment in Fixed Assets in the Whole Country over Preceding Year

单位：% (%)

年份 Year	本年实际到位资金 Subtotal of Actual Funds for Investment	国家预算资金 State Budget	国内贷款 Domestic Loans	利用外资 Foreign Investment	自筹资金 Self-raising Funds	其他资金 Other Funds
2007	26.8	25.4	17.6	18.4	28.6	31.7
2008	21.3	35.8	14.8	3.5	29.7	-2.8
2009	36.8	59.5	48.6	-13.0	29.5	62.4
2010	24.3	15.7	20.2	7.9	28.4	17.1
2011	21.1	14.1	5.3	7.6	28.3	11.2
2012	18.4	27.7	11.3	-11.7	21.1	12.9
2013	20.0	17.7	15.2	-3.3	20.3	25.3
2014	10.6	19.9	9.7	-6.2	13.6	-5.0
2015	7.5	15.6	-6.4	-29.6	9.2	10.1
2016	5.6	17.1	10.1	-20.5	-0.2	30.7
2017	4.7	7.8	8.7	-3.1	2.2	11.5
2018	3.4	0.1	-5.4	-2.3	3.7	8.7
2019	4.1	-0.9	2.0	33.3	1.4	11.4
北京	-3.2	-10.6	-2.3	-85.9	-18.2	15.8
天津	13.4	9.1	9.5	71.9	17.6	10.3
河北	5.7	21.2	-0.1	5.8	2.1	26.5
山西	16.9	27.4	-2.8	289.6	23.7	9.2
内蒙古	10.4	-17.8	27.3	6.8	0.6	66.1
辽宁	-2.7	-9.7	-9.2	-90.5	7.2	-3.7
吉林	-13.1	32.7	-38.1	-76.6	-27.0	27.0
黑龙江	4.1	46.3	-16.3	60.7		12.3
上海	5.9	5.1	1.0	42.6	8.7	6.4
江苏	6.9	-5.2	5.2	120.6	0.3	15.0
浙江	7.4	-11.4	10.8	39.4	3.4	14.0
安徽	6.1	-6.9	-5.0	28.8	9.6	6.2
福建	7.3	7.1	-8.6	120.2	11.6	5.7
江西	-0.4	8.4	-11.7	82.4	-3.3	8.9
山东	-8.4	30.2	2.1	33.5	-18.9	12.8
河南	8.7	17.3	-3.4	55.1	6.4	27.3
湖北	7.1	-4.8	0.3	134.0	9.1	7.0
湖南	2.7	-8.7	-9.6	-36.0	4.4	5.8
广东	10.4	18.5	2.4	13.7	12.6	11.0
广西	8.9	-10.1	0.5	435.2	5.9	18.7
海南	-17.9	3.4	-22.9		-13.3	-26.4
重庆	-1.7	9.8	0.1	58.2	-5.3	-0.4
四川	10.0	-22.7	27.2	192.9	4.1	22.2
贵州	-7.0	-30.9	-28.2	9.7	0.1	2.4
云南	18.2	5.0	12.1		16.6	26.4
西藏	-11.4	-34.1	85.8	-72.2	11.3	27.2
陕西	1.3	-1.6	-4.4	-32.1	0.1	10.9
甘肃	8.7	5.2	25.1	140.2	7.2	0.7
青海	10.8	38.4	-23.2	-69.4	9.2	47.3
宁夏	-2.8	-8.7	-8.9	95.3	-12.4	14.5
新疆	8.0	17.1	-4.3	-21.7	12.5	0.5

注：分地区数据不含农户。

a) Data by region exclude rural households.

1-13 分地区居民人均可支配收入与消费支出(2019年)
Per Capita Disposable Income and Consumption Expenditure by Region (2019)

单位：元 (yuan)

地 区	Region	全国居民 Nationwide Households 人均可支配收入 Per Capita Annual Disposable Income	全国居民 Nationwide Households 人均消费支出 Per Capita Annual Consumption Expenditure	城镇居民 Urban Households 人均可支配收入 Per Capita Annual Disposable Income	城镇居民 Urban Households 人均消费支出 Per Capita Annual Consumption Expenditure	农村居民 Rural Households 人均可支配收入 Per Capita Annual Disposable Income	农村居民 Rural Households 人均消费支出 Per Capita Annual Consumption Expenditure
全 国	**National Total**	**30732.8**	**21558.9**	**42358.8**	**28063.4**	**16020.7**	**13327.7**
北 京	Beijing	67755.9	43038.3	73848.5	46358.2	28928.4	21881.0
天 津	Tianjin	42404.1	31853.6	46118.9	34810.7	24804.1	17843.3
河 北	Hebei	25664.7	17987.2	35737.7	23483.1	15373.1	12372.0
山 西	Shanxi	23828.5	15862.6	33262.4	21159.0	12902.4	9728.4
内蒙古	Inner Mongolia	30555.0	20743.4	40782.5	25382.5	15282.8	13816.0
辽 宁	Liaoning	31819.7	22202.8	39777.2	27355.0	16108.3	12030.2
吉 林	Jilin	24562.9	18075.4	32299.2	23394.3	14936.0	11456.6
黑龙江	Heilongjiang	24253.6	18111.5	30944.6	22164.9	14982.1	12494.9
上 海	Shanghai	69441.6	45605.1	73615.3	48271.6	33195.2	22448.9
江 苏	Jiangsu	41399.7	26697.3	51056.1	31329.1	22675.4	17715.9
浙 江	Zhejiang	49898.8	32025.8	60182.3	37507.9	29875.8	21351.7
安 徽	Anhui	26415.1	19137.4	37540.0	23781.5	15416.0	14545.8
福 建	Fujian	35616.1	25314.3	45620.5	30945.5	19568.4	16281.4
江 西	Jiangxi	26262.4	17650.5	36545.9	22714.3	15796.3	12496.7
山 东	Shandong	31597.0	20427.5	42329.2	26731.5	17775.5	12308.9
河 南	Henan	23902.7	16331.8	34201.0	21971.6	15163.7	11546.0
湖 北	Hubei	28319.5	21567.0	37601.4	26421.8	16390.9	15328.0
湖 南	Hunan	27679.7	20478.9	39841.9	26924.0	15394.8	13968.8
广 东	Guangdong	39014.3	28994.7	48117.6	34424.1	18818.4	16949.4
广 西	Guangxi	23328.2	16418.3	34744.9	21590.9	13675.7	12045.0
海 南	Hainan	26679.5	19554.9	36016.7	25316.7	15113.1	12417.5
重 庆	Chongqing	28920.4	20773.9	37938.6	25785.5	15133.3	13112.1
四 川	Sichuan	24703.1	19338.3	36153.7	25367.4	14670.1	14055.6
贵 州	Guizhou	20397.4	14780.0	34404.2	21402.4	10756.3	10221.7
云 南	Yunnan	22082.4	15779.8	36237.7	23454.9	11902.4	10260.2
西 藏	Tibet	19501.3	13029.2	37410.0	25636.7	12951.0	8417.9
陕 西	Shaanxi	24666.3	17464.9	36098.2	23514.3	12325.7	10934.7
甘 肃	Gansu	19139.0	15879.1	32323.4	24453.9	9628.9	9694.0
青 海	Qinghai	22617.7	17544.8	33830.3	23799.2	11499.4	11343.1
宁 夏	Ningxia	24411.9	18296.8	34328.5	24161.0	12858.4	11464.6
新 疆	Xinjiang	23103.4	17396.6	34663.7	25594.2	13121.7	10318.4

1-14 居民收入与支出
Income and Consumption Expenditure

单位：元 (yuan)

年 份 Year	全国居民 Nationwide		城镇居民 Urban		农村居民 Rural	
	人均可支配收入 Per Capita Disposable Income	人均消费支出 Per Capita Consumption Expenditure	人均可支配收入 Per Capita Disposable Income	人均消费支出 Per Capita Consumption Expenditure	人均可支配收入 Per Capita Disposable Income	人均消费支出 Per Capita Consumption Expenditure
2014	20167	14491	28844	19968	10489	8383
2015	21966	15712	31195	21392	11422	9223
2016	23821	17111	33616	23079	12363	10130
2017	25974	18322	36396	24445	13432	10955
2018	28228	19853	39251	26112	14617	12124
2019	30733	21559	42359	28063	16021	13328

1-15 货物进出口总额
Total Value of Imports and Exports

年 份 Year	人民币（亿元） CNY 100 million				美元（亿美元） USD 100 million			
	进出口总额 Total Imports & Exports	出口总额 Total Exports	进口总额 Total Imports	差额 Balance	进出口总额 Total Imports & Exports	出口总额 Total Exports	进口总额 Total Imports	差额 Balance
2007	166924.1	93627.1	73296.9	20330.2	21761.8	12200.6	9561.2	2639.4
2008	179921.5	100394.9	79526.5	20868.4	25632.6	14306.9	11325.6	2981.3
2009	150648.1	82029.7	68618.4	13411.3	22075.4	12016.1	10059.2	1956.9
2010	201722.3	107022.8	94699.5	12323.3	29740.0	15777.5	13962.5	1815.1
2011	236402.0	123240.6	113161.4	10079.2	36418.6	18983.8	17434.8	1549.0
2012	244160.2	129359.3	114801.0	14558.3	38671.2	20487.1	18184.1	2303.1
2013	258168.9	137131.4	121037.5	16094.0	41589.9	22090.0	19499.9	2590.2
2014	264241.8	143883.8	120358.0	23525.7	43015.3	23422.9	19592.4	3830.6
2015	245502.9	141166.8	104336.1	36830.7	39530.3	22734.7	16795.6	5939.0
2016	243386.5	138419.3	104967.2	33452.1	36855.6	20976.3	15879.3	5097.1
2017	278099.2	153309.4	124789.8	28519.6	41071.4	22633.5	18437.9	4195.5
2018	305008.1	164127.8	140880.3	23247.5	46224.2	24866.8	21357.3	3509.5
2019	315627.3	172373.6	143253.7	29119.9	45778.9	24994.8	20784.1	4210.7

注：本表为海关进出口统计数(下表同)。
a) Data in this table are from Customs statistics. The same applies to the table following.

1-16 分地区货物进出口总额(2019年)
Total Value of Imports and Exports by Region (2019)

单位：亿元人民币 (RMB 100 million)

地 区	Region	按收发货人所在地分 By Location of Importers/Exporters			按境内目的地和货源地分 By Place of Destination or Origin in China		
		进出口 Total	出 口 Exports	进 口 Imports	进出口 Total	出 口 Exports	进 口 Imports
全 国	**National Total**	**315627.3**	**172373.6**	**143253.7**	**315627.3**	**172373.6**	**143253.7**
北 京	Beijing	28689.7	5172.5	23517.2	7740.0	1828.8	5911.1
天 津	Tianjin	7346.1	3017.7	4328.4	9394.9	2841.0	6553.9
河 北	Hebei	4002.1	2370.5	1631.5	6529.1	3312.0	3217.2
山 西	Shanxi	1447.9	806.8	641.1	1576.5	1016.2	560.3
内蒙古	Inner Mongolia	1097.5	376.8	720.7	1385.7	508.1	877.6
辽 宁	Liaoning	7259.2	3129.7	4129.5	9220.8	3844.0	5376.8
吉 林	Jilin	1302.8	324.2	978.5	1326.2	364.0	962.2
黑龙江	Heilongjiang	1866.9	349.6	1517.3	1713.6	388.2	1325.4
上 海	Shanghai	34054.0	13724.9	20329.2	32663.2	11733.8	20929.3
江 苏	Jiangsu	43383.1	27211.8	16171.3	46753.0	27767.4	18985.6
浙 江	Zhejiang	30838.2	23076.3	7761.9	31141.9	23413.3	7728.6
安 徽	Anhui	4737.2	2785.4	1951.8	4395.3	2746.0	1649.3
福 建	Fujian	13309.3	8282.9	5026.4	12047.1	7502.0	4545.1
江 西	Jiangxi	3510.0	2496.1	1013.9	3058.2	2012.1	1046.1
山 东	Shandong	20471.0	11130.4	9340.7	24724.2	11788.5	12935.7
河 南	Henan	5715.5	3756.1	1959.4	6093.9	4106.1	1987.8
湖 北	Hubei	3945.9	2486.0	1459.9	3708.9	2198.6	1510.3
湖 南	Hunan	4340.0	3076.6	1263.4	2906.6	1818.8	1087.8
广 东	Guangdong	71487.7	43415.4	28072.3	81674.2	49666.7	32007.6
广 西	Guangxi	4696.0	2597.6	2098.4	4500.9	1332.3	3168.7
海 南	Hainan	905.8	343.7	562.1	1180.1	333.7	846.4
重 庆	Chongqing	5791.8	3713.2	2078.5	5214.1	3431.8	1782.3
四 川	Sichuan	6789.8	3903.6	2886.2	7201.3	3641.8	3559.5
贵 州	Guizhou	453.2	327.1	126.1	477.1	358.9	118.3
云 南	Yunnan	2323.7	1037.3	1286.4	2309.0	1001.7	1307.3
西 藏	Tibet	48.8	37.5	11.3	42.7	38.5	4.3
陕 西	Shaanxi	3514.9	1873.3	1641.6	3380.7	1829.5	1551.2
甘 肃	Gansu	380.4	131.4	249.1	371.0	152.7	218.3
青 海	Qinghai	37.6	20.2	17.3	33.7	15.9	17.8
宁 夏	Ningxia	240.7	148.9	91.9	289.3	191.9	97.4
新 疆	Xinjiang	1640.8	1250.3	390.5	2573.7	1189.2	1384.5

1-17 一般公共预算收入及增速
General Public Budget Revenue and Its Increase Rate

年 份 Year	一般公共预算收入(亿元) General Public Budget Revenue (100 million yuan)			构成 (%) Composition (%)		一般公共预算收入增长速度(%) Increase Rate (%)
		中央 Central Government	地方 Local Governments	中央 Central Government	地方 Local Governments	
2007	51321.8	27749.2	23572.6	54.1	45.9	32.4
2008	61330.4	32680.6	28649.8	53.3	46.7	19.5
2009	68518.3	35915.7	32602.6	52.4	47.6	11.7
2010	83101.5	42488.5	40613.0	51.1	48.9	21.3
2011	103874.4	51327.3	52547.1	49.4	50.6	25.0
2012	117253.5	56175.2	61078.3	47.9	52.1	12.9
2013	129209.6	60198.5	69011.2	46.6	53.4	10.2
2014	140370.0	64493.5	75876.6	45.9	54.1	8.6
2015	152269.2	69267.2	83002.0	45.5	54.5	5.8
2016	159605.0	72365.6	87239.4	45.3	54.7	4.5
2017	172592.8	81123.4	91469.4	47.0	53.0	7.4
2018	183359.8	85456.5	97903.4	46.6	53.4	6.2
2019	190390.1	89309.5	101080.6	46.9	53.1	3.8

注：预算收入中不包括国内外债务收入。

a)Budget Revenue does not include the receipts of domestic and foreign debts.

1-18 一般公共预算支出及增速
General Public Budget Expenditure and Its Increase Rate

年 份 Year	一般公共预算支出(亿元) General Public Budget Expenditure (100 million yuan)			构成 (%) Composition (%)		一般公共预算支出增长速度(%) Increase Rate (%)
		中央 Central Government	地方 Local Governments	中央 Central Government	地方 Local Governments	
2007	49781.4	11442.1	38339.3	23.0	77.0	23.2
2008	62592.7	13344.2	49248.5	21.3	78.7	25.7
2009	76299.9	15255.8	61044.1	20.0	80.0	21.9
2010	89874.2	15989.7	73884.4	17.8	82.2	17.8
2011	109247.8	16514.1	92733.7	15.1	84.9	21.6
2012	125953.0	18764.6	107188.3	14.9	85.1	15.3
2013	140212.1	20471.8	119740.3	14.6	85.4	11.3
2014	151785.6	22570.1	129215.5	14.9	85.1	8.3
2015	175877.8	25542.2	150335.6	14.5	85.5	13.2
2016	187755.2	27403.9	160351.4	14.6	85.4	6.3
2017	203085.5	29857.2	173228.3	14.7	85.3	7.6
2018	220904.1	32707.8	188196.3	14.8	85.2	8.7
2019	238858.4	35115.2	203743.2	14.7	85.3	8.1

注：预算支出中包括国内外债务付息支出。

a) Budget expenditures include the interest payment on domestic and foreign debts.

1-19 分地区一般公共预算收入和支出（2019年）
General Public Budget Revenue and Expenditure by Region (2019)

单位：亿元 (100 million yuan)

地区	Region	地方一般公共预算收入 General Public Budget Revenue	税收收入 Tax Revenue	非税收入 Non-tax Revenue	地方一般公共预算支出 General Public Budget Expenditure
地方合计	**Region Total**	**101080.6**	**76980.1**	**24100.5**	**203743.2**
北京	Beijing	5817.1	4823.0	994.1	7408.2
天津	Tianjin	2410.4	1634.4	776.1	3555.7
河北	Hebei	3739.0	2630.7	1108.3	8309.0
山西	Shanxi	2347.7	1783.7	564.1	4710.8
内蒙古	Inner Mongolia	2059.7	1539.7	520.0	5100.9
辽宁	Liaoning	2652.4	1929.5	722.9	5745.1
吉林	Jilin	1116.9	798.0	319.0	3933.4
黑龙江	Heilongjiang	1262.8	924.4	338.4	5011.6
上海	Shanghai	7165.1	6216.3	948.8	8179.3
江苏	Jiangsu	8802.4	7339.6	1462.8	12573.6
浙江	Zhejiang	7048.6	5898.7	1149.8	10053.0
安徽	Anhui	3182.7	2209.7	973.0	7392.2
福建	Fujian	3052.9	2209.0	843.9	5077.9
江西	Jiangxi	2487.4	1747.6	739.8	6386.8
山东	Shandong	6526.7	4849.3	1677.4	10739.8
河南	Henan	4041.9	2841.3	1200.5	10163.9
湖北	Hubei	3388.6	2530.8	857.8	7970.2
湖南	Hunan	3007.1	2062.0	945.2	8034.4
广东	Guangdong	12654.5	10063.9	2590.6	17297.9
广西	Guangxi	1811.9	1146.8	665.1	5851.0
海南	Hainan	814.1	653.2	160.9	1858.6
重庆	Chongqing	2134.9	1541.2	593.7	4847.7
四川	Sichuan	4070.8	2888.7	1182.1	10348.2
贵州	Guizhou	1767.5	1204.0	563.4	5948.7
云南	Yunnan	2073.6	1450.6	622.9	6770.1
西藏	Tibet	222.0	157.5	64.5	2187.7
陕西	Shaanxi	2287.9	1846.1	441.8	5718.5
甘肃	Gansu	850.5	577.9	272.6	3951.6
青海	Qinghai	282.2	198.7	83.5	1863.7
宁夏	Ningxia	423.6	267.5	156.1	1438.3
新疆	Xinjiang	1577.6	1016.1	561.5	5315.5

1-20 旅游业发展情况
Development of Tourism

年 份 Year	国际旅游(外汇)收入(亿美元) Foreign Exchange Earnings from International Tourism (100 million USD)	国内旅游收 入(亿元) Earnings from Domestic Tourism (100 million yuan)	国内游客(亿人次) Number of Domestic Visitors (100 million person-times)	入境游客(万人次) Number of Overseas Visitors Arrivals (10 000 person-times)	国内居民出境人数(万人次) Number of Chinese Outbound Visitors (10 000 person-times)	旅行社数(个) Number of Travel Agencies (unit)
2007	419.2	7770.6	16.1	13187.3	4095.4	18943
2008	408.4	8749.3	17.1	13002.7	4584.4	20110
2009	396.8	10183.7	19.0	12647.6	4765.6	20399
2010	458.1	12579.8	21.0	13376.2	5738.7	22784
2011	484.6	19305.4	26.4	13542.4	7025.0	23690
2012	500.3	22706.2	29.6	13240.5	8318.2	24944
2013	516.6	26276.1	32.6	12907.8	9818.5	26054
2014	569.1	30311.9	36.1	12849.8	11659.3	26650
2015	1136.5	34195.1	40.0	13382.0	12786.0	27621
2016	1200.0	39390.0	44.4	13844.4	13513.0	27939
2017	1234.2	45660.8	50.0	13948.2	14272.7	29717
2018	1271.0	51278.3	55.4	14119.8	16199.3	37309
2019	1312.5	57250.9	60.1	14530.8	16920.5	38943

注：2015年以后，“国际旅游(外汇)收入”补充完善了停留时间为3-12个月的入境游客花费和游客在华短期旅居的花费，与以前年度不可比。

a) Since 2015, Foreign Exchange Earnings from International Tourism has supplemented and improved the cost of inbound tourists and short-term tourists for the term of 3-12 months in China, so it is not comparable with the previous year.

1-21 国内旅游情况
Domestic Tourism

年 份 Year	国内游客(百万人次) Domestic Tourists (million person-times)	城镇居民 Urban Residents	农村居民 Rural Residents	旅游总花费(亿元) Tourism Expenditure (100 million yuan)	城镇居民 Urban Residents	农村居民 Rural Residents	人均花费(元) Per Capita Expenditure (yuan)	城镇居民 Urban Residents	农村居民 Rural Residents
2007	1610	612	998	7770.6	5550.4	2220.2	482.6	906.9	222.5
2008	1712	703	1009	8749.3	5971.7	2777.6	511.0	849.4	275.3
2009	1902	903	999	10183.7	7233.8	2949.9	535.4	801.1	295.3
2010	2103	1065	1038	12579.8	9403.8	3176.0	598.2	883.0	306.0
2011	2641	1687	954	19305.4	14808.6	4496.8	731.0	877.8	471.4
2012	2957	1933	1024	22706.2	17678.0	5028.2	767.9	914.5	491.0
2013	3262	2186	1076	26276.1	20692.6	5583.5	805.5	946.6	518.9
2014	3611	2483	1128	30311.9	24219.8	6092.1	839.7	975.4	540.2
2015	3990	2802	1188	34195.1	27610.9	6584.2	857.0	985.5	554.2
2016	4435	3195	1240	39389.8	32241.9	7147.9	888.2	1009.1	576.4
2017	5001	3677	1324	45660.8	37673.0	7987.7	913.0	1024.6	603.3
2018	5539	4119	1420	51278.3	42590.0	8688.3	925.8	1034.0	611.9
2019	6006	4471	1535	57250.9	47509.0	9741.9	953.3	1062.6	634.7

1-22 分地区接待入境过夜游客

Number of Overseas Visitor Arrivals by Region

单位：万人次 (10 000 person-times)

地 区	Region	2014 总计 Total	2014 #外国人 Foreigners	2015 总计 Total	2015 #外国人 Foreigners	2016 总计 Total	2016 #外国人 Foreigners
北 京	Beijing	427.5	365.5	420.0	357.6	416.5	354.8
天 津	Tianjin	76.6	67.5	78.5	69.0	82.4	71.9
河 北	Hebei	75.6	60.3	76.6	59.9	83.8	66.0
山 西	Shanxi	56.6	36.1	59.4	38.0	63.0	40.4
内蒙古	Inner Mongolia	167.3	160.2	160.8	153.4	177.9	168.2
辽 宁	Liaoning	260.7	200.6	264.0	204.6	273.7	212.2
吉 林	Jilin	130.6	113.3	148.1	129.2	162.0	142.2
黑龙江	Heilongjiang	141.7	132.3	83.5	78.7	95.7	90.9
上 海	Shanghai	639.6	523.3	653.6	540.7	690.4	572.6
江 苏	Jiangsu	297.1	197.0	305.0	200.8	329.8	218.0
浙 江	Zhejiang	370.9	269.8	459.0	334.0	525.6	387.3
安 徽	Anhui	280.2	160.8	291.1	171.2	313.4	184.5
福 建	Fujian	318.9	127.4	332.7	133.7	611.5	254.1
江 西	Jiangxi	147.7	44.7	155.9	44.9	164.8	49.8
山 东	Shandong	300.2	218.1	312.2	226.4	328.8	237.7
河 南	Henan	124.8	71.8	135.3	84.4	149.9	95.8
湖 北	Hubei	277.1	213.3	311.8	239.8	337.6	254.7
湖 南	Hunan	219.5	100.1	226.1	118.2	240.8	127.4
广 东	Guangdong	3355.4	775.2	3450.4	783.6	3507.2	909.5
广 西	Guangxi	295.8	146.8	450.4	239.2	482.5	252.0
海 南	Hainan	66.1	42.2	60.8	35.6	74.9	47.0
重 庆	Chongqing	126.4	80.6	148.1	99.0	180.9	119.0
四 川	Sichuan	240.2	169.7	273.2	193.4	308.8	219.2
贵 州	Guizhou	65.3	28.5	68.6	29.9	72.3	31.9
云 南	Yunnan	286.6	206.2	570.1	420.0	600.4	450.7
西 藏	Tibet	24.4	20.0	29.3	14.3	32.2	21.1
陕 西	Shaanxi	266.3	185.8	293.0	194.2	338.2	228.5
甘 肃	Gansu	4.9	2.9	5.5	3.2	7.2	4.0
青 海	Qinghai	5.2	4.1	6.5	4.5	7.0	5.0
宁 夏	Ningxia	3.4	1.5	3.7	1.8	5.1	2.4
新 疆	Xinjiang	54.0	47.7	53.1	45.9	58.2	51.6

1-22 续表 continued

单位：万人次 (10 000 person-times)

地区	Region	2017 总计 Total	2017 #外国人 Foreigners	2018 总计 Total	2018 #外国人 Foreigners	2019 总计 Total	2019 #外国人 Foreigners
北京	Beijing	392.6	332.0	400.4	339.8	376.9	320.7
天津	Tianjin	79.2	68.5	59.0	55.9	56.1	50.8
河北	Hebei	91.0	70.4	98.9	74.5	97.1	73.6
山西	Shanxi	67.0	43.5	71.3	46.6	76.2	49.8
内蒙古	Inner Mongolia	184.8	175.7	188.1	178.8	195.8	186.6
辽宁	Liaoning	278.9	217.1	287.7	229.8	294.1	236.9
吉林	Jilin	148.4	128.3	143.8	123.8	136.6	121.1
黑龙江	Heilongjiang	103.9	98.5	109.2	104.1	110.7	99.3
上海	Shanghai	719.3	589.5	742.0	602.0	734.7	599.2
江苏	Jiangsu	370.1	241.8	400.9	264.7	399.5	266.5
浙江	Zhejiang	589.1	430.1	456.8	323.4	467.1	329.8
安徽	Anhui	351.1	205.3	370.8	218.8	379.7	210.7
福建	Fujian	691.7	292.9	513.5	218.3	566.0	240.0
江西	Jiangxi	174.7	57.1	191.8	57.2	197.2	61.1
山东	Shandong	440.5	316.1	422.0	306.2	404.2	294.4
河南	Henan	155.9	99.7	167.3	105.0	180.4	113.8
湖北	Hubei	368.1	278.0	405.1	307.0	450.0	349.9
湖南	Hunan	322.3	155.5	365.1	178.7	467.0	250.1
广东	Guangdong	3654.5	864.8	3748.1	862.4	3731.4	857.0
广西	Guangxi	512.4	255.4	562.3	270.2	624.0	294.8
海南	Hainan	112.0	78.7	126.4	89.7	143.6	107.9
重庆	Chongqing	224.9	136.2	280.0	159.0	297.1	169.7
四川	Sichuan	336.2	241.3	369.8	276.5	414.8	313.1
贵州	Guizhou	32.4	13.5	39.7	17.5	47.2	23.5
云南	Yunnan	667.7	507.5	706.1	549.9	739.0	586.5
西藏	Tibet	34.4	26.9	47.6	24.2	54.2	36.9
陕西	Shaanxi	383.7	262.1	437.1	307.3	465.7	329.6
甘肃	Gansu	7.9	4.2	10.0	5.7	19.8	11.4
青海	Qinghai	7.0	5.7	6.9	5.4	7.3	4.7
宁夏	Ningxia	6.5	3.3	8.8	3.4	12.7	3.6
新疆	Xinjiang	77.4	67.2	99.3	85.6	34.7	25.8

1-23 分地区国际旅游收入
Foreign Exchange Earnings from International Tourism by Region

单位：百万美元 (USD million)

地区	Region	2011	2012	2013	2014	2015	2016	2017	2018	2019
北京	Beijing	5416.0	5149.0	4794.7	4608.0	4605.0	5070.0	5129.8	5516.4	5192.5
天津	Tianjin	1755.5	2226.4	2591.3	2992.1	3298.1	3556.9	3751.5	1109.9	1182.5
河北	Hebei	447.7	544.9	585.8	534.2	501.9	552.4	578.7	646.7	740.2
山西	Shanxi	567.2	720.2	822.7	280.7	297.1	317.4	350.1	378.0	410.0
内蒙古	Inner Mongolia	671.0	772.0	962.3	1003.0	962.5	1139.0	1245.6	1272.1	1340.1
辽宁	Liaoning	2713.1	3263.7	3477.1	1618.0	1636.5	1823.9	1778.1	1739.6	1739.0
吉林	Jilin	385.3	494.8	552.4	583.9	724.1	791.2	765.8	685.9	615.0
黑龙江	Heilongjiang	917.6	835.5	604.4	563.6	395.3	458.1	479.6	537.1	645.9
上海	Shanghai	5751.2	5493.2	5244.7	5601.9	5860.4	6419.2	6698.7	7261.4	8243.5
江苏	Jiangsu	5653.0	6299.7	2379.9	3032.7	3527.3	3803.6	4194.7	4648.4	4743.6
浙江	Zhejiang	4541.7	5151.7	5392.9	5753.5	6788.5	3127.6	3586.4	2595.8	2668.2
安徽	Anhui	1179.2	1562.7	1660.4	1840.3	2262.9	2542.4	2880.8	3187.6	3387.7
福建	Fujian	3634.4	4225.7	4573.4	4911.8	5561.4	6625.7	7588.0	2828.2	3398.5
江西	Jiangxi	415.0	484.7	525.1	556.9	567.0	584.5	629.9	745.4	865.4
山东	Shandong	2550.8	2923.7	2731.2	2330.1	2896.5	3063.4	3174.0	3292.8	3413.1
河南	Henan	549.0	611.4	660.0	538.4	623.6	646.5	661.6	723.2	947.0
湖北	Hubei	940.2	1203.0	1218.9	1238.5	1671.9	1872.4	2104.7	2379.7	2654.2
湖南	Hunan	1014.3	928.4	822.7	800.0	857.7	1004.6	1295.4	1520.4	2250.9
广东	Guangdong	13906.2	15610.7	16278.1	17106.4	17884.7	18577.1	19960.4	20511.7	20521.3
广西	Guangxi	1051.9	1278.9	1547.3	1572.1	1916.9	2164.3	2395.6	2777.7	3511.3
海南	Hainan	376.2	348.0	337.5	268.6	248.5	349.9	681.0	770.5	972.4
重庆	Chongqing	968.1	1168.3	1268.3	1354.4	1468.6	1686.8	1947.6	2189.9	2524.8
四川	Sichuan	593.8	798.2	764.8	857.7	1180.9	1581.7	1446.5	1511.7	2023.8
贵州	Guizhou	135.1	168.9	201.4	188.8	231.3	252.7	283.3	317.6	345.0
云南	Yunnan	1608.6	1947.1	2418.2	2420.7	2875.5	3074.8	3550.3	4418.0	5147.4
西藏	Tibet	129.6	105.7	127.9	144.7	176.7	194.4	197.5	247.1	279.1
陕西	Shaanxi	1295.1	1597.5	1676.2	1768.7	2000.2	2338.6	2704.4	3126.7	3367.7
甘肃	Gansu	17.4	22.4	20.4	10.2	14.2	19.1	20.9	28.3	59.1
青海	Qinghai	26.6	24.3	19.4	24.7	38.8	44.2	38.3	36.1	33.4
宁夏	Ningxia	6.2	5.5	12.1	18.5	20.8	40.6	37.6	55.9	69.3
新疆	Xinjiang	465.2	550.6	585.0	497.0	555.9	518.7	810.8	946.4	454.0

2

文化及相关产业发展情况

Development of Culture and Related Industries

2-1-1 文化及相关产业法人单位数
Number of Legal Entities Engaged in Culture and Related Industries

年 份	Year	法人单位数 Number of Legal Entities	文化制造业 Culture Manufacture	文化批发和零售业 Culture Wholesale and Retail Trade	文化服务业 Culture Service
绝对数(万个)	Number (10 000 units)				
	2004	31.79	6.89	5.11	19.79
	2008	46.08	8.88	5.53	31.66
	2012	66.30	13.30	11.34	41.66
	2013	91.85	16.25	13.99	61.61
	2014	99.62	17.26	15.28	67.08
	2015	114.03	19.16	17.73	77.14
	2016	130.02	18.33	16.77	94.92
	2017	139.83	17.95	17.47	104.42
	2018	210.31	21.99	30.94	157.38
	2019	209.31	21.32	30.90	157.09
构成(%)	Composition(%)				
	2004	100.00	21.67	16.07	62.25
	2008	100.00	19.27	12.00	68.71
	2012	100.00	20.06	17.10	62.84
	2013	100.00	17.69	15.23	67.08
	2014	100.00	17.33	15.34	67.33
	2015	100.00	16.80	15.55	67.65
	2016	100.00	14.10	12.90	73.00
	2017	100.00	12.83	12.49	74.67
	2018	100.00	10.46	14.71	74.84
	2019	100.00	10.19	14.76	75.05

注：1.2004年和2008年数据分别来自第一、第二次全国经济普查，统计范围为2004年《文化及相关产业分类》规定的行业范围。

2.2012年数据来自国家统计局2012年文化及相关产业法人单位核查认定结果，统计范围为《文化及相关产业分类(2012)》规定的行业范围。

3.2013年数据来自第三次全国经济普查，统计范围为《文化及相关产业分类(2012)》规定的行业范围。

4.2018年数据来自第四次全国经济普查，统计范围为《文化及相关产业分类(2018)》规定的行业范围。

a) Data of 2004 and 2008 are based on the first and second National Economic Census,and the statistical scope of data follows Classification of Culture and Related Industries issued in 2004.

b) Data of 2012 are based on the verification of legal entities of culture and related industries in 2012, and the statistical scope of data follows Classification of Culture and Related Industries (2012).

c) Data of 2013 are based on the third National Economic Census, and the statistical scope of data follows Classification of Culture and Related Industries(2012).

d) Data of 2018 are based on the fourth National Economic Census, and the statistical scope of data follows Classification of Culture and Related Industries(2018).

2-1-2 文化及相关产业增加值及占GDP比重
Value-added of Culture and Related Industries and Its Percentage in GDP

年 份 Year	增加值 (亿元) Value-added (100 million yuan)	占GDP比重 (%) as Percentage of GDP (%)
2004	3440	2.13
2005	4253	2.27
2006	5123	2.33
2007	6455	2.39
2008	7630	2.39
2009	8786	2.52
2010	11052	2.68
2011	13479	2.76
2012	18071	3.36
2013	21870	3.69
2014	24538	3.81
2015	27235	3.95
2016	30785	4.12
2017	35427	4.26
2018	41171	4.48
2019	45016	4.54

注：1.2004-2011年按2004年颁布的《文化及相关产业分类》测算，2012-2016年按《文化及相关产业分类(2012)》测算，2017-2019年按《文化及相关产业分类(2018)》测算。下表同。
2.2009-2012年仅包括法人单位数据，其他年份为包括个体经营户在内的全口径数据。
3.在“占GDP比重”计算中，2004-2018年使用的GDP是最终核实数，2019年使用的是初步核算数。

a) Data of 2004-2011 are caculated according to the scope of Classification of Culture and Related Industries issued in 2004, and data of 2012-2016 are calculated accoring to Classfication of Culture and Relate Industries (2012),and data of 2017-2019 are calculated according to Classfication of Culture and Relate Industries (2018).The same applies to the following table.

b) Data of 2009-2012 only include legal entities. Data of other years are calculateal of the full aperture data, including individual enterprises.

c) In the calculation of the indicator 'as Percentage of GDP', the GDP used for 2004-2018 are final estimates,and for 2019 is preliminary estimate.

2-1-3 分地区文化及相关产业增加值及占GDP比重(2018年)
Regional Value-added of Culture and Related Industries and Its Percentage in GDP (2018)

地 区	Region	增加值 (亿元) Value-added (100 million yuan)	占GDP比重 (%) as Percentage of GDP (%)
北 京	Beijing	3075.1	9.29
天 津	Tianjin	573.8	4.29
河 北	Hebei	845.6	2.60
山 西	Shanxi	344.0	2.16
内蒙古	Inner Mongolia	350.2	2.17
辽 宁	Liaoning	587.4	2.50
吉 林	Jilin	175.8	1.56
黑龙江	Heilongjiang	187.4	1.46
上 海	Shanghai	2193.1	6.09
江 苏	Jiangsu	4657.1	5.00
浙 江	Zhejiang	3813.0	6.57
安 徽	Anhui	1537.3	4.52
福 建	Fujian	2055.1	5.31
江 西	Jiangxi	854.0	3.76
山 东	Shandong	2528.0	3.79
河 南	Henan	2142.5	4.29
湖 北	Hubei	1779.7	4.24
湖 南	Hunan	1836.1	5.05
广 东	Guangdong	5787.8	5.79
广 西	Guangxi	448.3	2.28
海 南	Hainan	161.1	3.28
重 庆	Chongqing	864.6	4.00
四 川	Sichuan	1706.0	3.98
贵 州	Guizhou	446.6	2.91
云 南	Yunnan	622.4	2.98
西 藏	Tibet	73.7	4.76
陕 西	Shaanxi	723.0	3.02
甘 肃	Gansu	178.2	2.20
青 海	Qinghai	49.4	1.80
宁 夏	Ningxia	90.4	2.58
新 疆	Xinjiang	258.2	2.02

2-1-4 分地区文化及相关产业法人单位主要指标(2004年)
Basic Statistics on Legal Entities Engaged in Culture and Related Industries by Region (2004)

行业 地区	Sector Region	法人单位数 (万个) Number of Legal Entities (10 000 units)	从业人员 (万人) Number of Engaged Persons (10 000 persons)	资产总计 (亿元) Total Assets (100 million yuan)
全 国	**National Total**	**31.79**	**873.26**	**18316.6**
文化制造业	Culture Manufacture	6.89	500.29	7862.6
文化批发和零售业	Culture Whole and Retail Trade	5.11	71.50	2778.2
文化服务业	Culture Service	19.79	301.47	7675.9
北 京	Beijing	3.03	55.51	2942.4
天 津	Tianjin	0.58	15.10	389.8
河 北	Hebei	0.71	25.53	360.5
山 西	Shanxi	0.57	14.42	142.9
内蒙古	Inner Mongolia	0.32	10.11	78.1
辽 宁	Liaoning	1.20	28.25	551.0
吉 林	Jilin	0.41	12.29	155.4
黑龙江	Heilongjiang	0.45	15.94	190.2
上 海	Shanghai	3.00	50.12	1747.5
江 苏	Jiangsu	2.66	71.57	1349.8
浙 江	Zhejiang	3.13	79.22	1523.3
安 徽	Anhui	0.68	21.61	286.7
福 建	Fujian	1.27	48.33	675.0
江 西	Jiangxi	0.50	15.69	162.0
山 东	Shandong	1.72	75.17	1268.3
河 南	Henan	0.93	36.93	366.2
湖 北	Hubei	0.74	24.88	369.7
湖 南	Hunan	0.75	25.76	438.6
广 东	Guangdong	3.63	231.14	3428.6
广 西	Guangxi	0.80	19.14	226.9
海 南	Hainan	0.18	4.62	152.8
重 庆	Chongqing	0.43	14.26	204.3
四 川	Sichuan	1.57	36.97	729.5
贵 州	Guizhou	0.30	7.69	74.4
云 南	Yunnan	0.61	14.66	240.5
西 藏	Tibet	0.03	1.50	8.5
陕 西	Shaanxi	0.58	16.35	229.0
甘 肃	Gansu	0.37	8.50	78.1
青 海	Qinghai	0.10	2.93	16.3
宁 夏	Ningxia	0.14	3.88	61.8
新 疆	Xinjiang	0.39	8.30	104.2

注：本表数据根据第一次全国经济普查数据测算。

a) Data in the table above are based on the first National Economic Census.

2-1-4 续表 continued

行 业 地 区	Sector Region	营业收入（亿元） Business Revenue (100 million yuan)	#主营业务收入 Revenue from Principal Business	法人单位增加值（亿元） Value-added of Legal Entities (100 million yuan)	占GDP比重（%） as Percentage of GDP (%)
全 国	**National Total**	**16561.5**	**16225.2**	**3101.7**	**1.94**
文化制造业	Culture Manufacture	8911.2	8720.0	1480.7	0.93
文化批发和零售业	Culture Whole and Retail Trade	4227.0	4169.2	327.8	0.21
文化服务业	Culture Service	3423.3	3336.0	1293.1	0.81
北 京	Beijing	1749.2		385.9	6.37
天 津	Tianjin	331.4		62.1	2.00
河 北	Hebei	256.2		75.0	0.89
山 西	Shanxi	107.7		36.4	1.02
内蒙古	Inner Mongolia	85.7		32.3	1.07
辽 宁	Liaoning	406.3		89.6	1.34
吉 林	Jilin	102.2		40.6	1.30
黑龙江	Heilongjiang	139.2		47.8	1.01
上 海	Shanghai	1782.3		269.5	3.34
江 苏	Jiangsu	1570.4		258.6	1.72
浙 江	Zhejiang	1366.6		273.1	2.34
安 徽	Anhui	217.3		55.5	1.17
福 建	Fujian	727.7		137.6	2.39
江 西	Jiangxi	130.1		42.0	1.22
山 东	Shandong	1628.6		286.9	1.91
河 南	Henan	381.3		101.4	1.19
湖 北	Hubei	231.1		71.3	1.27
湖 南	Hunan	318.9		108.8	1.93
广 东	Guangdong	4286.2		698.9	3.70
广 西	Guangxi	163.0		51.1	1.49
海 南	Hainan	51.7		13.4	1.68
重 庆	Chongqing	163.5		37.6	1.40
四 川	Sichuan	484.5		85.4	1.34
贵 州	Guizhou	58.7		24.1	1.43
云 南	Yunnan	157.3		47.3	1.54
西 藏	Tibet	4.6		4.6	2.08
陕 西	Shaanxi	151.6		45.7	1.44
甘 肃	Gansu	50.5		18.1	1.07
青 海	Qinghai	11.2		5.1	1.09
宁 夏	Ningxia	33.7		9.8	1.82
新 疆	Xinjiang	65.1		24.6	1.09

2-1-5 分地区文化及相关产业法人单位主要指标(2008年)
Basic Statistics on Legal Entities Engaged in Culture and Related Industries by Region (2008)

行业 地区	Sector Region	法人单位数 (万个) Number of Legal Entities (10 000 units)	从业人员 (万人) Number of Engaged Persons (10 000 persons)	资产总计 (亿元) Total Assets (100 million yuan)
全　国	**National Total**	**46.08**	**1008.22**	**27486.6**
文化制造业	Culture Manufacture	8.88	508.14	10438.2
文化批发和零售业	Culture Whole and Retail Trade	5.53	63.59	3177.4
文化服务业	Culture Service	31.66	436.49	13870.9
北　京	Beijing	3.77	58.20	3584.9
天　津	Tianjin	0.91	15.71	918.2
河　北	Hebei	1.22	24.10	475.2
山　西	Shanxi	0.84	13.45	207.0
内蒙古	Inner Mongolia	0.60	9.84	167.8
辽　宁	Liaoning	1.79	27.46	687.1
吉　林	Jilin	0.67	12.89	307.0
黑龙江	Heilongjiang	0.74	13.52	258.6
上　海	Shanghai	2.90	47.37	2261.1
江　苏	Jiangsu	3.72	78.24	2084.9
浙　江	Zhejiang	4.43	87.16	2694.2
安　徽	Anhui	1.30	23.11	447.7
福　建	Fujian	1.80	45.65	1092.2
江　西	Jiangxi	0.69	19.68	349.6
山　东	Shandong	3.38	77.45	1895.3
河　南	Henan	1.62	39.97	618.7
湖　北	Hubei	1.69	25.31	465.0
湖　南	Hunan	1.57	27.48	592.0
广　东	Guangdong	4.91	240.33	5413.3
广　西	Guangxi	1.14	19.56	363.9
海　南	Hainan	0.25	4.76	242.7
重　庆	Chongqing	0.91	12.91	275.2
四　川	Sichuan	1.87	28.29	943.4
贵　州	Guizhou	0.46	6.41	105.9
云　南	Yunnan	0.77	13.27	353.2
西　藏	Tibet	0.05	0.96	18.7
陕　西	Shaanxi	0.88	16.72	354.9
甘　肃	Gansu	0.41	7.39	88.4
青　海	Qinghai	0.12	2.06	19.7
宁　夏	Ningxia	0.16	2.64	84.3
新　疆	Xinjiang	0.51	6.31	116.6

注：本表数据根据第二次全国经济普查数据测算。
a) Data in the table above are based on the second National Economic Census.

2-1-5 续表 continued

行 业 地 区	Sector Region	营业收入（亿元） Business Revenue (100 million yuan)	#主营业务收入 Revenue from Principal Business	法人单位增加值（亿元） Value-added of Legal Entities (100 million yuan)	占GDP比重（%） as Percentage of GDP (%)
全 国	**National Total**	**27244.3**	**26802.2**	**7166**	**2.28**
文化制造业	Culture Manufacture	14477.6	14201.3	2944.8	0.94
文化批发和零售业	Culture Whole and Retail Trade	4504.1	4454.5	526.7	0.17
文化服务业	Culture Service	8262.6	8146.3	3694.6	1.18
北 京	Beijing	2678.0	2634.6	641.4	5.77
天 津	Tianjin	549.3	545.5	92.4	1.38
河 北	Hebei	359.0	355.8	122.4	0.76
山 西	Shanxi	115.7	114.1	72.1	0.99
内蒙古	Inner Mongolia	275.4	273.1	111.2	1.31
辽 宁	Liaoning	688.5	672.1	179.7	1.31
吉 林	Jilin	222.8	220.6	108.9	1.69
黑龙江	Heilongjiang	235.1	231.3	104.1	1.25
上 海	Shanghai	2459.9	2429.1	378.4	2.69
江 苏	Jiangsu	2551.5	2523.0	644.8	2.08
浙 江	Zhejiang	2334.2	2294.1	529.7	2.47
安 徽	Anhui	376.8	371.5	117.8	1.33
福 建	Fujian	1039.4	1029.7	296.5	2.74
江 西	Jiangxi	398.7	396.1	159.2	2.28
山 东	Shandong	2547.0	2453.4	651.0	2.10
河 南	Henan	767.1	759.3	249.7	1.39
湖 北	Hubei	383.8	376.2	158.9	1.40
湖 南	Hunan	611.0	607.0	283.9	2.46
广 东	Guangdong	6565.2	6469.0	1545.0	4.20
广 西	Guangxi	266.5	259.4	99.4	1.42
海 南	Hainan	82.5	81.8	21.7	1.45
重 庆	Chongqing	288.0	284.1	103.8	1.79
四 川	Sichuan	719.4	709.5	182.5	1.45
贵 州	Guizhou	77.8	75.7	26.6	0.75
云 南	Yunnan	224.6	216.3	77.2	1.36
西 藏	Tibet	5.6	5.5	8.7	2.21
陕 西	Shaanxi	235.5	232.6	116.0	1.59
甘 肃	Gansu	57.2	55.1	28.9	0.91
青 海	Qinghai	12.8	12.5	10.3	1.01
宁 夏	Ningxia	35.6	35.3	13.8	1.14
新 疆	Xinjiang	80.6	78.8	30.1	0.72

2-1-6 分地区文化及相关产业法人单位主要指标(2013年)

Basic Statistics on Legal Entities Engaged in Culture and Related Industries by Region (2013)

行 业 地 区	Sector Region	法人单位数 (万个) Number of Legal Entities (10 000 units)	从业人员 (万人) Number of Engaged Persons (10 000 persons)	资产总计 (亿元) Total Assets (100 million yuan)	营业收入 (亿元) Business Revenue (100 million yuan)	#主营业务收入 Revenue from Principal Business
全 国	**National Total**	**91.85**	**1760.0**	**95422.1**	**83743.4**	**82611.0**
文化制造业	Culture Manufacture	16.25	805.5	32478.1	43501.9	42916.3
文化批发和零售业	Culture Whole and Retail Trade	13.99	146.1	12290.0	18479.6	18336.7
文化服务业	Culture Service	61.61	808.4	50654.0	21762.0	21358.0
北 京	Beijing	9.78	94.2	9295.8	6408.5	6319.9
天 津	Tianjin	1.99	36.0	3749.3	2287.6	2256.4
河 北	Hebei	2.88	48.5	1869.9	1575.2	1556.3
山 西	Shanxi	1.42	21.1	718.4	306.1	301.6
内蒙古	Inner Mongolia	0.94	13.9	558.9	346.3	337.4
辽 宁	Liaoning	2.66	38.1	1737.6	1507.4	1492.0
吉 林	Jilin	0.79	13.2	481.8	271.4	266.3
黑龙江	Heilongjiang	0.97	14.6	405.4	274.5	270.6
上 海	Shanghai	3.86	71.0	7703.2	7763.2	7681.0
江 苏	Jiangsu	9.49	193.1	11884.4	11101.8	10952.1
浙 江	Zhejiang	8.57	134.3	8335.7	6580.7	6488.7
安 徽	Anhui	3.51	51.1	2290.7	2251.6	2234.7
福 建	Fujian	3.42	77.3	2666.8	3037.6	3010.6
江 西	Jiangxi	1.60	50.9	1424.2	1793.3	1783.6
山 东	Shandong	5.92	130.1	9411.5	8078.0	7949.7
河 南	Henan	3.51	84.8	3047.4	2839.6	2817.0
湖 北	Hubei	3.37	49.1	3207.3	1930.5	1903.5
湖 南	Hunan	3.60	93.2	2710.5	3480.0	3426.0
广 东	Guangdong	10.43	332.4	13550.4	15030.2	14793.8
广 西	Guangxi	1.75	29.5	808.8	733.3	723.1
海 南	Hainan	0.36	6.0	899.7	217.4	209.7
重 庆	Chongqing	2.11	32.2	1792.5	1830.4	1815.2
四 川	Sichuan	2.63	48.8	2653.0	2021.3	1994.1
贵 州	Guizhou	0.99	13.1	701.6	259.8	251.3
云 南	Yunnan	1.42	21.6	1052.2	521.7	505.3
西 藏	Tibet	0.08	1.7	41.2	23.1	22.7
陕 西	Shaanxi	1.71	27.9	1476.8	751.1	741.5
甘 肃	Gansu	0.89	13.8	346.3	169.5	164.1
青 海	Qinghai	0.22	4.1	187.4	144.5	143.3
宁 夏	Ningxia	0.28	4.1	165.5	53.0	48.7
新 疆	Xinjiang	0.73	10.1	248.0	154.8	150.7

注：本表数据来自第三次全国经济普查。

a) Data in the table above are based on the third National Economic Census.

2-1-7　分地区文化及相关产业法人单位主要指标(2018年)

Basic Statistics on Legal Entities Engaged in Culture and Related Industries by Region (2018)

行业 地区	Sector Region	法人单位数(万个) Number of Legal Entities (10 000 units)	从业人员(万人) Number of Engaged Persons (10 000 persons)	资产总计(亿元) Total Assets (100 million yuan)	营业收入(亿元) Business Revenue (100 million yuan)	#主营业务收入 Revenue from Principal Business
全　国	**National Total**	**210.31**	**2055.8**	**225785.8**	**130185.7**	**95382.6**
文化制造业	Culture Manufacture	21.99	662.0	41981.7	46300.0	38953.1
文化批发和零售业	Culture Whole and Retail Trade	30.94	180.1	19961.6	27789.5	20382.9
文化服务业	Culture Service	157.38	1213.7	163842.5	56096.2	36046.6
北　京	Beijing	15.07	121.5	27169.0	13454.8	10824.9
天　津	Tianjin	2.31	20.1	4345.2	2218.8	1874.8
河　北	Hebei	9.08	58.1	4521.1	1654.3	983.0
山　西	Shanxi	4.02	23.2	1712.0	416.6	212.7
内蒙古	Inner Mongolia	2.29	12.7	1363.0	222.5	92.8
辽　宁	Liaoning	4.40	31.6	2971.0	1147.0	740.6
吉　林	Jilin	1.35	11.3	1416.8	271.0	181.3
黑龙江	Heilongjiang	1.82	12.5	871.5	285.6	128.0
上　海	Shanghai	4.47	68.9	14154.9	11080.2	8787.6
江　苏	Jiangsu	21.15	233.5	30900.4	15927.2	11694.7
浙　江	Zhejiang	15.44	140.3	18736.7	12237.3	9052.4
安　徽	Anhui	8.13	68.2	5960.9	3949.0	2649.0
福　建	Fujian	7.49	106.1	5226.6	5939.9	4327.6
江　西	Jiangxi	3.76	53.4	3275.5	2321.7	1600.1
山　东	Shandong	15.88	142.0	15935.8	9102.6	6347.7
河　南	Henan	11.71	123.7	6068.6	4447.0	2245.6
湖　北	Hubei	9.37	98.4	9887.6	5320.7	3597.6
湖　南	Hunan	6.15	90.0	5600.3	4342.1	3300.2
广　东	Guangdong	29.74	336.6	27504.9	22424.3	18217.7
广　西	Guangxi	4.07	29.2	1989.0	756.6	485.7
海　南	Hainan	1.13	8.6	3617.5	466.6	313.6
重　庆	Chongqing	6.05	55.8	5962.5	3137.8	1952.5
四　川	Sichuan	7.41	72.3	8398.9	4206.3	3165.2
贵　州	Guizhou	3.28	26.5	4985.7	790.1	364.3
云　南	Yunnan	4.35	31.4	3628.1	1163.4	735.4
西　藏	Tibet	0.31	3.3	487.0	223.0	11.2
陕　西	Shaanxi	5.19	42.9	5376.4	1594.5	1044.2
甘　肃	Gansu	1.94	13.4	1332.6	227.5	109.3
青　海	Qinghai	0.67	4.3	334.9	99.8	60.5
宁　夏	Ningxia	0.53	4.6	362.4	90.6	49.5
新　疆	Xinjiang	1.76	11.4	1688.9	666.9	233.1

注：本表数据来自第四次全国经济普查。
a) Data in the table above are based on the fourth National Economic Census.

2-2 按类别分文化及相关产业固定资产投资增速(2019年)
Growth Rate of Investment in Fixed Assets of Culture and Related Industries by Category(2019)

单位：% (%)

类 别	Category	增速 Growth Rate
合 计	**Total**	**1.1**
新闻信息服务	News Information Service	-14.3
内容创作生产	Creation and Manufacture of Content	-4.5
创意设计服务	Services of Creative Design	7.8
文化传播渠道	Cultural Diffusion Channel	-6.0
文化投资运营	Investment and Operation of Culture	16.9
文化娱乐休闲服务	Culture Leisure and Entertainment	-0.3
文化辅助生产和中介服务	Supplementary Manufacture of Culture and Intermediary Services	11.5
文化装备生产	Manufacture of Culture Equipment	-7.1
文化消费终端生产	Manufacture of Culture Consumption Endpoint	12.9

2-3-1 居民人均可支配收入与文化娱乐消费支出
Per Capita Disposable Income and Consumption Expenditure on Education,Culture and Recreation of Households

单位：元，% (yuan，%)

指　　标	Item	2015	2016	2017	2018	2019
全国居民	**Nationwide Households**					
人均可支配收入	Per Capita Disposable Income	21966.2	23821.0	25973.8	28228.0	30732.8
人均消费支出	Per Capita Consumption Expenditure	15712.4	17110.7	18322.1	19853.1	21558.9
#文化娱乐	Cultural and Recreation	760.1	800.0	849.6	827.4	848.6
文化娱乐占消费支出比重	Expenditure on Culture and Recreation as Percentage of Consumption Expenditure	4.8	4.7	4.6	4.2	3.9
城镇居民	**Urban Households**					
人均可支配收入	Per Capita Disposable Income	31194.8	33616.2	36396.2	39250.8	42358.8
人均消费支出	Per Capita Consumption Expenditure	21392.4	23078.9	24445.0	26112.3	28063.4
#文化娱乐	Cultural and Recreation	1216.1	1268.7	1338.7	1270.7	1290.6
文化娱乐占消费支出比重	Expenditure on Culture and Recreation as Percentage of Consumption Expenditure	5.7	5.5	5.5	4.9	4.6
农村居民	**Rural Households**					
人均可支配收入	Per Capita Disposable Income	11421.7	12363.4	13432.4	14617.0	16020.7
人均消费支出	Per Capita Consumption Expenditure	9222.6	10129.8	10954.5	12124.3	13327.7
#文化娱乐	Cultural and Recreation	239.0	251.8	261.0	280.0	289.1
文化娱乐占消费支出比重	Expenditure on Culture and Recreation as Percentage of Consumption Expenditure	2.6	2.5	2.4	2.3	2.2

2-3-2 分地区全国居民人均文化娱乐消费支出
Per Capita Consumption Expenditure on Culture and Recreation of Nationwide Households by Region

单位：元 (yuan)

地 区	Region	2015	2016	2017	2018	2019
全 国	**National Total**	**760.1**	**800.0**	**849.6**	**827.4**	**848.6**
北 京	Beijing	2592.1	2351.4	2394.7	2191.6	2272.1
天 津	Tianjin	1120.0	1173.0	1337.2	1522.2	1579.0
河 北	Hebei	553.7	555.6	606.0	620.5	655.7
山 西	Shanxi	544.3	546.8	634.7	617.6	667.5
内蒙古	Inner Mongolia	828.2	851.4	924.9	737.8	742.1
辽 宁	Liaoning	856.0	980.9	1014.4	1101.0	1056.3
吉 林	Jilin	616.7	656.2	655.9	675.3	663.0
黑龙江	Heilongjiang	500.5	535.8	584.4	602.8	609.7
上 海	Shanghai	2372.8	2638.2	3008.5	2786.3	2898.0
江 苏	Jiangsu	1266.7	1311.8	1399.4	1100.2	1119.9
浙 江	Zhejiang	1093.0	1209.2	1190.5	1258.9	1366.8
安 徽	Anhui	412.4	511.7	544.0	552.6	606.1
福 建	Fujian	803.4	770.1	735.2	767.3	788.6
江 西	Jiangxi	552.3	538.0	571.5	632.2	576.0
山 东	Shandong	640.7	708.3	656.2	718.9	786.9
河 南	Henan	573.7	537.1	542.0	511.4	539.2
湖 北	Hubei	551.8	589.7	688.8	691.4	734.1
湖 南	Hunan	740.7	915.2	1111.0	1130.2	1039.8
广 东	Guangdong	1139.6	1153.0	1207.2	1114.0	1216.3
广 西	Guangxi	449.0	441.7	451.7	523.5	494.6
海 南	Hainan	387.0	413.1	455.6	530.4	512.1
重 庆	Chongqing	653.7	681.4	768.2	764.4	790.3
四 川	Sichuan	584.7	625.9	716.4	663.5	642.1
贵 州	Guizhou	506.5	519.5	554.5	477.2	484.0
云 南	Yunnan	533.8	540.5	584.9	552.1	549.6
西 藏	Tibet	144.3	151.7	156.9	200.4	199.7
陕 西	Shaanxi	576.7	686.6	669.8	704.5	691.5
甘 肃	Gansu	438.5	485.8	519.5	520.3	470.4
青 海	Qinghai	594.6	630.0	674.9	585.2	605.9
宁 夏	Ningxia	612.6	652.4	643.8	754.9	767.0
新 疆	Xinjiang	445.0	527.7	486.7	528.9	481.4

2-3-3 分地区城镇居民人均文化娱乐消费支出
Per Capita Consumption Expenditure on Culture and Recreation of Urban Households by Region

单位：元 (yuan)

地 区	Region	2015	2016	2017	2018	2019
全 国	**National Total**	**1216.1**	**1268.7**	**1338.7**	**1270.7**	**1290.6**
北 京	Beijing	2926.3	2634.8	2687.0	2441.1	2523.1
天 津	Tianjin	1278.3	1352.1	1539.7	1766.5	1834.3
河 北	Hebei	919.3	910.9	999.1	991.6	1032.1
山 西	Shanxi	886.7	893.2	1050.2	996.2	1068.2
内蒙古	Inner Mongolia	1240.8	1277.7	1364.6	1066.0	1054.6
辽 宁	Liaoning	1154.2	1340.3	1393.4	1517.8	1448.6
吉 林	Jilin	916.0	968.5	966.6	1003.7	980.4
黑龙江	Heilongjiang	708.2	743.5	817.8	869.8	862.0
上 海	Shanghai	2593.2	2898.1	3298.1	3038.8	3156.3
江 苏	Jiangsu	1700.0	1733.6	1852.2	1431.3	1474.1
浙 江	Zhejiang	1462.9	1636.3	1608.6	1652.1	1781.7
安 徽	Anhui	661.9	847.2	882.4	829.1	918.8
福 建	Fujian	1162.8	1114.6	1042.7	1050.2	1075.0
江 西	Jiangxi	921.9	887.8	946.4	1064.7	895.0
山 东	Shandong	1007.1	1098.8	1003.2	1097.6	1196.8
河 南	Henan	1038.6	937.2	960.0	865.0	901.9
湖 北	Hubei	823.9	897.3	1033.5	989.8	1045.5
湖 南	Hunan	1244.3	1514.1	1826.0	1870.2	1694.4
广 东	Guangdong	1550.3	1542.4	1601.6	1410.5	1565.2
广 西	Guangxi	836.1	800.6	805.5	914.8	830.3
海 南	Hainan	589.0	622.9	669.4	768.9	730.2
重 庆	Chongqing	1002.0	1025.7	1154.8	1133.6	1151.5
四 川	Sichuan	1087.1	1159.4	1297.2	1131.2	1017.6
贵 州	Guizhou	1126.6	1129.7	1161.3	916.6	884.2
云 南	Yunnan	1168.4	1147.3	1266.6	1101.3	1071.9
西 藏	Tibet	479.8	512.4	493.1	582.9	542.8
陕 西	Shaanxi	973.6	1171.5	1133.8	1169.7	1148.1
甘 肃	Gansu	880.2	1001.8	1071.1	1025.7	914.7
青 海	Qinghai	1076.6	1120.4	1234.6	1025.8	1036.7
宁 夏	Ningxia	992.1	1064.0	1019.0	1215.0	1226.0
新 疆	Xinjiang	875.3	1017.5	921.3	1013.5	903.1

2-3-4 分地区农村居民人均文化娱乐消费支出
Per Capita Consumption Expenditure on Culture and Recreation of Rural Households by Region

单位：元 (yuan)

地 区	Region	2015	2016	2017	2018	2019
全 国	**National Total**	**239.0**	**251.8**	**261.0**	**280.0**	**289.1**
北 京	Beijing	474.4	546.3	531.7	601.4	672.1
天 津	Tianjin	398.2	346.9	387.2	364.9	369.5
河 北	Hebei	232.1	230.3	232.8	253.9	271.0
山 西	Shanxi	183.7	172.8	175.3	188.9	203.4
内蒙古	Inner Mongolia	253.7	248.3	291.2	256.1	275.5
辽 宁	Liaoning	286.0	289.1	268.6	280.3	281.7
吉 林	Jilin	262.5	283.0	279.7	272.2	268.1
黑龙江	Heilongjiang	222.9	253.8	265.0	234.3	260.1
上 海	Shanghai	473.9	429.0	506.8	569.4	654.3
江 苏	Jiangsu	512.7	556.9	563.9	472.8	433.1
浙 江	Zhejiang	440.9	441.1	415.1	510.2	559.0
安 徽	Anhui	193.0	208.5	228.8	287.4	296.9
福 建	Fujian	273.2	253.4	264.1	324.7	329.2
江 西	Jiangxi	217.8	212.4	211.9	205.1	251.3
山 东	Shandong	235.8	258.9	240.6	246.5	259.0
河 南	Henan	228.7	230.0	210.2	221.3	231.4
湖 北	Hubei	235.0	222.9	267.2	317.1	333.8
湖 南	Hunan	300.4	374.3	440.7	410.1	378.5
广 东	Guangdong	276.7	321.4	355.1	465.9	442.4
广 西	Guangxi	148.5	157.1	165.2	200.2	210.8
海 南	Hainan	164.6	176.2	205.8	242.3	241.8
重 庆	Chongqing	184.3	204.8	214.5	217.1	238.0
四 川	Sichuan	194.7	200.0	238.3	266.5	313.0
贵 州	Guizhou	147.0	150.3	170.4	186.4	208.5
云 南	Yunnan	136.5	147.6	127.5	170.4	174.0
西 藏	Tibet	42.4	36.0	43.6	65.3	74.2
陕 西	Shaanxi	193.8	206.2	197.0	216.6	198.7
甘 肃	Gansu	158.4	148.1	147.1	168.3	149.9
青 海	Qinghai	159.5	182.1	149.8	160.6	178.6
宁 夏	Ningxia	216.0	208.2	230.2	236.8	232.1
新 疆	Xinjiang	105.2	131.8	127.3	119.0	117.4

2-3-5 分地区居民人均文化娱乐消费支出(2019年)

Per Capita Consumption Expenditure on Culture and Recreation of Households by Region(2019)

单位：元 (yuan)

地区	Region	全国居民 Nationwide Households		城镇居民 Urban Households		农村居民 Rural Households	
		人均消费支出 Per Capita Consumption Expenditure	#文化娱乐 Culture and Recreation	人均消费支出 Per Capita Consumption Expenditure	#文化娱乐 Culture and Recreation	人均消费支出 Per Capita Consumption Expenditure	#文化娱乐 Culture and Recreation
全国	**National Total**	**21559**	**849**	**28063**	**1291**	**13328**	**289**
北京	Beijing	43038	2272	46358	2523	21881	672
天津	Tianjin	31854	1579	34811	1834	17843	369
河北	Hebei	17987	656	23483	1032	12372	271
山西	Shanxi	15863	667	21159	1068	9728	203
内蒙古	Inner Mongolia	20743	742	25383	1055	13816	275
辽宁	Liaoning	22203	1056	27355	1449	12030	282
吉林	Jilin	18075	663	23394	980	11457	268
黑龙江	Heilongjiang	18111	610	22165	862	12495	260
上海	Shanghai	45605	2898	48272	3156	22449	654
江苏	Jiangsu	26697	1120	31329	1474	17716	433
浙江	Zhejiang	32026	1367	37508	1782	21352	559
安徽	Anhui	19137	606	23782	919	14546	297
福建	Fujian	25314	789	30946	1075	16281	329
江西	Jiangxi	17650	576	22714	895	12497	251
山东	Shandong	20427	787	26731	1197	12309	259
河南	Henan	16332	539	21972	902	11546	231
湖北	Hubei	21567	734	26422	1046	15328	334
湖南	Hunan	20479	1040	26924	1694	13969	379
广东	Guangdong	28995	1216	34424	1565	16949	442
广西	Guangxi	16418	495	21591	830	12045	211
海南	Hainan	19555	512	25317	730	12418	242
重庆	Chongqing	20774	790	25785	1152	13112	238
四川	Sichuan	19338	642	25367	1018	14056	313
贵州	Guizhou	14780	484	21402	884	10222	208
云南	Yunnan	15780	550	23455	1072	10260	174
西藏	Tibet	13029	200	25637	543	8418	74
陕西	Shaanxi	17465	692	23514	1148	10935	199
甘肃	Gansu	15879	470	24454	915	9694	150
青海	Qinghai	17545	606	23799	1037	11343	179
宁夏	Ningxia	18297	767	24161	1226	11465	232
新疆	Xinjiang	17397	481	25594	903	10318	117

2-3-6 文化娱乐用品及服务价格指数
Price Indices of Articles and Service for Culture and Recreation

上年=100 (preceding year=100)

年 份 Year	居民消费价格指数 Consumer Price Index	#文娱耐用消费品 Durable Consumer Goods for Cultural and Recreation	#文化娱乐服务 Services for Culture and Recreation	#旅游 Touring and Outing
2007	104.8	93.1	101.0	102.3
2008	105.9	92.3	101.3	101.1
2009	99.3	90.6	102.5	97.5
2010	103.3	94.3	101.0	104.9
2011	105.4	93.7	101.1	103.8
2012	102.6	94.5	101.3	101.7
2013	102.6	96.3	101.4	104.0
2014	102.0	97.3	101.3	105.0
2015	101.4	98.5	101.8	99.5
2016	102.0	97.3	100.9	102.0
2017	101.6	99.0	100.7	103.6
2018	102.1	98.3	100.8	103.3
2019	102.9	98.7	101.0	101.8

2-3-7 按城乡分文化娱乐用品及服务价格指数(2019年)
Price Indices of Articles and Service for Culture and Recreation in Urban and Rural Area (2019)

上年=100 (preceding year=100)

项 目	Item	全国 Total	城市 Urban Area	农村 Rural Area
居民消费价格指数	**Consumer Price Index**	**102.9**	**102.8**	**103.2**
#文化娱乐	Culture and Recreation	101.0	101.1	100.5
文娱耐用消费品	Durable Consumer Goods for Culturaland Recreation Use	98.7	98.6	99.1
其他文娱用品	Other Articles	102.0	102.0	102.2
文化娱乐服务	Service for Culture and Recreation	101.0	101.1	100.5
旅游	Touring and Outing	101.8	101.9	101.0

2-4-1 文化产品进出口情况
Imports and Exports of Cultural Commodities

单位：亿美元，% (USD 100 million ,%)

年 份 Year	进出口总额 Total Imports & Exports	出口额 Total Exports	进口额 Total Imports	贸易差额 Balance	增长 Increase Rate 出口额 Total Exports	增长 Increase Rate 进口额 Total Imports
2007	382.4	349.2	33.2	315.9	73.1	180.1
2008	433.0	390.5	42.5	348.0	11.8	28.0
2009	388.9	346.5	42.4	304.1	-11.3	-0.2
2010	487.1	429.0	58.1	370.8	23.8	37.0
2011	671.4	582.1	89.3	492.9	35.7	53.6
2012	887.5	766.5	121.0	645.5	31.7	35.6
2013	1070.8	898.6	172.2	726.4	17.2	42.3
2014	1273.7	1118.3	155.4	962.9	24.5	-9.8
2015	1013.2	870.9	142.3	728.6	-22.1	-8.4
2016	881.5	784.9	96.6	688.3	-9.9	-32.1
2017	971.2	881.9	89.3	792.5	12.4	-7.6
2018	1023.8	925.3	98.5	826.8	4.9	10.3
2019	1114.5	998.9	115.7	883.2	7.9	17.4

注：按照《我国文化产品进出口统计目录》(2015修订)标准统计(下表同)。

a)Data in this table are according to "China's cultural products import and export statistics directory" (2015 Revision) standard statistics. The same applies to the table following.

2-4-2 按商品类别分文化产品进出口情况(2019年)
Imports and Exports of Cultural Commodities by Category of Commodities (2019)

单位：亿美元，% (USD 100 million ,%)

项 目	Item	进出口总额 Total Imports & Exports	出口额 Total Exports	进口额 Total Imports	贸易差额 Balance	增长 Increase Rate 出口额 Total Exports	增长 Increase Rate 进口额 Total Imports
合 计	**Total**	**1114.5**	**998.9**	**115.7**	**883.2**	**7.9**	**17.4**
出版物	Publications	53.7	37.2	16.5	20.7	4.8	13.1
图书、报纸、期刊	Books,Newspapers and Magazines	26.7	18.2	8.5	9.7	1.9	0.9
音像制品及电子出版物	Audio-Vedio Products and Electronic Products	4.0	0.5	3.5	-3.0	6.7	7.6
其他出版物	Other Publications	23.0	18.5	4.5	14.0	7.7	55.3
工艺美术品及收藏品	Arts,Crafts and Collections	354.0	317.3	36.8	280.5	5.6	100.3
工艺美术品	Arts and Crafts	350.1	316.0	34.1	281.8	5.2	93.2
收藏品	Collections	3.9	1.3	2.6	-1.3	448.6	284.0
文化用品	Cultural Products	547.0	523.0	23.9	499.1	11.7	23.5
文具	Stationery	1.8	1.8		1.8	5.1	26.0
乐器	Musical Instruments	22.7	17.4	5.3	12.1	6.7	8.2
玩具	Toys	318.9	311.4	7.6	303.8	24.1	16.5
游艺器材及娱乐用品	Recreation Equipment and Entertainment Supplies	203.5	192.4	11.1	181.4	-3.5	38.3
文化专用设备	Special Cultural equipment	159.8	121.4	38.4	83.0	0.2	-16.8
印刷专用设备	Printing Equipment	32.2	18.6	13.5	5.1	11.7	-3.5
广播电视电影专用设备	Radio,Television and Film Special Equipment	127.6	102.8	24.9	77.9	-1.7	-22.6

2-4-3 按贸易方式分文化产品进出口情况(2019年)
Imports and Exports of Cultural Commodities by Type of Trade (2019)

单位：亿美元，% (USD 100 million ,%)

项 目	Item	进出口总额 Total Imports & Exports	出口额 Total Exports	进口额 Total Imports	增长 Increase Rate 出口额 Total Exports	增长 Increase Rate 进口额 Total Imports
贸易总额	**Total**	**1114.5**	**998.9**	**115.7**	**7.9**	**17.4**
一般贸易	General Trade	566.0	503.3	62.8	20.9	9.5
加工贸易	Processing Trade	356.6	335.0	21.6	-10.9	-24.8
其他贸易	Other Trade	191.9	160.5	31.3	20.8	150.4

2-4-4 按企业性质分文化产品进出口情况(2019年)
Imports and Exports of Cultural Commodities by Registration Status of Enterprises (2019)

单位：亿美元，% (USD 100 million ,%)

项 目	Item	进出口总额 Total Imports & Exports	出口额 Total Exports	进口额 Total Imports	增长 Increase Rate 出口额 Total Exports	增长 Increase Rate 进口额 Total Imports
贸易总额	**Total**	**1114.5**	**998.9**	**115.7**	**7.9**	**17.4**
国有企业	State-owned Enterprises	76.0	46.7	29.3	23.0	35.8
外资企业	Foreign Funded Enterprises	364.2	311.9	52.4	-14.4	-4.1
集体、私营及其他企业	Collectived-owned, Private and Other Enterprises	674.3	640.3	34.0	22.4	52.1

2-4-5 文化产品前十五位出口市场

Ranking List of Exports of Cultural Commodities by Country (Region) of Destination

位次 Ranking	2014 国别(地区)	2014 Country (Region)	2014 累计金额(亿美元) Total Value (USD 100 million)	2015 国别(地区)	2015 Country (Region)	2015 累计金额(亿美元) Total Value (USD 100 million)
1	中国香港	Hong Kong,China	514.64	美国	United States	240.47
2	美国	United States	217.60	中国香港	Hong Kong,China	224.93
3	日本	Japan	36.97	英国	United Kingdom	36.37
4	英国	United Kingdom	31.49	荷兰	Netherlands	35.03
5	德国	Germany	27.57	日本	Japan	29.16
6	荷兰	Netherlands	25.67	德国	Germany	26.29
7	新加坡	Singapore	14.37	新加坡	Singapore	16.94
8	俄罗斯	Russia	13.59	加拿大	Canada	15.03
9	澳大利亚	Australia	11.79	韩国	Korea Rep.	13.52
10	韩国	Korea Rep.	10.95	澳大利亚	Australia	12.92
11	意大利	Italy	10.69	菲律宾	Philippines	12.22
12	法国	France	10.28	印度	India	11.65
13	加拿大	Canada	10.19	法国	France	10.70
14	印度	India	9.90	意大利	Italy	10.49
15	巴西	Brazil	8.91	马来西亚	Malaysia	9.76

位次 Ranking	2016 国别(地区)	2016 Country (Region)	2016 累计金额(亿美元) Total Value (USD 100 million)	2017 国别(地区)	2017 Country (Region)	2017 累计金额(亿美元) Total Value (USD 100 million)
1	美国	United States	227.76	美国	United States	273.35
2	中国香港	Hong Kong,China	157.97	中国香港	Hong Kong,China	122.97
3	荷兰	Netherlands	41.95	荷兰	Netherlands	48.18
4	英国	United Kingdom	35.03	英国	United Kingdom	40.59
5	日本	Japan	30.47	日本	Japan	38.98
6	德国	Germany	22.17	德国	Germany	28.16
7	加拿大	Canada	18.30	加拿大	Canada	19.90
8	韩国	Korea Rep.	15.50	印度	India	17.66
9	澳大利亚	Australia	15.08	澳大利亚	Australia	17.50
10	新加坡	Singapore	15.07	韩国	Korea Rep.	14.23
11	菲律宾	Philippines	12.57	西班牙	Spain	12.66
12	印度	India	12.19	新加坡	Singapore	12.36
13	阿联酋	United Arab Emirates	12.05	阿联酋	United Arab Emirates	12.25
14	意大利	Italy	10.02	俄罗斯	Russia	11.88
15	法国	France	9.47	意大利	Italy	11.78

2-4-5 续表 continued

位 次 Ranking	2018 国别(地区)	Country (Region)	累计金额(亿美元) Total Value (USD 100 million)	2019 国别(地区)	Country (Region)	累计金额(亿美元) Total Value (USD 100 million)
1	美国	United States	282.68	美国	United States	264.87
2	中国香港	Hong Kong,China	144.09	中国香港	Hong Kong,China	143.97
3	荷兰	Netherlands	44.63	英国	United Kingdom	49.46
4	英国	United Kingdom	40.13	荷兰	Netherlands	46.52
5	日本	Japan	39.54	日本	Japan	38.34
6	德国	Germany	28.65	德国	Germany	33.57
7	印度	India	23.85	加拿大	Canada	24.47
8	加拿大	Canada	21.34	印度	India	20.64
9	澳大利亚	Australia	18.62	新加坡	Singapore	20.26
10	韩国	Korea Rep.	14.09	澳大利亚	Australia	19.33
11	俄罗斯	Russia	13.07	马来西亚	Malaysia	17.02
12	意大利	Italy	12.51	韩国	Korea Rep.	16.50
13	法国	France	12.32	意大利	Italy	15.88
14	西班牙	Spain	12.08	西班牙	Spain	15.23
15	墨西哥	Mexico	11.77	墨西哥	Mexico	15.09

2-4-6 文化产品前十五位进口市场
Ranking List of Imports of Cultural Commodities by Country (Region) of Origin

位 次 Ranking	2014 国别(地区)	Country (Region)	累计金额(亿美元) Total Value (USD 100 million)	2015 国别(地区)	Country (Region)	累计金额(亿美元) Total Value (USD 100 million)
1	韩国	Korea Rep.	22.15	韩国	Korea Rep.	22.35
2	日本	Japan	8.92	越南	Vietnam	21.74
3	德国	Germany	8.37	日本	Japan	7.29
4	美国	United States	6.31	德国	Germany	6.90
5	中国香港	Hong Kong,China	5.31	美国	United States	6.52
6	新加坡	Singapore	4.26	意大利	Italy	4.68
7	意大利	Italy	3.87	缅甸	Myanmar	3.34
8	中国台湾	Taiwan,China	2.49	法国	France	2.91
9	法国	France	2.35	中国台湾	Taiwan,China	2.89
10	英国	United Kingdom	2.20	新加坡	Singapore	2.58
11	印度尼西亚	Indonesia	1.37	中国香港	Hong Kong,China	2.30
12	瑞士	Switzerland	1.15	英国	United Kingdom	2.22
13	菲律宾	Philippines	0.98	印度尼西亚	Indonesia	1.58
14	加拿大	Canada	0.88	泰国	Thailand	1.53
15	荷兰	Holland	0.68	瑞士	Switzerland	1.23

2-4-6 续表 continued

位 次 Ranking	2016			2017		
	国别（地区）	Country (Region)	累计金额（亿美元） Total Value (USD 100 million)	国别（地区）	Country (Region)	累计金额（亿美元） Total Value (USD 100 million)
1	越南	Vietnam	12.56	韩国	Korea Rep.	11.81
2	韩国	Korea Rep.	8.98	德国	Germany	7.68
3	美国	United States	6.09	越南	Vietnam	7.23
4	日本	Japan	6.04	日本	Japan	7.18
5	德国	Germany	5.96	美国	United States	7.13
6	中国台湾	Taiwan,China	4.85	意大利	Italy	4.27
7	意大利	Italy	3.96	中国台湾	Taiwan,China	3.72
8	法国	France	2.66	泰国	Thailand	2.61
9	新加坡	Singapore	2.30	法国	France	2.26
10	英国	United Kingdom	2.04	新加坡	Singapore	2.04
11	泰国	Thailand	1.87	英国	United Kingdom	1.96
12	中国香港	Hong Kong,China	1.80	中国香港	Hong Kong,China	1.81
13	印度尼西亚	Indonesia	1.51	瑞士	Switzerland	1.67
14	瑞士	Switzerland	1.23	印度尼西亚	Indonesia	1.61
15	加拿大	Canada	1.12	加拿大	Canada	1.21

位 次 Ranking	2018			2019		
	国别（地区）	Country (Region)	累计金额（亿美元） Total Value (USD 100 million)	国别（地区）	Country (Region)	累计金额（亿美元） Total Value (USD 100 million)
1	德国	Germany	10.25	德国	Germany	12.10
2	韩国	Korea Rep.	10.14	日本	Japan	9.55
3	美国	United States	9.13	越南	Vietnam	9.24
4	越南	Vietnam	8.65	美国	United States	8.68
5	日本	Japan	8.34	意大利	Italy	8.30
6	意大利	Italy	5.26	法国	France	7.08
7	泰国	Thailand	3.05	瑞士	Switzerland	4.48
8	中国台湾	Taiwan,China	2.84	新加坡	Singapore	4.22
9	英国	United Kingdom	2.81	中国台湾	Taiwan,China	3.97
10	法国	France	2.78	英国	United Kingdom	3.85
11	瑞士	Switzerland	2.67	中国香港	Hong Kong,China	3.76
12	中国香港	Hong Kong,China	2.13	韩国	Korea Rep.	3.43
13	印度尼西亚	Indonesia	2.06	泰国	Thailand	3.10
14	新加坡	Singapore	2.04	印度尼西亚	Indonesia	2.11
15	菲律宾	Philippines	1.11	加拿大	Canada	1.64

2-5-1 全国一般公共预算文化体育与传媒支出
Expenditure for Culture, Sport and Media of National Government Revenue

单位：亿元 (100 million yuan)

年份 地区	Year Region	一般公共预算文化体育与传媒支出 Expenditure for Culture, Sport and Media	文化 Culture	文物 Cultural Relics	体育 Sport	广播影视新闻出版 Radio,Film, Television, Press and Publication	其他 Others
	2008	1095.74	379.10	131.19	205.29	297.26	82.90
	2009	1393.07	485.57	144.30	238.26	376.13	148.81
	2010	1542.70	529.54	157.87	254.17	420.51	180.61
	2011	1893.36	618.74	198.49	266.35	599.69	210.09
	2012	2268.35	757.10	259.53	272.49	663.73	315.49
	2013	2544.39	858.59	314.14	299.08	662.14	410.44
	2014	2691.48	917.42	311.18	370.75	684.28	407.86
	2015	3076.64	1064.54	338.50	356.48	754.79	562.33
	2016	3163.08	1160.46	350.86	389.48	741.47	520.81
	2017	3391.93	1254.68	355.54	474.85	770.88	535.98
	2018	3537.86	1285.73	392.29	494.72	774.84	590.29
	2019	4086.31	1783.30	385.92	537.97	776.15	602.97
中央	Central-level	308.84	61.39	16.54	42.24	150.95	37.72
地方合计	Regional Total	3777.47	1721.91	369.38	495.73	625.20	565.25
北京	Beijing	279.32	118.93	39.71	65.76	33.54	21.39
天津	Tianjin	46.41	23.93	5.94	7.08	6.27	3.19
河北	Hebei	158.00	68.26	14.94	23.57	23.56	27.66
山西	Shanxi	112.24	37.68	21.85	17.41	20.97	14.33
内蒙古	Inner Mongolia	119.34	54.83	11.70	15.94	30.16	6.70
辽宁	Liaoning	85.98	35.81	7.36	9.82	25.72	7.26
吉林	Jilin	71.75	31.34	4.76	10.43	23.61	1.62
黑龙江	Heilongjiang	54.70	20.29	3.29	8.59	13.86	8.66
上海	Shanghai	179.87	81.85	14.19	45.02	7.36	31.45
江苏	Jiangsu	264.53	131.07	21.60	26.95	30.38	54.54
浙江	Zhejiang	203.26	106.53	17.18	20.19	19.96	39.40
安徽	Anhui	87.98	33.35	5.82	7.98	31.44	9.40
福建	Fujian	104.00	55.70	9.31	12.65	15.29	11.06
江西	Jiangxi	87.60	36.86	9.17	7.90	21.15	12.53
山东	Shandong	189.50	79.16	13.95	20.26	36.26	39.88
河南	Henan	127.87	55.96	18.86	18.54	27.56	6.96
湖北	Hubei	148.53	58.39	13.72	33.82	26.88	15.72
湖南	Hunan	144.83	67.78	14.04	11.62	17.24	34.16
广东	Guangdong	350.33	173.30	22.91	36.84	24.78	92.51
广西	Guangxi	76.33	41.30	5.43	8.79	13.02	7.79
海南	Hainan	56.34	23.42	5.93	8.54	6.43	12.03
重庆	Chongqing	55.24	28.82	7.02	5.67	8.98	4.74
四川	Sichuan	196.48	91.18	14.55	20.41	41.67	28.66
贵州	Guizhou	68.76	34.35	3.87	6.31	15.06	9.17
云南	Yunnan	77.90	39.10	4.59	6.46	17.44	10.31
西藏	Tibet	57.55	28.77	8.22	3.30	16.48	0.77
陕西	Shaanxi	127.58	52.95	25.03	17.07	16.05	16.48
甘肃	Gansu	84.85	39.60	12.99	6.90	15.49	9.87
青海	Qinghai	42.39	18.89	3.50	3.58	8.72	7.70
宁夏	Ningxia	25.85	13.48	1.90	3.27	4.51	2.70
新疆	Xinjiang	92.14	39.03	6.05	5.09	25.35	16.62

注：因政府收支分类科目调整，2019年“文化”决算数为“文化和旅游”科目决算数(下表同)。

a) Data of Culture in 2019 refers to Culture and tourism because of the adjustment of government revenue and expenditure classification.

2-5-2 地方一般公共预算文化体育与传媒支出
Expenditure for Culture, Sport and Media of Regional Government Revenue

单位：亿元 (100 million yuan)

地区	Region	2010	2011	2012	2013	2014	2015	2016	2017	2018	2019
地方合计	**Regional Total**	**1392.57**	**1704.64**	**2074.79**	**2339.94**	**2468.48**	**2804.65**	**2915.13**	**3121.02**	**3256.73**	**3777.47**
北京	Beijing	79.36	87.01	141.37	154.71	163.90	188.50	198.35	208.96	245.43	279.32
天津	Tianjin	24.28	29.76	35.85	44.53	47.87	51.73	57.16	57.94	52.92	46.41
河北	Hebei	37.09	50.45	59.29	72.71	82.66	88.34	87.54	103.19	115.17	158.00
山西	Shanxi	31.24	48.17	60.20	66.69	63.95	73.08	72.64	71.92	92.85	112.24
内蒙古	Inner Mongolia	52.96	68.78	87.21	88.05	91.90	95.81	89.25	116.79	109.27	119.34
辽宁	Liaoning	56.76	68.60	79.25	95.34	92.60	88.59	84.70	86.44	71.59	85.98
吉林	Jilin	32.93	44.25	47.48	56.55	61.16	73.01	72.03	70.69	70.24	71.75
黑龙江	Heilongjiang	39.50	44.94	47.27	52.37	45.63	53.17	53.21	53.56	46.20	54.70
上海	Shanghai	54.95	68.80	72.51	89.17	86.38	108.22	113.34	191.32	186.52	179.87
江苏	Jiangsu	88.67	116.86	150.90	173.54	190.86	196.06	193.28	194.37	197.22	264.53
浙江	Zhejiang	77.15	85.09	94.18	106.00	115.36	165.38	158.72	159.66	174.59	203.26
安徽	Anhui	51.68	62.35	71.43	79.50	82.25	88.19	84.23	80.94	79.77	87.98
福建	Fujian	27.10	35.86	46.07	57.88	64.18	84.82	81.25	87.34	84.73	104.00
江西	Jiangxi	28.38	39.66	44.77	52.62	60.03	68.90	70.49	74.65	79.10	87.60
山东	Shandong	74.03	91.57	114.27	127.53	127.75	137.26	137.47	141.90	153.52	189.50
河南	Henan	54.99	57.54	69.63	80.78	91.16	105.38	97.33	97.52	103.04	127.87
湖北	Hubei	36.67	47.09	62.47	72.44	76.65	84.03	96.61	95.26	113.15	148.53
湖南	Hunan	39.66	44.87	54.50	68.95	80.01	111.74	140.68	148.83	134.54	144.83
广东	Guangdong	166.16	170.56	137.64	141.68	168.16	194.58	229.71	285.87	321.84	350.33
广西	Guangxi	32.77	37.48	45.52	49.85	68.52	79.00	71.08	64.36	63.59	76.33
海南	Hainan	11.61	16.60	19.85	21.90	23.51	25.48	26.90	29.86	47.37	56.34
重庆	Chongqing	24.04	31.16	33.08	34.94	36.02	47.01	47.98	48.89	49.31	55.24
四川	Sichuan	59.37	87.35	120.70	142.40	135.65	139.41	145.20	142.46	154.91	196.48
贵州	Guizhou	23.98	35.31	49.85	48.68	54.69	61.20	67.34	64.73	60.80	68.76
云南	Yunnan	35.53	45.34	62.06	61.35	56.21	61.66	77.93	71.30	72.20	77.90
西藏	Tibet	12.48	18.91	24.18	22.51	34.10	34.73	34.85	44.93	46.02	57.55
陕西	Shaanxi	47.86	61.27	91.81	100.44	93.23	103.09	125.85	121.95	126.11	127.58
甘肃	Gansu	29.78	33.07	49.87	59.76	49.60	62.76	63.84	64.59	72.52	84.85
青海	Qinghai	11.57	14.32	18.92	25.84	34.16	33.60	33.31	37.58	35.49	42.39
宁夏	Ningxia	16.09	13.94	14.44	16.60	16.02	20.97	25.23	22.82	23.33	25.85
新疆	Xinjiang	33.92	47.70	68.23	74.63	74.32	78.96	77.61	80.40	73.39	92.14

2-6-1 国内文化及相关产业专利授权情况
Basic Statistics on Granted Patent Applications on Culture and Related Industries

单位：项 (piece)

年 份 地 区	Year Region	文化及相关产业专利授权总数 Total Patent Applications Granted	发明专利 Inventions	实用新型专利 Utility Models	外观设计专利 Designs
	2007	29792	1050	8535	20207
	2008	32767	1983	10769	20015
	2009	46067	3898	10754	31415
	2010	64205	4378	16947	42880
	2011	62194	5588	20277	36329
	2012	82769	6491	24281	51997
	2013	90326	5746	30463	54117
	2014	71304	6652	23923	40729
	2015	94652	9324	32785	52543
	2016	101495	12042	36356	53097
	2017	118432	13645	41070	63717
	2018	142904	18729	61189	62986
	2019	153268	22384	59785	71099
北 京	Beijing	8671	3920	2246	2505
天 津	Tianjin	2077	234	1503	340
河 北	Hebei	2391	136	1130	1125
山 西	Shanxi	548	74	277	197
内蒙古	Inner Mongolia	409	12	187	210
辽 宁	Liaoning	1439	325	641	473
吉 林	Jilin	692	168	343	181
黑龙江	Heilongjiang	1007	134	592	281
上 海	Shanghai	5573	1451	2010	2112
江 苏	Jiangsu	12086	1813	5516	4757
浙 江	Zhejiang	16243	2135	5962	8146
安 徽	Anhui	3071	580	1629	862
福 建	Fujian	5681	544	2157	2980
江 西	Jiangxi	4072	180	1799	2093
山 东	Shandong	7346	1191	3842	2313
河 南	Henan	4112	228	1917	1967
湖 北	Hubei	3249	722	1340	1187
湖 南	Hunan	3226	328	1352	1546
广 东	Guangdong	58371	6277	19448	32646
广 西	Guangxi	1181	118	460	603
海 南	Hainan	229	18	116	95
重 庆	Chongqing	1873	308	993	572
四 川	Sichuan	3772	642	1716	1414
贵 州	Guizhou	1022	78	506	438
云 南	Yunnan	935	50	484	401
西 藏	Tibet	215	3	13	199
陕 西	Shaanxi	2569	654	957	958
甘 肃	Gansu	675	33	373	269
青 海	Qinghai	89	4	52	33
宁 夏	Ningxia	125	8	96	21
新 疆	Xinjiang	319	16	128	175

2-6-2 按类别分文化及相关产业专利授权情况(2019年)

Basic Statistics on Granted Patent Applications on Culture and Related Industries by Category(2019)

单位：项 (piece)

类 别	Category	文化及相关产业专利授权总数 Total Patent Applications Granted	发明专利 Inventions	实用新型专利 Utility Models	外观设计专利 Designs
合 计	**National Total**	**153268**	**22384**	**59785**	**71099**
工艺美术品制造	Manufacture of Arts and Crafts	26363	853	5689	19821
艺术陶瓷制造	Manufacture of Creamic Products	1665	654	31	980
文化辅助用品制造	Manufacture of Cultural Supplementary Products	1461	526	438	497
印刷复制服务	Printing and Duplicating Services	8898	2906	1966	4026
印刷设备制造	Manufacture of Printing Equipment	12214	1661	10355	198
广播电视电影设备制造及销售	Manufacture and Sales of Radio,Film and Television Equipment	31391	7317	13126	10948
摄录设备制造及销售	Manufacture and Sales of Vedio Equipment	13971	1700	8018	4253
游乐游艺设备制造	Manufacture of Games and Entertainment Equipment	12420	556	2551	9313
乐器制造及销售	Manufacture of Musical Instrument	2656	109	1335	1212
文具制造及销售	Manufacture of Stationery	8235	131	4115	3989
笔墨制造	Manufacture of Pens and Ink	2513	102	987	1424
玩具制造	Manufacture of Toys	11718	249	3041	8428
节庆用品制造	Manufacture of Festival Products	395	29	316	50
信息服务终端制造及销售	Manufacture and Sales of Information Service Equipment	19368	5591	7817	5960

注：本表类别使用中类分组,具体类别参见《文化及相关产业分类(2018)》。

a) Data in the table above is divided by group.Details on more categories refer to Classification of Culture and Related Industries (2018).

3

文化及相关产业法人单位发展情况

Condition on Legal Entities of Culture and Related Industries

3-1-1　按类别分文化及相关产业法人单位基本情况(2019年)
Basic Statistics on Culture and Related Industries by Category (2019)

单位：万元　　　　(10 000 yuan)

类　别	Category	法人单位数(个) Number of Enterprises (unit)	年末从业人员(人) Engaged Persons at Year-end (person)	资产总计 Total Assets	营业收入 Total Revenue
合　计	**Total**	**2093073**	**19232683**	**2462292043**	**1350251519**
文化制造业	Culture Manufacture	213182	6006457	411511810	444343623
文化批发和零售业	Culture Whole and Retail Trade	308968	1642406	191017781	242809076
文化服务业	Culture Service	1570923	11583820	1859762452	663098821
一、新闻信息服务	News Information Service	67258	1085877	206677882	94705257
二、内容创作生产	Creation and Manufacture of Content	335993	3815546	419505206	256004591
三、创意设计服务	Services of Creative Design	632943	4023601	311917524	254249220
四、文化传播渠道	Cultural Diffusion Channel	146405	1413931	243307676	171869414
五、文化投资运营	Investment and Operation of Culture	14863	138687	448275872	13509105
六、文化娱乐休闲服务	Culture Leisure and Entertainment	192694	1578780	286404639	38342249
七、文化辅助生产和中介服务	Supplementary Manufacture of Culture and Intermediary Services	471925	3846042	312938442	213416819
八、文化装备生产	Manufacture of Culture Equipment	29676	780016	63464234	73416094
九、文化消费终端生产	Manufacture of Culture Consumption Endpoint	201325	2550201	169800568	234738773

注：因规下推算四舍五入，表中数据存在合计与分项之和不等的情况。
a) The data of under designated size are rounded. Summation is probably not equal to the total of itemizes.

3-1-2 分地区文化及相关产业法人单位基本情况(2019年)
Basic Statistics on Culture and Related Industries by Region (2019)

单位：万元 (10 000 yuan)

地区	Region	法人单位数（个） Number of Enterprises (unit)	年末从业人员（人） Engaged Persons at Year-end (person)	资产总计 Total Assets	营业收入 Total Revenue
全国	**National Total**	**2093073**	**19232683**	**2462292043**	**1350251519**
北京	Beijing	188427	1206457	305834907	159730898
天津	Tianjin	26978	162557	36679769	22858483
河北	Hebei	77318	518068	43283228	15782884
山西	Shanxi	35313	213971	28397936	4717596
内蒙古	Inner Mongolia	20873	105588	12166706	2394574
辽宁	Liaoning	45836	343500	30533566	11480624
吉林	Jilin	7656	75812	12228181	2020111
黑龙江	Heilongjiang	18204	106206	8744162	2989172
上海	Shanghai	61446	730340	158430770	110018501
江苏	Jiangsu	200398	2094866	373005018	148344066
浙江	Zhejiang	160843	1428583	214400136	137844673
安徽	Anhui	79719	638042	76919226	38535117
福建	Fujian	79793	1054514	57759742	75492386
江西	Jiangxi	40199	610233	42549682	29074573
山东	Shandong	95926	1040946	148403393	74644614
河南	Henan	108502	1049384	57050926	45680183
湖北	Hubei	96217	1070632	108952076	58547577
湖南	Hunan	62588	852955	58910645	44660869
广东	Guangdong	324981	3142455	295846203	221125202
广西	Guangxi	35773	264107	18243054	10876572
海南	Hainan	12955	82810	43934953	4763613
重庆	Chongqing	59832	487134	57273292	28457486
四川	Sichuan	78699	736876	85821607	48229015
贵州	Guizhou	26560	204813	54507098	7257049
云南	Yunnan	39035	268389	24928170	11226802
西藏	Tibet	3454	29999	5842779	5493792
陕西	Shaanxi	56446	385236	58886555	16250251
甘肃	Gansu	15507	132347	11349094	2310554
青海	Qinghai	8377	40806	2993069	851963
宁夏	Ningxia	4532	37821	3381565	909177
新疆	Xinjiang	20686	117236	25034538	7683142

3-2-1 规模以上文化及相关产业企业基本情况(2019年)
Basic Statistics on Culture and Related Industries above Designated Size(2019)

单位：万元 (10 000 yuan)

分组	Group	企业单位数 (个) Number of Enterprises (unit)	年末从业人员 (人) Engaged Persons at Year-end (person)	资产总计 Total Assets
合 计	**Total**	**61232**	**7997533**	**1370538421**
按登记注册类型分	**by Status of Registration**			
内资企业	Domestic Funded Enterprises	56777	6326675	1066658208
国有企业	Stats-owned Enterprises	1322	215487	48526632
集体企业	Collective-owned Enterprises	161	30151	1226385
股份合作企业	Cooperative Enterprises	84	8120	430152
联营企业	Joint Ownership Enterprises	8	1111	135487
有限责任公司	Limited Liability Corporations	16619	2285654	536627182
股份有限公司	Share-holding Corporations Ltd.	1876	570684	188155100
私营公司	Private Enterprises	36586	3202583	291233849
其他企业	Other Enterprises	121	12885	323421
港、澳、台商投资企业	Enterprises with Funds from Hong Kong, Macao and Taiwan	2546	1002111	205952762
外商投资企业	Foreign Funded Enterprises	1909	668747	97927451
按企业控股情况分	**by Status of Holding**			
国有控股	State-holding	6964	1345503	479251380
集体控股	Collective-holding	635	112043	20976547
私人控股	Private-holding	46300	4452726	485707014
港澳台商控股	Hong Kong, Macao and Taiwan-holding	2361	973154	202472567
外商控股	Foreign-holding	1658	602008	83839857
其他	Others	3314	512099	98291057

3-2-1 续表 1 continued

单位：万元 (10 000 yuan)

分组	Group	营业收入 Total Revenue	税金及附加 Total Tax and Extra Charges
合 计	**Total**	**990327719**	**6156565**
按登记注册类型分	**by Status of Registration**		
内资企业	Domestic Funded Enterprises	730842265	4875038
国有企业	Stats-owned Enterprises	14623057	141858
集体企业	Collective-owned Enterprises	1784376	13884
股份合作企业	Cooperative Enterprises	484831	5276
联营企业	Joint Ownership Enterprises	30913	274
有限责任公司	Limited Liability Corporations	300881754	1887840
股份有限公司	Share-holding Corporations Ltd.	70079743	366068
私营公司	Private Enterprises	342478571	2457625
其他企业	Other Enterprises	479021	2213
港、澳、台商投资企业	Enterprises with Funds from Hong Kong, Macao and Taiwan	148967736	877313
外商投资企业	Foreign Funded Enterprises	110517718	404214
按企业控股情况分	**by Status of Holding**		
国有控股	State-holding	174428797	1168824
集体控股	Collective-holding	16805773	78659
私人控股	Private-holding	481703359	3260211
港澳台商控股	Hong Kong, Macao and Taiwan-holding	149469672	863552
外商控股	Foreign-holding	99414265	371749
其他	Others	68505852	413570

3-2-1 续表 2 continued

单位：万元 (10 000 yuan)

分　组	Group	营业利润 Operating Profit	利润总额 Total Profit	应交增值税 Value-added Tax Payable
合　计	**Total**	**77234928**	**78871749**	**16457669**
按登记注册类型分	**by Status of Registration**			
内资企业	Domestic Funded Enterprises	45141007	46274883	12160406
国有企业	Stats-owned Enterprises	925072	1252523	358775
集体企业	Collective-owned Enterprises	83703	88720	40001
股份合作企业	Cooperative Enterprises	20028	30790	11733
联营企业	Joint Ownership Enterprises	-2398	-1865	2336
有限责任公司	Limited Liability Corporations	18483033	19533120	4657823
股份有限公司	Share-holding Corporations Ltd.	7447205	6573490	1118423
私营公司	Private Enterprises	18155485	18768016	5960682
其他企业	Other Enterprises	28881	30089	10633
港、澳、台商投资企业	Enterprises with Funds from Hong Kong, Macao and Taiwan	26960985	27156807	2968477
外商投资企业	Foreign Funded Enterprises	5132936	5440060	1328787
按企业控股情况分	**by Status of Holding**			
国有控股	State-holding	12757938	13441522	2599443
集体控股	Collective-holding	775973	837855	196964
私人控股	Private-holding	27986025	27991111	8553410
港澳台商控股	Hong Kong, Macao and Taiwan-holding	26866668	27070635	2874724
外商控股	Foreign-holding	4410645	4690268	1125710
其他	Others	4437679	4840359	1107419

3-2-2 按类别分规模以上文化及相关产业企业基本情况(2019年)

Basic Statistics on Culture and Related Industries above Designated Size by Category(2019)

单位：万元 (10 000 yuan)

类　别	Category	企业单位数（个） Number of Enterprises (unit)	年末从业人员（人） Engaged Persons at Year-end (person)	资产总计 Total Assets
合　计	**Total**	**61232**	**7997533**	**1370538421**
文化制造业	Culture Manufacture	19284	3985188	332883775
文化批发和零售业	Culture Whole and Retail Trade	10462	529797	122210796
文化服务业	Culture Service	31486	3482548	915443850
一、新闻信息服务	News Information Service	2027	547100	144969485
二、内容创作生产	Creation and Manufacture of Content	12062	1687675	260248509
三、创意设计服务	Services of Creative Design	10673	990832	154365305
四、文化传播渠道	Cultural Diffusion Channel	7978	723635	185377200
五、文化投资运营	Investment and Operation of Culture	438	37782	136521502
六、文化娱乐休闲服务	Culture Leisure and Entertainment	4455	471902	121339070
七、文化辅助生产和中介服务	Supplementary Manufacture of Culture and Intermediary Services	11152	1425552	186863946
八、文化装备生产	Manufacture of Culture Equipment	2904	576227	53503001
九、文化消费终端生产	Manufacture of Culture Consumption Endpoint	9543	1536828	127350405

3-2-2 续表 1 continued

单位：万元 (10 000 yuan)

类 别	Category	营业收入 Total Revenue	税 金 及附加 Total Tax and Extra Charges
合 计	**Total**	**990327719**	**6156565**
文化制造业	Culture Manufacture	380443930	2439902
文化批发和零售业	Culture Whole and Retail Trade	175341700	692676
文化服务业	Culture Service	434542088	3023988
一、新闻信息服务	News Information Service	79496597	640095
二、内容创作生产	Creation and Manufacture of Content	200426003	1119573
三、创意设计服务	Services of Creative Design	144695063	736171
四、文化传播渠道	Cultural Diffusion Channel	142706678	719316
五、文化投资运营	Investment and Operation of Culture	5679189	134118
六、文化娱乐休闲服务	Culture Leisure and Entertainment	16472048	408332
七、文化辅助生产和中介服务	Supplementary Manufacture of Culture and Intermediary Services	149689454	1034693
八、文化装备生产	Manufacture of Culture Equipment	65223855	295038
九、文化消费终端生产	Manufacture of Culture Consumption Endpoint	185938832	1069228

3-2-2 续表 2 continued

单位：万元 (10 000 yuan)

类 别	Category	营业利润 Operating Profit	利润总额 Total Profit	应交增值税 Value-added Tax Payable
合 计	**Total**	**77234928**	**78871749**	**16457669**
文化制造业	Culture Manufacture	20529838	21161658	6898313
文化批发和零售业	Culture Whole and Retail Trade	5167346	5406248	1385744
文化服务业	Culture Service	51537744	52303843	8173613
一、新闻信息服务	News Information Service	10164014	9639803	1491887
二、内容创作生产	Creation and Manufacture of Content	21632248	22141999	3640977
三、创意设计服务	Services of Creative Design	7649348	7906269	2272861
四、文化传播渠道	Cultural Diffusion Channel	15928346	16318832	1764034
五、文化投资运营	Investment and Operation of Culture	1355220	1445929	199371
六、文化娱乐休闲服务	Culture Leisure and Entertainment	1369688	1541575	317669
七、文化辅助生产和中介服务	Supplementary Manufacture of Culture and Intermediary Services	9320518	9838190	3685461
八、文化装备生产	Manufacture of Culture Equipment	3531957	3660728	831084
九、文化消费终端生产	Manufacture of Culture Consumption Endpoint	6283591	6378423	2254326

3-2-3 分地区规模以上文化及相关产业企业基本情况(2019年) Basic Statistics on Culture and Related Industries above Designated Size by Region(2019)

单位：万元 (10 000 yuan)

地 区	Region	企业单位数 (个) Number of Enterprises (unit)	年末从业人员 (人) Engaged Persons at Year-end (person)	资产总计 Total Assets	营业收入 Total Revenue
全 国	**National Total**	**61232**	**7997533**	**1370538421**	**990327719**
北 京	Beijing	4831	542365	190203386	129972649
天 津	Tianjin	883	77868	24976137	19446801
河 北	Hebei	1432	153336	22792512	9604319
山 西	Shanxi	314	37336	9994624	2366905
内蒙古	Inner Mongolia	171	17239	3213117	1010341
辽 宁	Liaoning	724	122260	13006513	7448723
吉 林	Jilin	256	25910	5477563	1366327
黑龙江	Heilongjiang	248	27597	3066134	1345216
上 海	Shanghai	3120	390211	114739766	85366616
江 苏	Jiangsu	7315	976670	179600967	108596043
浙 江	Zhejiang	5134	567124	134419330	104275331
安 徽	Anhui	2353	237265	37301871	26004592
福 建	Fujian	3538	457223	33630510	54163843
江 西	Jiangxi	1727	269184	20598024	20028847
山 东	Shandong	2660	397608	83869469	51301220
河 南	Henan	2866	345543	30529765	23574629
湖 北	Hubei	2845	432676	57631528	39533290
湖 南	Hunan	3701	421323	36207801	34102957
广 东	Guangdong	9709	1669285	218818852	181414492
广 西	Guangxi	680	91161	8128161	6758149
海 南	Hainan	168	24490	6996882	3280805
重 庆	Chongqing	1045	147815	29478069	16652284
四 川	Sichuan	1867	252790	45093233	36085673
贵 州	Guizhou	625	51672	9649563	3344201
云 南	Yunnan	731	79445	14149247	7254989
西 藏	Tibet	34	2649	613643	252951
陕 西	Shaanxi	1682	125696	24594653	10973235
甘 肃	Gansu	198	22384	4474458	1158521
青 海	Qinghai	52	5461	944354	524593
宁 夏	Ningxia	72	9526	1333260	470793
新 疆	Xinjiang	251	16421	5005030	2648384

3-2-3 续表 continued

单位：万元 (10 000 yuan)

地 区	Region	税金及附加 Total Tax and Extra Charges	营业利润 Operating Profit	利润总额 Total Profit	应交增值税 Value-added Tax Payable
全 国	**National Total**	**6156565**	**77234928**	**78871749**	**16457669**
北 京	Beijing	772242	8233923	7390664	1800555
天 津	Tianjin	87000	1532533	1612347	282936
河 北	Hebei	64389	247181	370887	200492
山 西	Shanxi	15375	-17449	14606	41706
内蒙古	Inner Mongolia	9979	18642	33740	10818
辽 宁	Liaoning	51885	279491	335523	92577
吉 林	Jilin	12994	89479	102867	25714
黑龙江	Heilongjiang	10688	-47652	-19808	-18962
上 海	Shanghai	340106	7705021	8007891	1199422
江 苏	Jiangsu	622748	6858057	7305337	1773886
浙 江	Zhejiang	464871	14102007	14549067	2090287
安 徽	Anhui	131638	1793416	1798259	515049
福 建	Fujian	289409	3576495	3623249	710167
江 西	Jiangxi	136114	1493932	1523005	342246
山 东	Shandong	235092	1653724	1808193	820214
河 南	Henan	262717	1990306	2075060	362057
湖 北	Hubei	460215	2716603	2858857	977220
湖 南	Hunan	659744	2324482	2282430	617081
广 东	Guangdong	919481	15721180	15992911	2910635
广 西	Guangxi	39385	437394	457575	123198
海 南	Hainan	33879	315931	321344	85910
重 庆	Chongqing	94228	1521807	1569903	298442
四 川	Sichuan	242951	2832566	2823888	742952
贵 州	Guizhou	38092	128565	149902	66662
云 南	Yunnan	62170	827222	832738	160965
西 藏	Tibet	404	24020	26035	5289
陕 西	Shaanxi	72560	494707	598097	152765
甘 肃	Gansu	7132	-44437	-29018	12602
青 海	Qinghai	2209	-372	9255	1902
宁 夏	Ningxia	4062	1144	17915	8467
新 疆	Xinjiang	12808	425014	429028	44418

3-3-1 规模以上文化制造业企业基本情况(2019年)
Basic Statistics on Cultural Industrial Enterprises above Designated Size(2019)

单位：万元 (10 000 yuan)

分　组	Group	企业单位数（个）Number of Enterprises (unit)	年末从业人员（人）Engaged Persons at Year-end (person)	资产总计（万元）Total Assets (10 000 yuan)
合　计	**Total**	**19284**	**3985188**	**332883775**
按企业规模分	**Grouped by Size of Enterprises**			
大型	Large	392	1034330	135614855
中型	Medium-sized	2361	1285699	83149808
小型	Small	15450	1651015	107763898
微型	Micro-sized	1081	14144	6355214
按登记注册类型分	**by Status of Registration**			
内资企业	Domestic Funded Enterprises	16567	2808528	226230250
国有企业	Stats-owned Enterprises	65	10910	911174
集体企业	Collective-owned Enterprises	73	23684	626934
股份合作企业	Cooperative Enterprises	47	6453	330614
联营企业	Joint Ownership Enterprises	2	290	7367
有限责任公司	Limited Liability Corporations	2989	723569	77841820
股份有限公司	Share-holding Corporations Ltd.	456	189207	44352317
私营公司	Private Enterprises	12935	1854415	102160023
港、澳、台商投资企业	Enterprises with Funds from Hong Kong, Macao and Taiwan	1616	692700	48845028
外商投资企业	Foreign Funded Enterprises	1101	483960	57808497
按企业控股情况分	**by Status of Holding**			
国有控股	State-holding	457	207796	41062240
集体控股	Collective-holding	172	53690	4867281
私人控股	Private-holding	15682	2455466	168763998
港澳台商控股	Hong Kong, Macao and Taiwan-holding	1482	672532	46943875
外商控股	Foreign-holding	937	445739	50985284
其他	Others	554	149965	20261096

3-3-1 续表 1 continued

单位：万元 (10 000 yuan)

分　组	Group	营业收入 Total Revenue	税　金及附加 Total Tax and Extra Charges
合　计	**Total**	**380443930**	**2439902**
按企业规模分	**Grouped by Size of Enterprises**		
大型	Large	125986780	527567
中型	Medium-sized	102044414	666470
小型	Small	145179649	1199801
微型	Micro-sized	7233087	46065
按登记注册类型分	**by Status of Registration**		
内资企业	Domestic Funded Enterprises	264834378	1980690
国有企业	Stats-owned Enterprises	759698	7068
集体企业	Collective-owned Enterprises	1552858	11891
股份合作企业	Cooperative Enterprises	335911	4426
联营企业	Joint Ownership Enterprises	4511	26
有限责任公司	Limited Liability Corporations	84420022	496796
股份有限公司	Share-holding Corporations Ltd.	23271107	134805
私营公司	Private Enterprises	154490270	1325678
港、澳、台商投资企业	Enterprises with Funds from Hong Kong, Macao and Taiwan	54272424	231112
外商投资企业	Foreign Funded Enterprises	61337129	228100
按企业控股情况分	**by Status of Holding**		
国有控股	State-holding	37158030	213805
集体控股	Collective-holding	5752310	34106
私人控股	Private-holding	213209920	1663549
港澳台商控股	Hong Kong, Macao and Taiwan-holding	55610285	220768
外商控股	Foreign-holding	54229239	211548
其他	Others	14484147	96126

3-3-1 续表 2 continued

单位：万元 (10 000 yuan)

分组	Group	营业利润 Operating Profit	应交增值税 Value-added Tax Payable	工业总产值（当年价格） Gross Industrial Output Value (current prices)
合计	**Total**	**20529838**	**6898313**	**377413909**
按企业规模分	**Grouped by Size of Enterprises**			
大型	Large	6968891	1973339	122274091
中型	Medium-sized	6174684	1884889	101157614
小型	Small	7256102	2943073	146664437
微型	Micro-sized	130162	97012	7317768
按登记注册类型分	**by Status of Registration**			
内资企业	Domestic Funded Enterprises	14711901	5279179	259721533
国有企业	Stats-owned Enterprises	38119	20394	513992
集体企业	Collective-owned Enterprises	77102	35007	1285781
股份合作企业	Cooperative Enterprises	14810	10047	329995
联营企业	Joint Ownership Enterprises	-1491	219	4286
有限责任公司	Limited Liability Corporations	4499330	1506337	76690937
股份有限公司	Share-holding Corporations Ltd.	1428648	462934	22515773
私营公司	Private Enterprises	8655384	3244241	158380770
其他企业	Other Enterprises			
港、澳、台商投资企业	Enterprises with Funds from Hong Kong, Macao and Taiwan	2979505	792093	56200398
外商投资企业	Foreign Funded Enterprises	2838432	827041	61491978
按企业控股情况分	**by Status of Holding**			
国有控股	State-holding	1724442	697490	29608556
集体控股	Collective-holding	288000	104919	5301084
私人控股	Private-holding	12327117	4387269	217541352
港澳台商控股	Hong Kong, Macao and Taiwan-holding	2998599	706510	57595855
外商控股	Foreign-holding	2459531	674209	53468056
其他	Others	732150	327915	13899006

3-3-2 分地区规模以上文化制造业企业主要指标(2019年)

Main Indicators on Cultural Industrial Enterprises above Designated Size by Region(2019)

单位：万元 (10 000 yuan)

地 区	Region	企业单位数(个) Number of Enterprises (unit)	年末从业人员(人) Engaged Persons at Year-end (person)	资产总计 Total Assets	营业收入 Total Revenue	营业成本 Total Cost	利润总额 Total Profit
全 国	**National Total**	**19284**	**3985188**	**332883775**	**380443930**	**324989504**	**21161658**
北 京	Beijing	152	28408	5145649	4195569	3490262	209263
天 津	Tianjin	157	23635	2799434	3364425	3026208	77616
河 北	Hebei	544	67656	5397797	5178130	4384389	312406
山 西	Shanxi	45	7346	765399	436097	380481	3260
内蒙古	Inner Mongolia	10	1778	211081	197644	173548	4248
辽 宁	Liaoning	119	26473	2928041	2369909	2038538	109903
吉 林	Jilin	37	5605	670868	324506	264261	14692
黑龙江	Heilongjiang	43	4312	323817	205393	186091	-4482
上 海	Shanghai	372	73679	8430418	13900159	12226809	747418
江 苏	Jiangsu	2392	482833	49248639	52805954	45431060	3126402
浙 江	Zhejiang	2348	327845	27738519	25045903	21139366	1241406
安 徽	Anhui	963	136812	13706652	14492630	12106345	1040527
福 建	Fujian	1459	329541	15492545	35208830	29939168	2534399
江 西	Jiangxi	850	211422	11000686	14752397	12465759	1197682
山 东	Shandong	1139	237015	40797653	27162454	24102649	844176
河 南	Henan	883	175225	11429320	12485407	10369613	1179504
湖 北	Hubei	848	139395	12394985	17902283	15189190	1034814
湖 南	Hunan	1355	269737	11716044	21647331	17322808	1454863
广 东	Guangdong	4089	1134116	78908386	90979751	78328514	4061327
广 西	Guangxi	181	50269	2028192	3044548	2761287	112054
海 南	Hainan	7	3228	3001756	1216861	929588	111746
重 庆	Chongqing	227	55382	3959557	5417414	4616424	415710
四 川	Sichuan	503	109497	14028098	19198825	16772794	590230
贵 州	Guizhou	131	15464	903089	1147847	967133	62921
云 南	Yunnan	153	25485	3278358	3148659	2293790	458393
西 藏	Tibet	5	538	52382	13083	10619	807
陕 西	Shaanxi	211	31686	5630635	4190102	3723356	214973
甘 肃	Gansu	19	2898	163820	78738	67369	-3085
青 海	Qinghai	8	1166	97274	40523	34138	-2531
宁 夏	Ningxia	14	3725	480827	214559	187059	3982
新 疆	Xinjiang	20	3017	153855	78003	60891	7034

3-3-2 续表 1 continued

单位：万元 (10 000 yuan)

地区	Region	税金及附加 Total Tax and Extra Charges	固定资产原价 Original Value of Fixed Assets	本年折旧 Depreciation This Year	销售费用 Selling Expenses
全国	**National Total**	**2439902**	**145530315**	**9911712**	**10425221**
北京	Beijing	23393	1939512	97579	149930
天津	Tianjin	11710	1175223	64576	97316
河北	Hebei	30484	2815990	163048	139647
山西	Shanxi	3554	435094	17358	19905
内蒙古	Inner Mongolia	2348	76861	4590	2201
辽宁	Liaoning	13751	1633048	66699	46488
吉林	Jilin	3134	463267	19965	10495
黑龙江	Heilongjiang	1122	201686	9008	4716
上海	Shanghai	29467	3181471	202493	290827
江苏	Jiangsu	233416	24686045	1409639	1255851
浙江	Zhejiang	142290	11401894	693050	785761
安徽	Anhui	71925	4380138	274198	442504
福建	Fujian	185643	7756168	670249	903554
江西	Jiangxi	106973	5955608	535223	244355
山东	Shandong	136325	18843926	1246970	685474
河南	Henan	127786	6541776	526369	280235
湖北	Hubei	159207	8073738	674090	502458
湖南	Hunan	522499	7894465	558721	689887
广东	Guangdong	371134	21528886	1537488	2604834
广西	Guangxi	20327	745366	47352	45902
海南	Hainan	12784	2672965	110585	27877
重庆	Chongqing	35584	2255575	230675	109380
四川	Sichuan	133330	4909473	338218	801391
贵州	Guizhou	10629	402731	27099	47107
云南	Yunnan	22946	1690098	120579	105323
西藏	Tibet	75	20765.4	1194.5	182
陕西	Shaanxi	24438	3379164	242148	119176
甘肃	Gansu	704	81984	3316	2336
青海	Qinghai	628	53281	2709	1547
宁夏	Ningxia	1914	223845	9973	5351
新疆	Xinjiang	385	110272	6553	3212

3-3-2 续表 2 continued

单位：万元 (10 000 yuan)

地 区	Region	管理费用 Administrative Expenses	研发费用 R&D Expenses	财务费用 Financial Expenses	营业利润 Operating Profit
全 国	**National Total**	**14257025**	**6883494**	**3167444**	**20529838**
北 京	Beijing	272380	118155	12174	207758
天 津	Tianjin	137419	23463	16494	72499
河 北	Hebei	241530	43765	44872	299297
山 西	Shanxi	34665	3781	6126	-10885
内蒙古	Inner Mongolia	7530	6697	1413	4115
辽 宁	Liaoning	120979	39592	18276	87535
吉 林	Jilin	28919	5142	5501	12728
黑龙江	Heilongjiang	16029	663	3899	-6591
上 海	Shanghai	496262	227477	34489	718484
江 苏	Jiangsu	1954923	1100371	394513	2990140
浙 江	Zhejiang	1128886	614568	322110	1068142
安 徽	Anhui	466135	376003	102857	1079003
福 建	Fujian	1173089	307179	208935	2516600
江 西	Jiangxi	375667	303790	89972	1181654
山 东	Shandong	800749	455024	510179	766645
河 南	Henan	321062	94959	155880	1122682
湖 北	Hubei	678793	193839	173137	1016347
湖 南	Hunan	954134	414700	197596	1529428
广 东	Guangdong	3667064	2066791	513588	3910364
广 西	Guangxi	89287	10725	12925	100767
海 南	Hainan	23480	36335	80429	110956
重 庆	Chongqing	163090	100980	26802	405390
四 川	Sichuan	598156	240198	149949	628029
贵 州	Guizhou	41972	14116	10190	61681
云 南	Yunnan	238106	35526	19332	452451
西 藏	Tibet	2011		241	86
陕 西	Shaanxi	189055	44582	45915	205431
甘 肃	Gansu	9331	445	2614	-3507
青 海	Qinghai	4225	460	2484	-2933
宁 夏	Ningxia	12973	4170	3323	1827
新 疆	Xinjiang	9127		1230	3718

3-3-2 续表 3 continued

单位：万元 (10 000 yuan)

地 区	Region	营业外收入 Non-operating Revenue	营业外支出 Non-operating Cost	应付职工薪酬 Employee Benefits Payable	应交增值税 Value-added Tax Payable	工业总产值（当年价格） Gross Industrial Output Value (current prices)
全 国	**National Total**	**1364065**	**732269**	**32380055**	**6898313**	**377413909**
北 京	Beijing	19663	18158	473249	99029	3597620
天 津	Tianjin	17867	12749	241894	28610	3370530
河 北	Hebei	24011	10902	445840	111372	5323638
山 西	Shanxi	14920	774	45225	19763	468086
内蒙古	Inner Mongolia	405	272	12479	1689	193743
辽 宁	Liaoning	25348	2980	233511	20211	2337515
吉 林	Jilin	2313	350	29847	7063	289515
黑龙江	Heilongjiang	2395	287	19956	3103	210212
上 海	Shanghai	40459	11526	952706	102492	11789913
江 苏	Jiangsu	234950	98689	4215796	835860	51651236
浙 江	Zhejiang	240874	67612	2411880	747426	25823951
安 徽	Anhui	42766	81243	1025239	349101	15077458
福 建	Fujian	38334	20550	3227932	510600	37031097
江 西	Jiangxi	23248	7220	1370136	257716	14634167
山 东	Shandong	114686	37158	1790521	544155	25691396
河 南	Henan	65431	8610	1119618	169312	12188520
湖 北	Hubei	49745	31274	1274121	470385	19283498
湖 南	Hunan	32606	107171	1929175	425114	22283056
广 东	Guangdong	272213	121254	8790006	1414114	93294902
广 西	Guangxi	14769	3482	255438	79771	2965660
海 南	Hainan	1022	232	61626	49418	1052486
重 庆	Chongqing	14326	4007	409857	129852	5458955
四 川	Sichuan	41379	79176	1364637	347390	13716608
贵 州	Guizhou	2784	1544	106151	23953	1495149
云 南	Yunnan	7776	1834	208862	87366	3405365
西 藏	Tibet	730	8	3914	55	15661
陕 西	Shaanxi	11697	2154	297901	53393	4344480
甘 肃	Gansu	732	311	16037	2347	81543
青 海	Qinghai	504	103	4846	1439	31407
宁 夏	Ningxia	2657	502	25071	4036	215711
新 疆	Xinjiang	3455	139	16588	2183	90832

3-3-3 规模以上文化制造业企业科技活动情况(2019年)

Basic Statistics on Science and Technology Activities of Cultural Industrial Enterprises above Designated Size(2019)

分组	Group	有R&D活动的企业(个) Number of R&D Enterprises (unit)	R&D人员折合全时当量(人年) Full-time Equivalent of R&D Personnel (man-year)	R&D经费内部支出(万元) Internal Expenditure on R&D (10 000 yuan)
合计	**Total**	**6624**	**150088**	**5237243**
按企业规模分	**Grouped by Size of Enterprises**			
大型	Large	268	52094	2280100
中型	Medium-sized	1231	43161	1299097
小型	Small	5010	54267	1642285
微型	Micro-sized	115	567	15761
按登记注册类型分	**by Status of Registration**			
内资企业	Domestic Funded Enterprises	5656	113275	3828536
国有企业	Stats-owned Enterprises	5	101	3547
集体企业	Collective-owned Enterprises	8	114	1399
股份合作企业	Cooperative Enterprises	7	185	2714
联营企业	Joint Ownership Enterprises	1	2	82
有限责任公司	Limited Liability Corporations	1009	34242	1228604
股份有限公司	Share-holding Corporations Ltd.	265	17806	702584
私营公司	Private Enterprises	4361	60825	1889606
其他企业	Other Enterprises			
港、澳、台商投资企业	Enterprises with Funds from Hong Kong, Macao and Taiwan	544	21949	753445
外商投资企业	Foreign Funded Enterprises	424	14865	655262
按企业控股情况分	**by Status of Holding**			
国有控股	State-holding	148	14683	646294
集体控股	Collective-holding	50	1461	42222
私人控股	Private-holding	5383	91817	2965310
港澳台商控股	Hong Kong, Macao and Taiwan-holding	478	20864	729493
外商控股	Foreign-holding	344	14492	621566
其他	Others	221	6770	232359

3-3-3 续表 1 continued

分 组	Group	新产品开发项目数（个） Number of New Products (unit)	新产品开发经费支出（万元） Expenditure on New Products Development (10 000 yuan)
合 计	**Total**	**28651**	**6503626**
按企业规模分	**Grouped by Size of Enterprises**		
大型	Large	3364	2793364
中型	Medium-sized	6908	1590989
小型	Small	18106	2097871
微型	Micro-sized	273	21402
按登记注册类型分	**by Status of Registration**		
内资企业	Domestic Funded Enterprises	23497	4730464
国有企业	Stats-owned Enterprises	56	5315
集体企业	Collective-owned Enterprises	31	5297
股份合作企业	Cooperative Enterprises	17	1919
联营企业	Joint Ownership Enterprises	1	110
有限责任公司	Limited Liability Corporations	5332	1603554
股份有限公司	Share-holding Corporations Ltd.	2137	859935
私营公司	Private Enterprises	15923	2254335
其他企业	Other Enterprises		
港、澳、台商投资企业	Enterprises with Funds from Hong Kong, Macao and Taiwan	2941	903830
外商投资企业	Foreign Funded Enterprises	2213	869332
按企业控股情况分	**by Status of Holding**		
国有控股	State-holding	1580	798718
集体控股	Collective-holding	278	64509
私人控股	Private-holding	21041	3692743
港澳台商控股	Hong Kong, Macao and Taiwan-holding	2639	851183
外商控股	Foreign-holding	1848	820856
其他	Others	1265	275617

3-3-3 续表 2 continued

分 组	Group	新产品销售收入（万元）Sales Revenue of New Products (10 000 yuan)	#出口 Export
合 计	**Total**	**91984048**	**28126260**
按企业规模分	**Grouped by Size of Enterprises**		
大型	Large	49905304	17464619
中型	Medium-sized	22987221	6951187
小型	Small	18920870	3691768
微型	Micro-sized	170653	18687
按登记注册类型分	**by Status of Registration**		
内资企业	Domestic Funded Enterprises	61015875	15694327
国有企业	Stats-owned Enterprises	41318	
集体企业	Collective-owned Enterprises	50762	269
股份合作企业	Cooperative Enterprises	27985	9725
联营企业	Joint Ownership Enterprises	213	
有限责任公司	Limited Liability Corporations	26636085	8100015
股份有限公司	Share-holding Corporations Ltd.	8865611	1734115
私营公司	Private Enterprises	25393902	5850204
其他企业	Other Enterprises		
港、澳、台商投资企业	Enterprises with Funds from Hong Kong, Macao and Taiwan	15813615	5989274
外商投资企业	Foreign Funded Enterprises	15154558	6442659
按企业控股情况分	**by Status of Holding**		
国有控股	State-holding	11746047	1526983
集体控股	Collective-holding	1272727	62834
私人控股	Private-holding	43360691	12632725
港澳台商控股	Hong Kong, Macao and Taiwan-holding	16686312	6689463
外商控股	Foreign-holding	15262868	6527283
其他	Others	3655403	686973

3-3-3 续表 3 continued

分 组	Group	专利申请数（件） Patent Applications (piece)	#发明专利 Inventions	有效发明专利数（件） Number of Patents in Force (piece)
合 计	**Total**	**50582**	**14990**	**41398**
按企业规模分	**Grouped by Size of Enterprises**			
大型	Large	14768	6121	12523
中型	Medium-sized	12133	3482	11635
小型	Small	23450	5318	17038
微型	Micro-sized	231	69	202
按登记注册类型分	**by Status of Registration**			
内资企业	Domestic Funded Enterprises	39477	10603	30245
国有企业	Stats-owned Enterprises	29	7	29
集体企业	Collective-owned Enterprises	58	1	13
股份合作企业	Cooperative Enterprises	10	2	24
联营企业	Joint Ownership Enterprises	1	1	
有限责任公司	Limited Liability Corporations	11355	3741	9135
股份有限公司	Share-holding Corporations Ltd.	6329	2458	6860
私营公司	Private Enterprises	21695	4393	14184
其他企业	Other Enterprises			
港、澳、台商投资企业	Enterprises with Funds from Hong Kong, Macao and Taiwan	8198	3378	6469
外商投资企业	Foreign Funded Enterprises	2907	1009	4684
按企业控股情况分	**by Status of Holding**			
国有控股	State-holding	5227	2740	5899
集体控股	Collective-holding	427	152	383
私人控股	Private-holding	32600	7611	23050
港澳台商控股	Hong Kong, Macao and Taiwan-holding	8037	3281	5933
外商控股	Foreign-holding	2504	788	4178
其他	Others	1787	418	1955

3-3-4 分地区规模以上文化制造业企业科技活动情况(2019年)
Basic Statistics on Science and Technology Activities of Cultural Industrial Enterprises above Designated Size by Region(2019)

地 区	Region	有R&D活动的企业(个) Enterprises (unit)	R&D人员折合全时当量(人年) Equivalent of R&D Personnel (man-year)	R&D经费内部支出(万元) Expenditure on R&D (10 000 yuan)	新产品开发项目数(个) New Products (unit)	新产品开发经费支出(万元) New Products Development (10 000 yuan)
全 国	**National Total**	**6624**	**150088**	**5237243**	**28651**	**6503626**
北 京	Beijing	40	822	38269	491	120409
天 津	Tianjin	35	867	18904	276	26508
河 北	Hebei	70	1081	28987	387	44917
山 西	Shanxi	6	57	6117	63	11170
内蒙古	Inner Mongolia	1	22	1228	7	1953
辽 宁	Liaoning	24	673	21767	135	23529
吉 林	Jilin	1	2	911	16	4480
黑龙江	Heilongjiang				2	511
上 海	Shanghai	85	2114	95819	515	147013
江 苏	Jiangsu	1409	24815	892422	4019	1145936
浙 江	Zhejiang	978	18910	449976	4594	548080
安 徽	Anhui	319	8801	351036	1431	383609
福 建	Fujian	391	7620	311814	1256	299603
江 西	Jiangxi	255	4727	159052	1007	272098
山 东	Shandong	262	7388	563958	1307	521613
河 南	Henan	189	4153	124725	444	93108
湖 北	Hubei	304	6144	226602	776	251600
湖 南	Hunan	535	5180	258091	1001	272656
广 东	Guangdong	1382	43507	1213715	9628	1812419
广 西	Guangxi	11	168	6075	42	5937
海 南	Hainan	2	152	12161	9	9091
重 庆	Chongqing	84	2021	72259	326	72577
四 川	Sichuan	92	7709	292195	444	336344
贵 州	Guizhou	25	378	15718	65	18130
云 南	Yunnan	71	1875	39919	180	41793
西 藏	Tibet					
陕 西	Shaanxi	42	759	30705	205	33608
甘 肃	Gansu	3	48	1158	4	1042
青 海	Qinghai	2	4	365	4	429
宁 夏	Ningxia	6	92	3296	17	3467
新 疆	Xinjiang					

3-3-4 续表 continued

地 区	Region	新产品销售收入(万元) Sales of New Products (10 000 yuan)	#出口 Export	专利申请数(件) Patent Applications (piece)	#发明专利 Inventions	有效发明专利数(件) Number of Patents in Force (piece)
全 国	**National Total**	**91984048**	**28126260**	**50582**	**14990**	**41398**
北 京	Beijing	989781	47167	469	145	1006
天 津	Tianjin	385381	82376	418	96	727
河 北	Hebei	672539	80566	498	285	889
山 西	Shanxi	130533	3881	25	4	49
内蒙古	Inner Mongolia	56198		6	2	6
辽 宁	Liaoning	346929	144272	264	61	278
吉 林	Jilin	122686	3748	35	9	59
黑龙江	Heilongjiang	9026		1		
上 海	Shanghai	3592157	1470785	1104	175	939
江 苏	Jiangsu	14364774	4735488	8456	2544	7349
浙 江	Zhejiang	9216494	2204485	4708	780	2103
安 徽	Anhui	5266073	762368	3017	1165	1821
福 建	Fujian	3502896	1935134	1920	450	1716
江 西	Jiangxi	3070032	1891775	1452	202	358
山 东	Shandong	6823922	1226586	2364	1040	2410
河 南	Henan	934173	223732	721	170	685
湖 北	Hubei	4065050	225978	1183	238	1189
湖 南	Hunan	3096429	232243	1252	434	746
广 东	Guangdong	27368032	11914700	18830	5575	15665
广 西	Guangxi	108325	15599	152	29	51
海 南	Hainan			55	26	42
重 庆	Chongqing	1269215	220233	317	49	323
四 川	Sichuan	5365074	511835	2430	1270	2168
贵 州	Guizhou	339561	4438	128	36	111
云 南	Yunnan	293207	3827	298	39	342
西 藏	Tibet					
陕 西	Shaanxi	528565	182764	380	141	335
甘 肃	Gansu	9787		10	5	10
青 海	Qinghai	180		8	5	5
宁 夏	Ningxia	57028	2281	81	15	16
新 疆	Xinjiang					

3-4-1 限额以上文化批发和零售业企业基本情况(2019年)
Basic Statistics on Cultural Wholesale and Retail Trades Enterprises above Designated Size(2019)

单位：万元 (10 000 yuan)

分组	Group	企业单位数(个) Number of Enterprises (unit)	年末从业人员(人) Engaged Persons at Year-end (person)	资产总计 Total Assets	营业收入 Total Revenue
合计	**Total**	**10462**	**529797**	**122210796**	**175341700**
按登记注册类型分	**Grouped by Status of Registration**				
内资企业	Domestic Funded Enterprises	10079	455664	104379174	149531881
国有企业	Stats-owned Enterprises	188	12760	4835395	2618007
集体企业	Collective-owned Enterprises	27	2032	88197	103440
股份合作企业	Cooperative Enterprises	17	808	61106	97714
有限责任公司	Limited Liability Corporations	2695	202374	54921121	77863336
股份有限公司	Share-holding Corporations Ltd.	210	29669	16696977	14541499
私营公司	Private Enterprises	6941	208013	27776191	54306278
其他企业	Other Enterprises	1	8	189	1607
港、澳、台商投资企业	Enterprises with Funds from Hong Kong, Macao and Taiwan	225	42311	10269624	12938956
外商投资企业	Foreign Funded Enterprises	158	31822	7561997	12870863
按企业控股情况分	**by Status of Holding**				
国有控股	State-holding	1229	138530	44048173	43716280
集体控股	Collective-holding	96	7551	4704361	7808423
私人控股	Private-holding	8293	274074	42204490	75766103
港澳台商控股	Hong Kong, Macao and Taiwan-holding	222	41940	10557972	13012748
外商控股	Foreign-holding	144	29095	6556307	11817724
其他	Others	478	38607	14139493	23220422

3-4-1 续表 continued

单位：万元 (10 000 yuan)

分 组	Group	税 金 及附加 Total Tax and Extra Charges	营业利润 Operating Profit	应交增值税 Value-added Tax Payable
合 计	**Total**	**692676**	**5167346**	**1385744**
按登记注册类型分	**Grouped by Status of Registration**			
内资企业	Domestic Funded Enterprises	483802	4168338	1083876
国有企业	Stats-owned Enterprises	14634	266031	43049
集体企业	Collective-owned Enterprises	667	3000	1416
股份合作企业	Cooperative Enterprises	458	3388	588
有限责任公司	Limited Liability Corporations	184357	1923467	443581
股份有限公司	Share-holding Corporations Ltd.	46319	553201	81537
私营公司	Private Enterprises	237362	1419106	513657
其他企业	Other Enterprises	5	146	48
港、澳、台商投资企业	Enterprises with Funds from Hong Kong, Macao and Taiwan	170734	440061	135396
外商投资企业	Foreign Funded Enterprises	38139	558947	166472
按企业控股情况分	**by Status of Holding**			
国有控股	State-holding	120101	1829515	197456
集体控股	Collective-holding	6742	53755	17475
私人控股	Private-holding	296844	1851540	727405
港澳台商控股	Hong Kong, Macao and Taiwan-holding	171500	482076	136198
外商控股	Foreign-holding	36234	548934	159050
其他	Others	61256	401526	148161

3-4-2 分地区限额以上文化批发和零售业企业主要指标(2019年)

Main Indicators on Cultural Wholesale and Retail Trades Enterprises above Designated Size by Region(2019)

地 区	Region	企业单位数 (个) Number of Enterprises (unit)	年末从业人员 (人) Engaged Persons at Year-end (person)	资产总计 (万元) Total Assets (10 000 yuan)
全 国	**National Total**	**10462**	**529797**	**122210796**
北 京	Beijing	591	48453	20557492
天 津	Tianjin	143	4038	1356179
河 北	Hebei	271	15427	1633333
山 西	Shanxi	91	5455	1123554
内蒙古	Inner Mongolia	41	2117	492135
辽 宁	Liaoning	127	6876	746426
吉 林	Jilin	80	3609	353793
黑龙江	Heilongjiang	85	3586	547486
上 海	Shanghai	469	35982	11208281
江 苏	Jiangsu	1180	56154	14340709
浙 江	Zhejiang	963	37211	8185795
安 徽	Anhui	444	14996	4253576
福 建	Fujian	546	14833	3725959
江 西	Jiangxi	138	8679	1712014
山 东	Shandong	613	41278	12461671
河 南	Henan	607	31289	2206652
湖 北	Hubei	580	22607	3104867
湖 南	Hunan	529	22056	2085333
广 东	Guangdong	1571	86282	16392753
广 西	Guangxi	192	5473	1280137
海 南	Hainan	31	1955	272836
重 庆	Chongqing	193	14507	2673287
四 川	Sichuan	304	16904	6079956
贵 州	Guizhou	104	3137	820200
云 南	Yunnan	160	8220	1224773
西 藏	Tibet	5	72	9108
陕 西	Shaanxi	289	10296	1140440
甘 肃	Gansu	37	3626	1269235
青 海	Qinghai	11	873	106035
宁 夏	Ningxia	19	570	129163
新 疆	Xinjiang	48	3236	717618

3-4-2 续表 1 continued

单位：万元 (10 000 yuan)

地 区	Region	营业收入 Total Revenue	营业成本 Total Cost	税 金 及附加 Total Tax and Extra Charges	利润总额 Total Profit
全 国	**National Total**	**175341700**	**155362638**	**692676**	**5406248**
北 京	Beijing	22493250	19650731	72246	624571
天 津	Tianjin	2368986	2188230	5702	67635
河 北	Hebei	1946645	1533457	11132	80173
山 西	Shanxi	957899	841669	4707	20827
内蒙古	Inner Mongolia	290284	256415	1763	9141
辽 宁	Liaoning	1173309	1020935	8427	21695
吉 林	Jilin	295188	240601	1785	10317
黑龙江	Heilongjiang	422875	340883	2544	20765
上 海	Shanghai	21615818	18570323	73307	814506
江 苏	Jiangsu	21428978	18281661	128843	1017349
浙 江	Zhejiang	13799670	12654929	25417	307513
安 徽	Anhui	5054529	4634978	11482	133579
福 建	Fujian	10490915	9784007	29364	298733
江 西	Jiangxi	1641293	1352748	6403	111482
山 东	Shandong	16794395	15786335	31341	253746
河 南	Henan	3928101	3390996	22680	169876
湖 北	Hubei	4382658	3676524	53439	205897
湖 南	Hunan	3711551	3048973	38315	213722
广 东	Guangdong	26956184	24343507	100901	448334
广 西	Guangxi	1148267	991502	4439	37407
海 南	Hainan	434134	390396	3516	18807
重 庆	Chongqing	3091526	2719165	13241	204273
四 川	Sichuan	6053747	5537484	19914	151893
贵 州	Guizhou	593036	513041	6677	22707
云 南	Yunnan	1328472	1073286	5961	98923
西 藏	Tibet	12504	10076	3	1242
陕 西	Shaanxi	1741619	1526160	5465	54415
甘 肃	Gansu	546481	476150	1250	-35163
青 海	Qinghai	56933	48442	314	527
宁 夏	Ningxia	95904	85047	255	935
新 疆	Xinjiang	486548	393988	1847	20423

3-4-2 续表 2 continued

单位：万元 (10 000 yuan)

地 区	Region	固定资产原价 Original Value of Fixed Assets	本年折旧 Depreciation This Year	销售费用 Selling Expenses	管理费用 Administrative Expenses
全 国	**National Total**	**8964561**	**552220**	**8880861**	**4527815**
北 京	Beijing	790547	53178	1335361	728470
天 津	Tianjin	89312	2639	79076	39410
河 北	Hebei	215510	14532	106770	81173
山 西	Shanxi	234195	9298	62327	30806
内蒙古	Inner Mongolia	48276	11295	13518	22169
辽 宁	Liaoning	81334	4066	69340	48624
吉 林	Jilin	59620	2579	16518	27608
黑龙江	Heilongjiang	160410	7715	22752	19510
上 海	Shanghai	608639	75701	1692815	570357
江 苏	Jiangsu	973760	52402	1290964	416802
浙 江	Zhejiang	1172678	35686	512977	284834
安 徽	Anhui	202206	8412	177973	90033
福 建	Fujian	353421	23464	238364	182351
江 西	Jiangxi	180113	9200	76365	88972
山 东	Shandong	556512	28772	460417	254327
河 南	Henan	349942	19729	195158	125967
湖 北	Hubei	416493	27018	273603	158617
湖 南	Hunan	393674	21604	195913	144080
广 东	Guangdong	759906	58328	1286607	716831
广 西	Guangxi	109323	5264	75195	42340
海 南	Hainan	55539	2584	20441	12978
重 庆	Chongqing	93912	5431	145914	83730
四 川	Sichuan	283238	12161	201147	134596
贵 州	Guizhou	23572	2802	29723	23302
云 南	Yunnan	203571	11829	120757	53276
西 藏	Tibet	3853	91	350	1070
陕 西	Shaanxi	242058	9044	94128	81838
甘 肃	Gansu	93307	27708	29924	28292
青 海	Qinghai	25662	1091	6593	6914
宁 夏	Ningxia	26744	1473	4723	5733
新 疆	Xinjiang	157235	7126	45148	22807

3-4-2 续表 3 continued

单位：万元 (10 000 yuan)

地 区	Region	研发费用 R&D Expenses	财务费用 Financial Expenses	营业利润 Operating Profit	营业外收入 Non-operating Revenue	应付职工薪酬 Employee Benefits Payable	应交增值税 Value-added Tax Payable
全 国	**National Total**	**218340**	**748862**	**5167346**	**367917**	**5534674**	**1385744**
北 京	Beijing	52189	185853	584562	67359	958438	216178
天 津	Tianjin	45	4641	60813	8022	37693	8145
河 北	Hebei	6562	9616	77228	4426	109043	9854
山 西	Shanxi		3254	19851	1677	35242	3758
内蒙古	Inner Mongolia		-1093	8194	1105	14473	2273
辽 宁	Liaoning	221	2395	21219	1945	53998	8142
吉 林	Jilin	617	1784	7990	2806	26694	744
黑龙江	Heilongjiang	252	2049	19803	1176	24373	-1315
上 海	Shanghai	35493	75638	718795	105980	695358	124406
江 苏	Jiangsu	12899	75627	1004044	27584	565886	188442
浙 江	Zhejiang	11286	48829	282583	32316	325710	153137
安 徽	Anhui	1394	28488	134228	3876	105491	35415
福 建	Fujian	3454	25853	294872	6397	147025	50008
江 西	Jiangxi	744	-3239	120618	4116	90342	26566
山 东	Shandong	37929	42100	241473	16494	368648	110820
河 南	Henan	2027	19950	165183	6051	156942	31631
湖 北	Hubei	2350	17882	205240	8943	183096	63892
湖 南	Hunan	705	15115	214076	1009	157282	49493
广 东	Guangdong	47130	119561	431117	26616	846033	219787
广 西	Guangxi	5	1457	37466	4229	59619	4374
海 南	Hainan	724	1616	20519	445	14899	1791
重 庆	Chongqing	45	9068	192664	12517	142494	28200
四 川	Sichuan	1655	30329	154484	2920	153848	23915
贵 州	Guizhou	30	3154	22846	332	25902	2616
云 南	Yunnan	52	4001	99070	2597	84576	14576
西 藏	Tibet		-26	886	372	713	24
陕 西	Shaanxi	258	4296	42095	12930	77352	5932
甘 肃	Gansu	276	22189	-34492	719	27612	-3789
青 海	Qinghai		695	99	516	4851	462
宁 夏	Ningxia		409	184	864	7332	121
新 疆	Xinjiang		-2630	19639	1579	33710	6144

3-5-1 规模以上文化服务业企业基本情况(2019年)
Basic Statistics on Cultural Enterprises of Service Industry above Designated Size(2019)

分 组	Group	企业单位数(个) Number of Enterprises (unit)	年末从业人员(人) Engaged Persons at Year-end (person)	资产总计(万元) Total Assets (10 000 yuan)
合 计	**Total**	**31486**	**3482548**	**915443850**
按登记注册类型分	**Grouped by Status of Registration**			
内资企业	Domestic Funded Enterprises	30131	3062483	736048784
国有企业	Stats-owned Enterprises	1069	191817	42780064
集体企业	Collective-owned Enterprises	61	4435	511254
股份合作企业	Cooperative Enterprises	20	859	38432
联营企业	Joint Ownership Enterprises	6	821	128120
有限责任公司	Limited Liability Corporations	10935	1359711	403864241
股份有限公司	Share-holding Corporations Ltd.	1210	351808	127105806
私营公司	Private Enterprises	16710	1140155	161297635
其他企业	Other Enterprises	120	12877	323233
港、澳、台商投资企业	Enterprises with Funds from Hong Kong, Macao and Taiwan	705	267100	146838111
外商投资企业	Foreign Funded Enterprises	650	152965	32556956
按企业控股情况分	**by Status of Holding**			
国有控股	State-holding	5278	999177	394140966
集体控股	Collective-holding	367	50802	11404905
私人控股	Private-holding	22325	1723186	274738525
港澳台商控股	Hong Kong, Macao and Taiwan-holding	657	258682	144970720
外商控股	Foreign-holding	577	127174	26298266
其他	Others	2282	323527	63890469

3-5-1 续表 1 continued

单位：万元 (10 000 yuan)

分 组	Group	营业收入 Total Revenue	税金及附加 Total Tax and Extra Charges
合 计	**Total**	**434542088**	**3023988**
按登记注册类型分	**Grouped by Status of Registration**		
内资企业	Domestic Funded Enterprises	316476006	2410547
国有企业	Stats-owned Enterprises	11245351	120156
集体企业	Collective-owned Enterprises	128077	1326
股份合作企业	Cooperative Enterprises	51205	392
联营企业	Joint Ownership Enterprises	26402	248
有限责任公司	Limited Liability Corporations	138598397	1206687
股份有限公司	Share-holding Corporations Ltd.	32267137	184944
私营公司	Private Enterprises	133682023	894585
其他企业	Other Enterprises	477413	2208
港、澳、台商投资企业	Enterprises with Funds from Hong Kong, Macao and Taiwan	81756357	475467
外商投资企业	Foreign Funded Enterprises	36309726	137975
按企业控股情况分	**by Status of Holding**		
国有控股	State-holding	93554487	834919
集体控股	Collective-holding	3245040	37811
私人控股	Private-holding	192727336	1299818
港澳台商控股	Hong Kong, Macao and Taiwan-holding	80846639	471284
外商控股	Foreign-holding	33367303	123968
其他	Others	30801283	256188

3-5-1 续表 2 continued

单位：万元 (10 000 yuan)

分 组	Group	营业利润 Operating Profit	应交增值税 Value-added Tax Payable
合 计	**Total**	**51537744**	**8173613**
按登记注册类型分	**Grouped by Status of Registration**		
内资企业	Domestic Funded Enterprises	26260767	5797351
国有企业	Stats-owned Enterprises	620921	295333
集体企业	Collective-owned Enterprises	3601	3577
股份合作企业	Cooperative Enterprises	1830	1098
联营企业	Joint Ownership Enterprises	-907	2117
有限责任公司	Limited Liability Corporations	12060237	2707905
股份有限公司	Share-holding Corporations Ltd.	5465356	573952
私营公司	Private Enterprises	8080995	2202785
其他企业	Other Enterprises	28735	10585
港、澳、台商投资企业	Enterprises with Funds from Hong Kong, Macao and Taiwan	23541420	2040987
外商投资企业	Foreign Funded Enterprises	1735558	335274
按企业控股情况分	**by Status of Holding**		
国有控股	State-holding	9203981	1704498
集体控股	Collective-holding	434218	74569
私人控股	Private-holding	13807367	3438736
港澳台商控股	Hong Kong, Macao and Taiwan-holding	23385994	2032016
外商控股	Foreign-holding	1402180	292451
其他	Others	3304004	631343

3-5-2 分地区规模以上文化服务业企业主要指标(2019年)
Main Indicators on Cultural Enterprises of Service Industry above Designated Size by Region(2019)

单位：万元 (10 000 yuan)

地 区	Region	企业单位数（个）Number of Enterprises (unit)	年末从业人员（人）Engaged Persons at Year-end (person)	资产总计 Total Assets
全 国	**National Total**	**31486**	**3482548**	**915443850**
北 京	Beijing	4088	465504	164500246
天 津	Tianjin	583	50195	20820525
河 北	Hebei	617	70253	15761382
山 西	Shanxi	178	24535	8105671
内蒙古	Inner Mongolia	120	13344	2509901
辽 宁	Liaoning	478	88911	9332046
吉 林	Jilin	139	16696	4452902
黑龙江	Heilongjiang	120	19699	2194831
上 海	Shanghai	2279	280550	95101067
江 苏	Jiangsu	3743	437683	116011619
浙 江	Zhejiang	1823	202068	98495015
安 徽	Anhui	946	85457	19341643
福 建	Fujian	1533	112849	14412005
江 西	Jiangxi	739	49083	7885324
山 东	Shandong	908	119315	30610145
河 南	Henan	1376	139029	16893793
湖 北	Hubei	1417	270674	42131677
湖 南	Hunan	1817	129530	22406424
广 东	Guangdong	4049	448887	123517713
广 西	Guangxi	307	35419	4819831
海 南	Hainan	130	19307	3722290
重 庆	Chongqing	625	77926	22845225
四 川	Sichuan	1060	126389	24985180
贵 州	Guizhou	390	33071	7926274
云 南	Yunnan	418	45740	9646116
西 藏	Tibet	24	2039	552153
陕 西	Shaanxi	1182	83714	17823579
甘 肃	Gansu	142	15860	3041404
青 海	Qinghai	33	3422	741045
宁 夏	Ningxia	39	5231	723270
新 疆	Xinjiang	183	10168	4133556

3-5-2 续表 1 continued

单位：万元 (10 000 yuan)

地 区	Region	营业收入 Total Revenue	营业成本 Total Cost	税 金 及附加 Total Tax and Extra Charges	利润总额 Total Profit
全 国	**National Total**	**434542088**	**293008303**	**3023988**	**52303843**
北 京	Beijing	103283831	73645888	676602	6556831
天 津	Tianjin	13713389	10408940	69589	1467097
河 北	Hebei	2479544	1763078	22772	-21692
山 西	Shanxi	972910	683922	7114	-9480
内蒙古	Inner Mongolia	522413	340520	5869	20351
辽 宁	Liaoning	3905506	2856398	29707	203925
吉 林	Jilin	746633	444634	8076	77858
黑龙江	Heilongjiang	716948	594552	7022	-36091
上 海	Shanghai	49850638	34169850	237333	6445968
江 苏	Jiangsu	34361111	24637462	260490	3161586
浙 江	Zhejiang	65429758	37155214	297164	13000148
安 徽	Anhui	6457433	4758145	48231	624152
福 建	Fujian	8464098	5852729	74402	790117
江 西	Jiangxi	3635158	2291689	22739	213841
山 东	Shandong	7344371	5150934	67426	710272
河 南	Henan	7161121	5112286	112250	725681
湖 北	Hubei	17248349	12874245	247569	1618146
湖 南	Hunan	8744075	6173767	98930	613846
广 东	Guangdong	63478557	40769431	447447	11483251
广 西	Guangxi	2565334	1284178	14619	308114
海 南	Hainan	1629810	1041259	17579	190792
重 庆	Chongqing	8143344	4672089	45403	949919
四 川	Sichuan	10833101	7065311	89707	2081765
贵 州	Guizhou	1603318	1160465	20787	64274
云 南	Yunnan	2777859	1895407	33262	275422
西 藏	Tibet	227365	181302	326	23986
陕 西	Shaanxi	5041514	3678468	42658	328709
甘 肃	Gansu	533302	356790	5179	9230
青 海	Qinghai	427138	362824	1266	11259
宁 夏	Ningxia	160330	108785	1894	12998
新 疆	Xinjiang	2083833	1517742	10577	401571

3-5-2 续表 2 continued

单位：万元 (10 000 yuan)

地 区	Region	固定资产原价 Original Value of Fixed Assets	本年折旧 Depreciation This Year	销售费用 Selling Expenses	管理费用 Administrative Expenses
全 国	**National Total**	**160009893**	**10530440**	**33319745**	**47444267**
北 京	Beijing	19168472	1425060	10489153	8367157
天 津	Tianjin	2284110	146593	729378	739321
河 北	Hebei	3681967	244272	200164	466464
山 西	Shanxi	2642880	104167	90870	182235
内蒙古	Inner Mongolia	1320037	67553	36187	139163
辽 宁	Liaoning	3623552	190446	212870	576964
吉 林	Jilin	1424132	70030	56672	163493
黑龙江	Heilongjiang	1433358	76836	33178	122963
上 海	Shanghai	14571824	1037149	4210358	5426738
江 苏	Jiangsu	16930451	931369	2025971	3665635
浙 江	Zhejiang	13427187	1619988	3716800	11900900
安 徽	Anhui	4261347	212678	387283	560244
福 建	Fujian	4017356	205760	731601	790846
江 西	Jiangxi	1899974	139701	721913	331966
山 东	Shandong	12566850	393177	535057	929873
河 南	Henan	4706007	268490	426159	610736
湖 北	Hubei	7141613	367390	1075426	1194156
湖 南	Hunan	5482991	341519	835579	913151
广 东	Guangdong	16651893	1409106	4219792	5425948
广 西	Guangxi	1513446	80574	324684	645453
海 南	Hainan	1453235	76312	182362	175838
重 庆	Chongqing	3130564	183986	490469	1892268
四 川	Sichuan	5837270	358621	657769	821586
贵 州	Guizhou	2063083	108554	100740	242327
云 南	Yunnan	2794074	151014	199202	318807
西 藏	Tibet	129934	5616	15661	12985
陕 西	Shaanxi	3692125	198254	410852	562240
甘 肃	Gansu	1044843	47861	48663	110627
青 海	Qinghai	349457	16901	28602	27523
宁 夏	Ningxia	269374	15475	24936	26196
新 疆	Xinjiang	496487	35988	101397	100467

3-5-2 续表 3 continued

单位：万元 (10 000 yuan)

地 区	Region	研发费用 R&D Expenses	财务费用 Finiancial Expenses	营业利润 Operating Profit	应付职工薪酬 Employee Benefits Payable	应交增值税 Value-added Tax Payable
全 国	**National Total**	**16338778**	**1595347**	**51537744**	**60496723**	**8173613**
北 京	Beijing	5112787	-105400	7441603	13423276	1485348
天 津	Tianjin	455088	-6106	1399221	1403401	246181
河 北	Hebei	29074	171205	-129344	564411	79267
山 西	Shanxi	11953	44570	-26415	192295	18185
内蒙古	Inner Mongolia	459	10943	6332	119707	6856
辽 宁	Liaoning	90119	57201	170737	1126680	64224
吉 林	Jilin	13626	12637	68761	153628	17907
黑龙江	Heilongjiang	2650	23389	-60865	151205	-20749
上 海	Shanghai	2096054	-23928	6267742	6909231	972523
江 苏	Jiangsu	1332664	480714	2863874	6186073	749584
浙 江	Zhejiang	574362	-495585	12751283	6070241	1189724
安 徽	Anhui	248693	77316	580186	956433	130533
福 建	Fujian	387112	55838	765024	1397643	149559
江 西	Jiangxi	58925	86417	191661	353566	57964
山 东	Shandong	267702	131920	645605	1461274	165240
河 南	Henan	151972	141065	702441	1043761	161113
湖 北	Hubei	575757	197691	1495016	3331664	442944
湖 南	Hunan	182232	82993	580979	1276114	142474
广 东	Guangdong	3967352	90235	11379700	9260430	1276734
广 西	Guangxi	17169	20495	299162	368599	39052
海 南	Hainan	25111	21790	184456	237992	34700
重 庆	Chongqing	174375	79490	923752	1000621	140390
四 川	Sichuan	442341	65900	2050053	1626703	371647
贵 州	Guizhou	24302	58041	44038	303027	40094
云 南	Yunnan	50217	104379	275701	511597	59023
西 藏	Tibet		1435	23049	15482	5210
陕 西	Shaanxi	37103	156947	247181	727406	93440
甘 肃	Gansu	5599	27490	-6439	121034	14044
青 海	Qinghai	304	7467	2462	34516	1
宁 夏	Ningxia		3995	-867	50933	4310
新 疆	Xinjiang	3678	14804	401657	117783	36091

4

主要文化行业发展情况

Development of Main Cultural Industries

4-1-1 出版物基本情况
Basic Statistics on Publications

年份 地区	Year Region	图书 Books Published		期刊 Magazines Published		报纸 Newspapers Published	
		种数（种）Number of Publications (kind)	总印数（万册、万张）Printed Copies (10 000 copies)	种数（种）Number of Publications (kind)	总印数（万册）Printed Copies (10 000 copies)	种数（种）Number of Publications (kind)	总印数（万份）Printed Copies (10 000 copies)
	2007	248283	629331	9468	304106	1938	4379882
	2008	274123	706000	9549	310490	1943	4429222
	2009	301719	703675	9851	315250	1937	4391132
	2010	328387	717051	9884	321535	1939	4521391
	2011	369523	770500	9849	328522	1928	4674000
	2012	414005	792464	9867	335000	1918	4822568
	2013	444427	831048	9877	327243	1915	4824132
	2014	448431	818465	9966	309452	1912	4638987
	2015	475768	866233	10014	287833	1906	4300869
	2016	499884	903682	10084	269669	1894	3900666
	2017	512487	924399	10130	249213	1884	3624989
	2018	519250	1000974	10139	229205	1871	3372583
	2019	505979	1059756	10171	218928	1851	3175891
中 央	Central Level	204644	289287	3092	76126	213	775647
地 方	Local Level	301335	770469	7079	142802	1638	2400244
北 京	Beijing	12350	22475	174	2535	33	37738
天 津	Tianjin	7819	11500	252	2861	19	24986
河 北	Hebei	9980	33300	227	4213	62	106684
山 西	Shanxi	3380	11185	202	2088	60	228715
内蒙古	Inner Mongolia	3641	6481	152	1142	57	25151
辽 宁	Liaoning	10384	16841	322	6791	66	69971
吉 林	Jilin	25170	27335	240	5019	51	64422
黑龙江	Heilongjiang	8110	8453	315	3050	64	42801
上 海	Shanghai	30876	53253	641	7383	70	78057
江 苏	Jiangsu	29534	75030	476	10791	81	202867
浙 江	Zhejiang	16083	44900	235	7010	66	200192
安 徽	Anhui	10066	28760	186	3742	51	61730
福 建	Fujian	4380	14386	174	2158	42	73810
江 西	Jiangxi	8337	24955	166	7589	38	79462
山 东	Shandong	16348	55322	277	7871	86	183913
河 南	Henan	8950	37473	247	7752	77	157481
湖 北	Hubei	13052	31700	430	10449	73	73238
湖 南	Hunan	10397	48747	260	9451	47	79440
广 东	Guangdong	11062	39467	387	10480	97	171635
广 西	Guangxi	6096	31796	181	3644	48	51427
海 南	Hainan	3942	6715	43	534	14	16969
重 庆	Chongqing	5127	13804	142	3711	27	22762
四 川	Sichuan	13885	36565	364	5231	79	120412
贵 州	Guizhou	1222	13663	93	1668	27	25257
云 南	Yunnan	7015	18224	129	2226	41	32511
西 藏	Tibet	773	1782	39	244	27	10714
陕 西	Shaanxi	11615	20140	287	3115	43	48561
甘 肃	Gansu	4026	9540	131	8038	50	41127
青 海	Qinghai	621	1153	54	268	26	8071
宁 夏	Ningxia	3220	8432	37	445	14	10103
新 疆	Xinjiang	3874	17092	216	1304	102	50035

4-1-1 续表 continued

年份 Year 地区 Region		音像制品 Audio-Vedio Products		电子出版物 Electronic Products	
		种数（种）Number of Publications (kind)	出版数量（万盒、万张）Volume of Publication (10 000 cassettes,	种数（种）Number of Publications (kind)	数量（万张）Volume of Publication (10 000 discs)
	2007	31955	49098.0	8652	13584.0
	2008	23493	43268.0	9668	15770.6
	2009	25384	39146.5	10708	22914.0
	2010	21552	42383.9	11175	25911.9
	2011	19408	46431.0	11154	21322.2
	2012	18485	39365.8	11822	26344.9
	2013	16972	40604.6	11708	35220.2
	2014	15355	32839.0	11823	35048.8
	2015	15372	29418.2	10091	21438.4
	2016	14384	27584.6	9836	29064.7
	2017	13552	25591.9	9240	28132.9
	2018	11063	24124.1	8403	25884.2
	2019	10712	23171.4	9070	29261.9
中 央	Central Level	5082	16486.1	4989	22076.4
地 方	Local Level	5630	6685.3	4081	7185.5
北 京	Beijing	273	88.5	28	48.3
天 津	Tianjin	22	7.7	32	8.8
河 北	Hebei	71	384.6	104	159.9
山 西	Shanxi	89	47.7	61	3.2
内蒙古	Inner Mongolia	22	5.1	88	40.3
辽 宁	Liaoning	135	101.6	142	94.0
吉 林	Jilin	182	143.6	59	17.6
黑龙江	Heilongjiang	10	0.1	12	79.5
上 海	Shanghai	1739	2245.6	464	943.0
江 苏	Jiangsu	231	558.6	490	2577.3
浙 江	Zhejiang	140	230.9	418	968.7
安 徽	Anhui	57	4.1	7	1.3
福 建	Fujian	61	13.7	21	8.1
江 西	Jiangxi	306	598.0	32	6.8
山 东	Shandong	245	166.5	364	85.4
河 南	Henan	29	4.0	262	14.3
湖 北	Hubei	49	15.3	101	18.2
湖 南	Hunan	234	379.4	93	222.3
广 东	Guangdong	1096	1165.4	354	917.0
广 西	Guangxi	96	42.1	7	1.5
海 南	Hainan	45	4.1	3	0.2
重 庆	Chongqing	44	20.2	129	60.7
四 川	Sichuan	52	3.6	580	122.0
贵 州	Guizhou	2	0.2	4	0.7
云 南	Yunnan	111	30.9	56	103.7
西 藏	Tibet	29	12.3	30	3.5
陕 西	Shaanxi	106	34.8	118	49.6
甘 肃	Gansu	10	1.4		
青 海	Qinghai	12	4.5		
宁 夏	Ningxia	6	0.5		
新 疆	Xinjiang	126	370.5	22	629.8

4-1-2 分地区少年儿童读物和课本出版情况(2019年)

Number of Books Published for Children and Textbooks by Region(2019)

地区	Region	种数(种) Number of Publications (kind)		总印数（万册) Printed Copies (10 000 copies)		总印张(千印张) Printed Sheets (1000 sheets)	
		少儿读物 Books for Children	课本 Textbooks	少儿读物 Books for Children	课本 Textbooks	少儿读物 Books for Children	课本 Textbooks
全国	**National Total**	**43712**	**87173**	**94555**	**375190**	**5704316**	**29404923**
中央	Central Level	10146	51482	20321	96559	1281242	9851159
北京	Beijing	2514	723	5304	1622	429509	145282
天津	Tianjin	1078	385	2454	1570	128101	120346
河北	Hebei	916	277	1793	15164	83884	1027106
山西	Shanxi	150	154	109	5166	9813	349835
内蒙古	Inner Mongolia	310	896	131	4097	7355	297711
辽宁	Liaoning	1021	2671	2429	5925	164426	481579
吉林	Jilin	2561	683	3390	4911	168410	324459
黑龙江	Heilongjiang	1148	1018	678	3454	30110	251547
上海	Shanghai	1472	7182	6801	15135	265765	1357839
江苏	Jiangsu	2270	3786	3531	25390	217325	1714690
浙江	Zhejiang	2981	1464	6040	14290	430930	908587
安徽	Anhui	1532	800	3271	10916	191386	791319
福建	Fujian	517	459	792	6009	55293	408508
江西	Jiangxi	2130	413	5396	9050	303236	711163
山东	Shandong	2266	1476	4852	21529	302845	1396509
河南	Henan	603	1150	857	19643	32595	1326297
湖北	Hubei	947	2050	2384	8423	193783	667889
湖南	Hunan	1287	893	4578	16602	416168	1026983
广东	Guangdong	730	1674	1578	21741	77926	1455292
广西	Guangxi	1584	477	2426	11563	135563	793105
海南	Hainan	148	37	112	1907	5814	120075
重庆	Chongqing	244	2001	273	7004	13335	481092
四川	Sichuan	2692	2258	7300	11300	406842	844655
贵州	Guizhou	372	109	3722	6696	127767	478820
云南	Yunnan	791	241	1824	8714	126660	585281
西藏	Tibet	77	116	33	1327	1551	93361
陕西	Shaanxi	676	1944	1535	7333	60675	550282
甘肃	Gansu	341	63	367	3252	24241	231122
青海	Qinghai	10	136	6	948	471	73219
宁夏	Ningxia	40	13	128	946	4954	70918
新疆	Xinjiang	158	142	140	7004	6341	468893

4-1-3 全国图书出版机构及人员情况
Institutions and Engaged Persons of Publication Industry

年份 地区	Year Region	机构数 (个) Number of Institutions (unit)	职工人数 (人) Number of Personnel (person)
	2007	578	58849
	2008	579	60906
	2009	580	62890
	2010	581	63903
	2011	580	67173
	2012	580	67125
	2013	582	64757
	2014	583	66074
	2015	584	67103
	2016	584	66820
	2017	585	67252
	2018	585	67166
	2019	585	66507
中　央	Central Level	218	28809
北　京	Beijing	20	1032
天　津	Tianjin	12	942
河　北	Hebei	8	928
山　西	Shanxi	8	640
内蒙古	Inner Mongolia	7	550
辽　宁	Liaoning	18	1536
吉　林	Jilin	15	1775
黑龙江	Heilongjiang	13	927
上　海	Shanghai	40	3747
江　苏	Jiangsu	19	2667
浙　江	Zhejiang	14	1480
安　徽	Anhui	11	1059
福　建	Fujian	11	759
江　西	Jiangxi	7	1214
山　东	Shandong	17	1906
河　南	Henan	12	1440
湖　北	Hubei	14	2311
湖　南	Hunan	13	1476
广　东	Guangdong	19	1666
广　西	Guangxi	8	1246
海　南	Hainan	4	329
重　庆	Chongqing	3	1737
四　川	Sichuan	16	1816
贵　州	Guizhou	6	392
云　南	Yunnan	8	778
西　藏	Tibet	2	105
陕　西	Shaanxi	17	1750
甘　肃	Gansu	9	299
青　海	Qinghai	2	161
宁　夏	Ningxia	3	164
新　疆	Xinjiang	11	866

4-1-4 出版物发行购、销、存情况
Basic Statistics on Purchase,Sales and Stock of Publications

单位：万元 (10 000 yuan)

年份 地区	Year Region	购进金额 Purchase	销售金额 Sales	库存金额 Stock
	2007	14060746	13666742	5659045
	2008	15438415	14563927	6727773
	2009	16005755	15569553	6582141
	2010	17753997	17541569	7377979
	2011	20248910	19534916	8040534
	2012	21609143	21598845	8418751
	2013	24182149	23461488	9643972
	2014	24478617	24155210	10101107
	2015	26693829	25637427	10824358
	2016	28571116	8330971	11430050
	2017	30421914	29544348	12209707
	2018	33605735	32133713	13754029
	2019	36618876	35655010	14771552
中　央	Central Level	8314451	7979838	5336127
北　京	Beijing	679449	705372	470324
天　津	Tianjin	252919	246286	142071
河　北	Hebei	1152576	1180015	182043
山　西	Shanxi	512290	509340	188425
内蒙古	Inner Mongolia	285511	274777	66564
辽　宁	Liaoning	474501	482060	226814
吉　林	Jilin	461696	460583	146201
黑龙江	Heilongjiang	261092	263906	85234
上　海	Shanghai	1370087	1307191	931358
江　苏	Jiangsu	2833178	2647738	1248712
浙　江	Zhejiang	2590693	2526249	1104044
安　徽	Anhui	1449321	1495850	324536
福　建	Fujian	539043	551618	143469
江　西	Jiangxi	1382830	1406764	228084
山　东	Shandong	2244162	2127171	817569
河　南	Henan	1538938	1531478	238854
湖　北	Hubei	1013753	1035506	207696
湖　南	Hunan	1806914	1691666	702734
广　东	Guangdong	1340527	1284522	568194
广　西	Guangxi	846488	847527	144376
海　南	Hainan	193702	195179	26745
重　庆	Chongqing	539507	511104	131081
四　川	Sichuan	1495273	1372912	518978
贵　州	Guizhou	430625	426956	32366
云　南	Yunnan	519570	527956	110167
西　藏	Tibet	42962	38976	12328
陕　西	Shaanxi	862535	865705	220846
甘　肃	Gansu	347453	350850	41229
青　海	Qinghai	39165	39073	12409
宁　夏	Ningxia	104626	100745	22917
新　疆	Xinjiang	693036	670098	139061

注：本表数据为全国新华书店系统和出版社自办发行单位的数据(以下相关表同)。

a)Data in the table above refer to data of issuing units owned by Xinhua bookstores and presses. The same applies to the relevant tables following.

4-1-5 出版物印刷机构情况
Basic Statistics on Printing Institutions

年份 地区	Year Region	印刷单位数(个) Number of Printing Institutions (unit)	职工人数(万人) Number of Engaged Persons (10 000 persons)	印刷产量 Output of Printing		装订产量(万令) Output of Bookbinding (10 000 ream)
				黑白(万令) Black and White (10 000 ream)	彩色(万对开色令) Color (10 000 bisect color ream)	
	2007	6427	59.55	20182	129157	23062
	2008	6290	58.34	29047	93251	25129
	2009	8189	63.14	27034	129520	35498
	2010	8484	61.28	28272	141917	29007
	2011	8309	57.62	30091	152913	28985
	2012	8714	55.09	32654	164713	29740
	2013	8963	51.68	32608	255672	36316
	2014	9079	48.85	31936	252659	31965
	2015	8910	48.29	30945	219634	31630
	2016	8936	47.83	31518	150688	33669
	2017	8753	45.17	30375	140601	33425
	2018	8923	42.98	27760	116388	33358
	2019	9014	40.86	24907	119584	34739
北京	Beijing	808	2.88	1802	13439	2671
天津	Tianjin	201	0.69	378	2457	325
河北	Hebei	676	2.93	2664	3760	4970
山西	Shanxi	153	0.67	210	1496	318
内蒙古	Inner Mongolia	194	0.35	157	911	165
辽宁	Liaoning	157	0.59	502	2547	665
吉林	Jilin	211	0.62	676	2183	461
黑龙江	Heilongjiang	155	0.41	209	1225	278
上海	Shanghai	185	1.51	454	9418	477
江苏	Jiangsu	443	2.91	1393	7009	1905
浙江	Zhejiang	705	3.20	2174	13233	2778
安徽	Anhui	354	1.37	797	3962	1312
福建	Fujian	274	1.48	635	1452	658
江西	Jiangxi	143	0.72	787	1502	922
山东	Shandong	605	3.95	2912	7675	3574
河南	Henan	449	1.62	815	3583	1316
湖北	Hubei	374	1.56	1431	4208	1741
湖南	Hunan	411	1.73	884	5660	1296
广东	Guangdong	808	6.38	2628	17397	5300
广西	Guangxi	252	0.67	545	3525	527
海南	Hainan	37	0.15	54	1088	39
重庆	Chongqing	110	0.63	315	1401	372
四川	Sichuan	307	0.88	1142	3416	948
贵州	Guizhou	166	0.35	103	1183	153
云南	Yunnan	184	0.58	282	1863	326
西藏	Tibet	28	0.08	42	131	41
陕西	Shaanxi	247	0.93	477	2157	598
甘肃	Gansu	96	0.40	178	422	193
青海	Qinghai	42	0.13	35	316	64
宁夏	Ningxia	104	0.12	45	117	43
新疆	Xinjiang	135	0.37	181	848	305

4-1-6 全国图书、期刊、报纸进出口情况
Basic Statistics on Imports and Exports of Books, Magazines and Newspapers

年 份 Year	进口 Imports		出口 Exports	
	数量（万册、份） Number (10 000 copies)	金额（万美元） Value (10 000 USD)	数量（万册、份） Number (10 000 copies)	金额（万美元） Value (10 000 USD)
2007	2385.99	21105.44	1027.83	3787.46
2008	3452.54	24061.40	801.82	3487.25
2009	2794.53	24505.27	885.16	3437.72
2010	2881.87	26008.58	945.64	3711.00
2011	2979.88	28373.26	1144.18	3905.51
2012	3138.07	30121.65	1639.27	4863.15
2013	2361.54	28048.63	1992.86	6012.40
2014	2538.85	28381.57	1689.42	5649.66
2015	2811.75	30557.53	1552.63	5726.74
2016	3108.18	30051.73	1765.52	5886.67
2017	3255.60	31978.76	1870.72	6024.66
2018	4088.02	36202.19	1478.09	5723.00
2019	4206.50	38560.51	1472.85	6079.69

注：本表仅包括有出版物进口经营许可证的出版物进出口经营单位数据(下表同)。

a)Data in the table above only source from those units with the quanlification of publication imports and exports. The same applies to the table following.

4-1-7 全国音像制品、电子出版物与数字出版物进出口情况
Basic Statistics on Audio-Video Product, Electronic Publications and Digital Publications

年 份 Year	进口 Imports		出口 Exports	
	数量（盒、张） Number (cassette, disc)	金额（万美元） Value (10 000 USD)	数量（盒、张） Number (cassette, disc)	金额（万美元） Value (10 000 USD)
2007	150906	4340.26	637396	180.51
2008	163822	4556.81	271204	101.32
2009	167428	6527.06	100053	61.11
2010	629542	11382.70	1018687	47.16
2011	396287	14134.78	77091	35.17
2012	185646	16685.95	93448	33.54
2013	285070	20022.34	34136	122.43
2014	134380	21000.13	20692	156.46
2015	116213	24207.67	9409	136.76
2016	108096	25859.38	13270	156.43
2017	135551	34584.46	19294	163.34
2018	88444	38019.93	12354	212.20
2019	113804	41116.31	11126	205.90

4-1-8 版权合同登记情况
Basic Statistics on Registration of Copyright Contracts

单位：份 (unit)

年份 地区	Year Region	合计 Total	书刊 Books	音像制品 Audio-Video Products	电子出版物 Electronic Publications	软件 Software	电影 Films	电视节目 TV Programs	其他 Others
	2007	11164	9820	431	389	515	1		8
	2008	12002	10736	451	311	499		1	4
	2009	14223	12741	257	473	393			359
	2010	15160	13537	306	418	453	2	1	443
	2011	20797	14689	245	485	955		3	4420
	2012	18645	16753	319	417	1085	24	14	33
	2013	19521	17431	150	183	1161	44	9	543
	2014	17376	16214	130	194	276		10	552
	2015	19030	16085	1688	190	762	2	4	299
	2016	19744	16854	1790	238	686	1	2	173
	2017	20015	16635	1860	424	869			227
	2018	20339	16685	1877	420	1045			312
	2019	20313	16218	1563	296	1156			1080
中国版权保护中心	Copyright Protection Center of China	1661		1524		137			
北京	Beijing	8212	8139		72	1			
天津	Tianjin	431	428			3			
河北	Hebei	236	236						
山西	Shanxi	9	9						
内蒙古	Inner Mongolia								
辽宁	Liaoning	227	227						
吉林	Jilin	91	91						
黑龙江	Heilongjiang	277	277						
上海	Shanghai	1104	991	38	75				
江苏	Jiangsu	1562	730		25	807			
浙江	Zhejiang	908	677		45	186			
安徽	Anhui	59	59						
福建	Fujian	69	57			12			
江西	Jiangxi	320	320						
山东	Shandong	364	364						
河南	Henan	229	229						
湖北	Hubei	391	313		2				76
湖南	Hunan	357	356						1
广东	Guangdong	1298	218		77				1003
广西	Guangxi	195	195						
海南	Hainan	160	160						
重庆	Chongqing	230	230						
四川	Sichuan	1102	1094			8			
贵州	Guizhou	67	67						
云南	Yunnan	258	258						
西藏	Tibet	16	15	1					
陕西	Shaanxi	303	301			2			
甘肃	Gansu	75	75						
青海	Qinghai								
宁夏	Ningxia	78	78						
新疆	Xinjiang	24	24						

4-1-9 全国作品自愿登记情况
Basic Statistics on Registration of Original Products

单位：件　　(piece)

年份 地区	Year Region	合计 Total	#文字 Literature	#音乐 Music	#曲艺 Recitation and Ballad	#舞蹈 Dance	#美术 Arts	#摄影 Photograph	#影视 Films and TV
	2007	133789	2390	2193	29	18	17681	110030	457
	2008	1040454	2823	2084	56	22	19903	1014365	267
	2009	336086	3509	1360	94	47	30501	299218	291
	2010	359871	6294	1425	112	18	37607	311897	1243
	2011	442983	80424	2004	46	34	53326	297028	7544
	2012	560583	179471	3901	58	40	85873	239801	30335
	2013	834569	124948	62119	118	21	171059	429903	11943
	2014	997350	349885	6094	73	19	187408	424449	11222
	2015	1349552	485539	2839	90	119	279884	540722	13820
	2016	1895053	631997	18496	310	147	440099	729473	26530
	2017	2068388	487238	11683	179	270	668930	778647	45938
	2018	2458995	291489	35119	382	175	1019601	961561	71746
	2019	2967177	192974	17467	397	164	1370975	1179451	93331
北　京	Beijing	1003091	4360	4013			270081	707450	2397
天　津	Tianjin	58117	366	5			29913	8002	19746
河　北	Hebei	19004	3839	80	214	16	11633	2036	91
山　西	Shanxi	455	79	31	1	1	274		42
内蒙古	Inner Mongolia	1343	244	149	1	3	648	68	
辽　宁	Liaoning	10512	1995	809			5434	194	
吉　林	Jilin	5930	267	139		10	4923		4
黑龙江	Heilongjiang	658	305	118			167	63	5
上　海	Shanghai	291803	22532	742		11	151357	59283	13015
江　苏	Jiangsu	246607	46897	743	71	25	161241	18335	16253
浙　江	Zhejiang	24796	1675	98		1	20263	2022	43
安　徽	Anhui	42378	692	54	1	1	8568	32027	130
福　建	Fujian	111955	936	1202	13		105196	1012	2484
江　西	Jiangxi	12808	5863	53			5352	246	773
山　东	Shandong	100309	6326	528	11	4	20325	70959	1355
河　南	Henan	1831	738	24			712	193	79
湖　北	Hubei	45018	4522	47	2	5	31609	7074	302
湖　南	Hunan	5030	991	64	51		1854	633	500
广　东	Guangdong	49337	2064	1372	7	1	34990	4021	2505
广　西	Guangxi	3003	458	157			1706	18	173
海　南	Hainan	186	33	28		1	82	4	1
重　庆	Chongqing	157692	4181	601	1	3	62072	51751	21449
四　川	Sichuan	171086	52747	1687	16	24	64534	46961	1640
贵　州	Guizhou	36995	698	117	1	1	30317	2630	327
云　南	Yunnan	1160	389	77			280	348	10
西　藏	Tibet	31	1				26		
陕　西	Shaanxi	15982	1815	113	1		13049	91	712
甘　肃	Gansu	819	32	19		2	329	425	
青　海	Qinghai	1	1						
宁　夏	Ningxia	214	31	3			131		
新　疆	Xinjiang	926	111	85			695	1	6

注：全国作品自愿登记中包含中国版权保护中心数据，故各地区合计与全国合计不等。

a)The total data of registration of original products include those registered in Copyright Protection Center of China, so the sum of regional data do not equal to the total.

4-1-10 版权引进和输出情况
Basic Statistics on Copyright Import and Export

单位：项 (unit: item)

项 目	Item	2008	2009	2010	2011	2012	2013
引进合计	**Total Number of Copyright Import**	**16969**	**13793**	**16602**	**16639**	**17589**	**18167**
#图书	Books	15776	12914	13724	14708	16115	16625
录音制品	Audio Products	251	262	439	278	475	378
录像制品	Video Products	153	124	356	421	503	538
电子出版物	Electronic Publications	117	86	49	185	100	72
输出合计	**Total Number of Copyright Export**	**2455**	**4205**	**5691**	**7783**	**9365**	**10401**
#图书	Books	2440	3103	3880	5922	7568	7305
录音制品	Audio Products	8	77	36	130	97	300
录像制品	Video Products	3		8	20	51	193
电子出版物	Electronic Publications	1	34	187	125	115	646

4-1-10 续表 continued

单位：项 (unit: item)

项 目	Item	2014	2015	2016	2017	2018	2019
引进合计	**Total Number of Copyright Import**	**16695**	**16467**	**17252**	**18120**	**16829**	**16140**
#图书	Books	15542	15458	16587	17154	16071	15684
录音制品	Audio Products	208	133	119	147	125	78
录像制品	Video Products	451	90	251	364	192	204
电子出版物	Electronic Publications	120	292	217	372	214	11
输出合计	**Total Number of Copyright Export**	**10293**	**10471**	**11133**	**13816**	**12778**	**15767**
#图书	Books	8088	7998	8328	10670	10873	13680
录音制品	Audio Products	139	217	201	322	214	290
录像制品	Video Products	73		18	102		8
电子出版物	Electronic Publications	433	650	1264	1557	743	838

4-2-1 全国广播和电视综合人口覆盖情况
Population Coverage Rate of Radio and TV Programs

单位：% (%)

年份地区	Year Region	广播节目综合人口覆盖率 Population Covertage Rate of Radio Programs	#农村 Rural	电视节目综合人口覆盖率 Population Covertage Rate of TV Programs	#农村 Rural
	2007	95.43	94.12	96.58	95.60
	2008	95.96	94.74	96.95	91.60
	2009	96.31	95.10	97.23	91.90
	2010	96.78	95.64	97.62	96.78
	2011	97.06	96.09	97.82	97.10
	2012	97.51	96.60	98.20	97.55
	2013	97.79	97.00	98.42	97.86
	2014	97.99	97.29	98.60	98.11
	2015	98.17	97.53	98.77	98.32
	2016	98.37	97.79	98.88	98.49
	2017	98.71	98.24	99.07	98.74
	2018	98.94	98.58	99.25	99.01
	2019	99.13	98.84	99.39	99.19
北 京	Beijing	100.00	100.00	100.00	100.00
天 津	Tianjin	100.00	100.00	100.00	100.00
河 北	Hebei	99.58	99.36	99.68	99.53
山 西	Shanxi	98.91	98.29	99.59	99.30
内蒙古	Inner Mongolia	99.24	98.89	99.22	98.77
辽 宁	Liaoning	99.24	98.61	99.27	98.75
吉 林	Jilin	99.36	99.16	99.41	99.00
黑龙江	Heilongjiang	99.21	99.60	99.12	99.62
上 海	Shanghai	100.00	100.00	100.00	100.00
江 苏	Jiangsu	100.00	100.00	100.00	100.00
浙 江	Zhejiang	99.73	99.70	99.82	99.79
安 徽	Anhui	99.87	99.85	99.87	99.84
福 建	Fujian	99.62	99.47	99.71	99.58
江 西	Jiangxi	98.62	98.42	99.14	98.94
山 东	Shandong	99.13	98.88	99.10	98.96
河 南	Henan	99.44	99.37	99.47	99.40
湖 北	Hubei	99.79	99.70	99.70	99.56
湖 南	Hunan	99.36	99.01	99.72	99.58
广 东	Guangdong	99.98	99.97	99.98	99.97
广 西	Guangxi	97.81	97.25	98.92	98.58
海 南	Hainan	99.06	98.53	99.08	98.56
重 庆	Chongqing	99.17	98.82	99.40	99.17
四 川	Sichuan	98.23	97.70	98.95	98.75
贵 州	Guizhou	94.63	94.13	97.00	96.65
云 南	Yunnan	98.95	98.69	99.14	98.89
西 藏	Tibet	98.07	97.58	98.61	98.27
陕 西	Shaanxi	98.87	98.29	99.38	99.04
甘 肃	Gansu	98.57	98.28	98.90	98.66
青 海	Qinghai	98.81	98.31	98.82	98.43
宁 夏	Ningxia	99.61	99.38	99.88	99.77
新 疆	Xinjiang	98.30	97.97	98.52	98.16

4-2-2 全国有线广播电视实际用户情况
Users of Cable Radios and TVs

年份 地区	Year Region	有线广播电视实际用户数(万户) Users of Cable Radios and TVs (10 000 households)	#农村 Rural	#数字电视 Digital TV	有线广播电视实际用户数占家庭总户数的比重(%) Popularization Rate of Cable Radios and TVs (%)
	2007	15331	6135	2686	39.9
	2008	16398	6568	4528	41.6
	2009	17523	6863	6322	44.0
	2010	18872	7293	8870	46.4
	2011	20264	8123	11489	49.4
	2012	21509	8432	14303	51.5
	2013	22894	8911	17160	54.1
	2014	23458	7986	19143	54.8
	2015	23567	8250	19776	54.6
	2016	22830	8093	20157	52.8
	2017	21446	7504	19404	48.3
	2018	21832	7404	20144	49.0
	2019	20661	7322	19417	46.2
北京	Beijing	599	91	593	109.1
天津	Tianjin	356	50	351	89.8
河北	Hebei	696	163	571	26.5
山西	Shanxi	372	104	301	28.8
内蒙古	Inner Mongolia	218	14	213	25.3
辽宁	Liaoning	663	170	616	43.4
吉林	Jilin	436	151	426	42.5
黑龙江	Heilongjiang	666	106	652	42.9
上海	Shanghai	453	41	425	82.0
江苏	Jiangsu	1546	697	1500	61.9
浙江	Zhejiang	1347	857	1327	79.5
安徽	Anhui	787	277	588	36.4
福建	Fujian	727	460	727	67.3
江西	Jiangxi	552	316	527	42.5
山东	Shandong	1579	692	1449	49.2
河南	Henan	903	295	785	27.5
湖北	Hubei	1071	396	1055	51.2
湖南	Hunan	791	260	725	37.1
广东	Guangdong	1767	400	1705	65.5
广西	Guangxi	674	246	661	42.1
海南	Hainan	156	50	145	58.2
重庆	Chongqing	624	75	552	49.2
四川	Sichuan	1023	346	949	31.8
贵州	Guizhou	813	419	813	59.9
云南	Yunnan	376	113	362	26.4
西藏	Tibet	25		22	30.6
陕西	Shaanxi	746	484	746	72.6
甘肃	Gansu	175	28	122	20.6
青海	Qinghai	97	2	96	54.3
宁夏	Ningxia	108	3	107	48.3
新疆	Xinjiang	315	15	306	42.1

4-2-3 全国广播电视节目制作和播出情况
Production and Broadcasting of Radio and TV Programs

单位：小时 (hour)

年 份 Year	广播节目制作时间 Radio Programs Produced	公共广播节目播出时间 Broadcasting Hours of Public Radio Programs	电视节目制作时间 TV Programs Produced	公共电视节目播出时间 Broadcasting Hours of Public TV Programs
2007	6386696	11272365	2567065	14546657
2008	6443045	11629729	2628524	14953362
2009	6716500	12265513	2653552	15776767
2010	6814226	12660314	2742949	16355043
2011	6936960	13057496	2950490	16753029
2012	7188245	13383651	3436301	16985291
2013	7391000	13795461	3398000	17057212
2014	7647267	14058328	3277394	17476126
2015	7718163	14218253	3520190	17796010
2016	7820296	14565058	3507217	17924388
2017	7888254	14918863	3651775	18810197
2018	8017573	15267407	3577444	19250257
2019	8018667	15533983	3455809	19509935

4-2-4 分地区广播节目制作情况(2019年)
Production and Transaction of Radio Program by Region(2019)

单位：小时 (hour)

地　区	Region	全年制作广播节目时间 Radio Programs Produced	新闻资讯类 News	专题服务类 Special Subject	综艺类 General Entertain-ment	广播剧类 Radio Plays	广告类 Advertising	其他类 Others
全　国	**National Total**	**8018667**	**1418838**	**2179937**	**1995132**	**224078**	**719208**	**1481473**
国家广播电视总局	National Radio and Television Administration	609		256	192		64	96
中央广播电视总台	China Media Group	288805	72021	122518	38899	1144	9045	45178
其他部门所属单位	Under Other Department	2		2				
北　京	Beijing	116410	11845	31387	36820	13806	945	21606
天　津	Tianjin	97708	9087	22595	41337	50	14942	9697
河　北	Hebei	429837	55794	104096	143781	14028	47949	64189
山　西	Shanxi	256386	49211	80739	58100	18579	21520	28237
内蒙古	Inner Mongolia	292256	46865	101393	92114	10141	19094	22650
辽　宁	Liaoning	404023	54961	135215	114013	10921	41974	46940
吉　林	Jilin	251381	29030	64302	71505	21111	19550	45885
黑龙江	Heilongjiang	234050	34260	76718	41882	10569	19285	51337
上　海	Shanghai	137073	10666	25472	40377	1518	9814	49226
江　苏	Jiangsu	554517	94890	135089	134849	14996	64506	110187
浙　江	Zhejiang	543223	101203	129392	136096	8553	56647	111334
安　徽	Anhui	227455	43069	65172	33189	6791	20741	58492
福　建	Fujian	260255	55972	62329	66474	4036	9449	61996
江　西	Jiangxi	168257	36701	43960	44119	5469	17474	20534
山　东	Shandong	590729	92689	147937	149323	17815	51201	131764
河　南	Henan	299864	57829	83076	88507	1825	30525	38102
湖　北	Hubei	246653	40217	75025	73566	3624	32300	21922
湖　南	Hunan	220331	41878	35796	44722	2922	24337	70675
广　东	Guangdong	572303	108153	123534	83605	13747	52401	190864
广　西	Guangxi	221404	45238	43066	81699	1260	14589	35553
海　南	Hainan	75859	12582	18045	18459	1467	4028	21279
重　庆	Chongqing	90494	20735	38294	14916	843	6733	8973
四　川	Sichuan	293710	68172	85630	65906	7373	16571	50058
贵　州	Guizhou	149449	27786	35384	36932	5265	16080	28002
云　南	Yunnan	226372	46734	62331	41496	8872	25574	41366
西　藏	Tibet	38417	6468	13291	13351	2066	2019	1223
陕　西	Shanxi	229929	39472	63584	61504	7569	20289	37512
甘　肃	Gansu	146132	31522	34806	43338	2605	15149	18712
青　海	Qinghai	49951	13888	11988	13325	1491	1951	7309
宁　夏	Ningxia	50604	12467	17012	10744	593	7894	1893
新　疆	Xinjiang	254216	47433	90504	59994	3032	24569	28684

4-2-5 分地区电视节目制作交易情况(2019年)
Production and Transaction of TV Program by Region(2019)

地 区	Region	全年制作电视节目时间(小时) TV Programs Produced (hour)	新闻资讯类 News	专题服务类 Special Subject	综艺益智类 General Entertainment	影视剧类 TV Plays
全 国	**National Total**	**3455809**	**1086112**	**870307**	**399761**	**120295**
国家广播电视总局	National Radio and Television Administration	4		4		
中央广播电视总台	Chian Media Group	195337	88268	59928	38979	1557
其他部门所属单位	Under Other Department	8093	1519	4746	859	209
北 京	Beijing	188342	47497	41335	12151	5375
天 津	Tianjin	17077	6133	8931	1278	320
河 北	Hebei	160848	43601	40316	25749	5911
山 西	Shanxi	138746	37949	24605	14097	4150
内蒙古	Inner Mongolia	86980	28455	24256	9980	70
辽 宁	Liaoning	153944	31525	33956	28118	185
吉 林	Jilin	93399	15229	24708	24750	179
黑龙江	Heilongjiang	88603	28130	17852	10356	1939
上 海	Shanghai	51552	13619	13889	2510	5271
江 苏	Jiangsu	188186	53959	52465	24680	11054
浙 江	Zhejiang	176296	51939	50712	14601	6553
安 徽	Anhui	80317	30724	22019	9557	366
福 建	Fujian	61056	25216	17811	3611	492
江 西	Jiangxi	86500	30901	22335	7387	440
山 东	Shandong	240084	66746	66796	33901	15595
河 南	Henan	137492	43589	32582	24557	
湖 北	Hubei	87957	26714	24571	9173	2035
湖 南	Hunan	114049	39929	23655	12577	688
广 东	Guangdong	266223	62000	42979	25573	33251
广 西	Guangxi	79248	34340	12915	5446	1489
海 南	Hainan	20611	8281	6506	1141	63
重 庆	Chongqing	63396	13922	23145	5590	125
四 川	Sichuan	148185	61513	36721	12163	4286
贵 州	Guizhou	43656	24923	9062	1246	30
云 南	Yunnan	150099	46328	48294	7409	994
西 藏	Tibet	16083	9084	3668	1207	
陕 西	Shaanxi	133941	39747	33028	16918	8964
甘 肃	Gansu	64548	21716	17054	6858	2570
青 海	Qinghai	20817	9653	7531	1237	1156
宁 夏	Ningxia	23479	9370	6266	2559	2
新 疆	Xinjiang	70659	33594	15665	3542	4978

4-2-5 续表 1 continued

地 区	Region	广告类 Advertising	其他类 Others	全年电视节目制作投资额(万元) Investment in Production of TV Programs (10 000 yuan)	#电视剧 TV Plays
全 国	**National Total**	**437437**	**541898**	**3736504**	**2019664**
国家广播电视总局	National Radio and Television Administration				
中央广播电视总台	Chian Media Group	66	6538	1086130	28977
其他部门所属单位	Under Other Department		760	11466	5018
北 京	Beijing	5969	76014	681500	388071
天 津	Tianjin	361	55	49291	38660
河 北	Hebei	23982	21288	6312	3972
山 西	Shanxi	20038	37908	2630	80
内蒙古	Inner Mongolia	15306	8914	394	20
辽 宁	Liaoning	30615	29546	13971	5564
吉 林	Jilin	17524	11011	13239	12446
黑龙江	Heilongjiang	13178	17148	5000	4000
上 海	Shanghai	2330	13933	410354	384609
江 苏	Jiangsu	29713	16315	141990	118839
浙 江	Zhejiang	34338	18152	491661	473800
安 徽	Anhui	11377	6273	4623	1651
福 建	Fujian	6334	7592	24891	19932
江 西	Jiangxi	14558	10879	4800	990
山 东	Shandong	34876	22170	75548	46080
河 南	Henan	14468	22296	12430	
湖 北	Hubei	15776	9689	20469	8191
湖 南	Hunan	19228	17972	206056	188936
广 东	Guangdong	20236	82184	133931	32236
广 西	Guangxi	14511	10547	2963	3
海 南	Hainan	2404	2216	14000	6500
重 庆	Chongqing	7863	12750	34822	18328
四 川	Sichuan	17130	16373	15722	11741
贵 州	Guizhou	3062	5334	13380	6000
云 南	Yunnan	25652	21422	21610	18410
西 藏	Tibet	1306	818	2128	173
陕 西	Shaanxi	15374	19911	17057	11348
甘 肃	Gansu	9204	7147	5584	4121
青 海	Qinghai	430	810		
宁 夏	Ningxia	3492	1791	1049	
新 疆	Xinjiang	6737	6143	211503	180969

4-2-5 续表 2 continued

地 区	Region	#动画电视 Cartoon	全年电视节目国内销售额(万元) Domestic Sales of TV Programs (10 000 yuan)	#电视剧 TV Plays	#动画电视 Cartoon
全 国	**National Total**	**159920**	**2869989**	**2369006**	**88212**
国家广播电视总局	National Radio and Television Administration				
中央广播电视总台	Chian Media Group	12980	235578	90582	14667
其他部门所属单位	Under Other Department		14160	13891	
北 京	Beijing	28659	543185	422977	9793
天 津	Tianjin	4952	76887	73234	3391
河 北	Hebei	1236	3660	342	272
山 西	Shanxi	2405	3070		2876
内蒙古	Inner Mongolia	50	1278	589	
辽 宁	Liaoning	580	1426	207	736
吉 林	Jilin	600	2020	714	661
黑龙江	Heilongjiang		74		74
上 海	Shanghai	11110	520994	499710	3736
江 苏	Jiangsu	5137	174230	159773	1516
浙 江	Zhejiang	11863	608321	542974	6109
安 徽	Anhui	755	892	92	66
福 建	Fujian	3123	30027	22636	5828
江 西	Jiangxi	3580	5115	1055	4040
山 东	Shandong	3104	26713	25569	205
河 南	Henan		43		
湖 北	Hubei	8340	6592	3543	2516
湖 南	Hunan	3722	24824	22480	339
广 东	Guangdong	44243	40376	15409	22265
广 西	Guangxi	1612	41998	36870	488
海 南	Hainan		372	249	
重 庆	Chongqing	10810	22864	11002	8247
四 川	Sichuan	87	12638	7263	101
贵 州	Guizhou		803	803	
云 南	Yunnan	705	7227	6165	20
西 藏	Tibet	29			
陕 西	Shaanxi	136	8452	7789	187
甘 肃	Gansu	78	2468	830	38
青 海	Qinghai				
宁 夏	Ningxia	15	187		
新 疆	Xinjiang	9	453515	402258	41

4-2-6 分地区广播节目播出情况(2019年)
Broadcasting of Radio Program by Region(2019)

地 区	Region	公共广播节目套数(套) Number of Public Radio Programs (set)	全年公共广播节目播出时间(小时) Broadcasting Hours of Radio Programs (hour)	#转中央台节目 Relaying Programs of CCTV	#自制节目 Own-produced Programs	#购买交换节目 Purchased or Exchanged Programs
全 国	**National Total**	**2914**	**15533983**	**1776470**	**9385981**	**2777064**
中央广播电视总台	China Media Group	23	180781		169611	11170
北 京	Beijing	26	182343	1826	85789	93658
天 津	Tianjin	22	149697	9065	117925	5688
河 北	Hebei	181	832545	68321	483282	226650
山 西	Shanxi	135	574353	89010	310973	112019
内蒙古	Inner Mongolia	123	674104	112462	378998	97457
辽 宁	Liaoning	109	687525	46676	470102	157317
吉 林	Jilin	82	580907	42179	374302	151529
黑龙江	Heilongjiang	108	601022	95959	294396	94219
上 海	Shanghai	22	148893	9047	108514	27893
江 苏	Jiangsu	121	770072	38471	599350	112466
浙 江	Zhejiang	112	768027	51389	578956	80828
安 徽	Anhui	107	581793	58570	333992	147220
福 建	Fujian	93	531455	79720	315701	42481
江 西	Jiangxi	104	376860	66939	203568	61134
山 东	Shandong	172	1024327	74271	648055	247789
河 南	Henan	159	696541	77855	459934	98817
湖 北	Hubei	96	526851	54523	317582	120188
湖 南	Hunan	115	483923	68352	294763	58590
广 东	Guangdong	137	818964	47555	608961	76425
广 西	Guangxi	74	429282	36057	270892	86587
海 南	Hainan	25	144545	20303	75684	34454
重 庆	Chongqing	34	201143	22723	120909	45908
四 川	Sichuan	150	694401	145608	370173	112189
贵 州	Guizhou	45	255397	27796	162069	34264
云 南	Yunnan	68	394177	61910	242509	64345
西 藏	Tibet	30	152594	25424	38896	30649
陕 西	Shaanxi	107	452427	63044	265763	73041
甘 肃	Gansu	97	372169	67569	190988	58117
青 海	Qinghai	47	254980	80986	72480	57660
宁 夏	Ningxia	27	132705	19385	77942	26922
新 疆	Xinjiang	163	859179	113479	342921	129391

4-2-6 续表 continued

地 区	Region	按节目类型分播出时间(小时) by Type of Programs (hour)					
		新闻资讯类 News	专题服务类 Special Subject	综艺益智类 General Entertainment	广播剧类 Radio Plays	广告类 Advertising	其他类 Others
全 国	**National Total**	**3021475**	**3332910**	**3757602**	**1002209**	**1344945**	**3074842**
中央广播电视总台	China Media Group	40623	65263	50294	1879	9103	13619
北 京	Beijing	18201	37070	97280	6754	16421	6617
天 津	Tianjin	20672	33285	55652	470	17336	22281
河 北	Hebei	124284	149143	268891	81260	89653	119313
山 西	Shanxi	130299	118982	125962	55893	43144	100072
内蒙古	Inner Mongolia	124084	150051	206861	46563	33068	113476
辽 宁	Liaoning	103556	176437	198091	51050	59539	98852
吉 林	Jilin	70805	136066	191238	43363	65856	73578
黑龙江	Heilongjiang	103524	131262	94608	49179	38315	184134
上 海	Shanghai	30301	37042	54122	6637	8025	12766
江 苏	Jiangsu	143181	180078	182847	29357	86103	148508
浙 江	Zhejiang	150880	162024	177913	18988	84590	173632
安 徽	Anhui	104852	109488	110447	43273	54512	159220
福 建	Fujian	121298	108887	131009	16015	25232	129014
江 西	Jiangxi	90592	79524	85549	37624	31553	52019
山 东	Shandong	158180	213757	228400	75314	98019	250657
河 南	Henan	132831	146843	210223	45218	61399	100027
湖 北	Hubei	98039	134515	146836	34350	57601	55510
湖 南	Hunan	104625	68096	87778	26760	50645	146021
广 东	Guangdong	153912	145830	132075	29396	79991	277760
广 西	Guangxi	97173	59341	134256	11380	36593	90539
海 南	Hainan	30094	26137	29522	5307	9717	43769
重 庆	Chongqing	42100	55042	36922	13579	17862	35637
四 川	Sichuan	165962	139337	144663	42698	48351	153389
贵 州	Guizhou	49253	48979	48983	21059	27059	60064
云 南	Yunnan	91883	91145	70380	31437	36562	72770
西 藏	Tibet	34263	29346	34475	28254	3738	22518
陕 西	Shaanxi	107370	101525	106846	40190	37851	58644
甘 肃	Gansu	95385	72602	79924	24058	27417	72784
青 海	Qinghai	65769	41340	53915	40673	12735	40547
宁 夏	Ningxia	29895	26636	34685	5710	15678	20102
新 疆	Xinjiang	187590	257835	146954	38521	61274	167006

4-2-7 分地区电视节目播出情况(2019年)
Broadcasting of TV Program by Region(2019)

地 区	Region	公共电视节目套数(套) Number of Public TV Programs (set)	全年公共电视节目播出时间(小时) Broadcasting Hours of TV Programs (hour)	#转中央台节目 Relaying Programs of CCTV	#自制节目 Own-produced Programs	#购买交换节目 Purchased or Exchanged Programs
全 国	**National Total**	**3609**	**19509935**	**1535736**	**5980293**	**10692307**
中央广播电视总台	China Media Group	29	237368		231571	5797
其他部门所属单位	Under Other Department	5	43800	219	16640	26942
北 京	Beijing	26	129028	1280	58631	67840
天 津	Tianjin	22	153331	8554	47539	95625
河 北	Hebei	218	928215	57767	288334	542259
山 西	Shanxi	146	636002	58284	182693	346361
内蒙古	Inner Mongolia	118	664354	73069	206787	339209
辽 宁	Liaoning	130	790870	30244	275710	456009
吉 林	Jilin	77	520539	16355	195911	304085
黑龙江	Heilongjiang	104	602615	65206	174861	260491
上 海	Shanghai	23	160360	2460	74031	82250
江 苏	Jiangsu	123	758191	23339	279021	447459
浙 江	Zhejiang	112	738453	24936	298908	405077
安 徽	Anhui	110	646542	44031	206483	362024
福 建	Fujian	101	412764	12572	151468	235552
江 西	Jiangxi	123	684760	95393	161613	384454
山 东	Shandong	257	1424422	84534	449470	835868
河 南	Henan	174	954844	79790	332531	493698
湖 北	Hubei	114	688962	41956	214379	418639
湖 南	Hunan	138	764112	89754	203286	393359
广 东	Guangdong	165	877504	45081	241523	538571
广 西	Guangxi	117	606052	22384	169842	375118
海 南	Hainan	16	101303	1842	41648	56063
重 庆	Chongqing	47	315130	7209	124113	180919
四 川	Sichuan	217	1187935	164476	322780	606702
贵 州	Guizhou	104	475251	26678	135840	281756
云 南	Yunnan	183	908754	142395	257935	469036
西 藏	Tibet	82	359122	39435	35005	174326
陕 西	Shaanxi	117	571139	59476	182628	296433
甘 肃	Gansu	116	547797	44840	141873	320148
青 海	Qinghai	50	312683	53756	57609	146917
宁 夏	Ningxia	29	168859	9787	41515	111395
新 疆	Xinjiang	216	1138875	108633	178115	631926

4-2-7 续表 continued

地 区	Region	按节目类型分播出时间(小时) by Type of Programs (hour)					
		新闻资讯类 News	专题服务类 Special Subject	综艺益智类 General Entertainment	影视剧类 TV Plays	广告类 Advertising	其他类 Others
全 国	**National Total**	**2797166**	**2561957**	**1305022**	**8484507**	**2119710**	**2241573**
中央广播电视总台	China Media Group	71592	72950	37999	49000	5827	
其他部门所属单位	Under Other Department	1073	23007	875	13831	2762	2252
北 京	Beijing	22719	39317	6548	29626	13794	17024
天 津	Tianjin	17118	44078	11566	61377	10476	8716
河 北	Hebei	116755	107095	77469	459703	90051	77141
山 西	Shanxi	90128	75757	38947	300339	67477	63355
内蒙古	Inner Mongolia	96318	72440	51125	304647	52830	86994
辽 宁	Liaoning	76868	111918	92858	315095	96993	97138
吉 林	Jilin	39980	74137	95212	210518	62227	38466
黑龙江	Heilongjiang	84636	63380	38150	243140	53415	119894
上 海	Shanghai	26054	42185	10088	49911	15494	16629
江 苏	Jiangsu	103771	114151	47042	294649	105181	93397
浙 江	Zhejiang	114860	112320	31123	293763	114963	71424
安 徽	Anhui	94049	80331	27184	299321	97935	47722
福 建	Fujian	71253	71738	16305	141936	54684	56848
江 西	Jiangxi	82632	60970	39914	334349	66475	100419
山 东	Shandong	165694	177954	125126	650763	157685	147200
河 南	Henan	119776	131141	75823	434929	90844	102330
湖 北	Hubei	87100	84670	39658	341804	105062	30668
湖 南	Hunan	105419	75127	60592	361691	85259	76025
广 东	Guangdong	129308	108264	33770	321628	119939	164594
广 西	Guangxi	105684	77208	23258	248558	74340	77004
海 南	Hainan	24053	12159	6332	35682	16135	6942
重 庆	Chongqing	37627	67614	16026	114169	32061	47633
四 川	Sichuan	185145	116083	63215	567295	120196	136001
贵 州	Guizhou	85800	49029	12376	184506	55312	88227
云 南	Yunnan	138681	105386	30370	406148	89617	138551
西 藏	Tibet	63746	28369	21225	165111	15600	65072
陕 西	Shaanxi	92831	72020	45435	247297	53666	59890
甘 肃	Gansu	90448	68739	23614	263777	51804	49415
青 海	Qinghai	48695	50656	37643	131146	15698	28845
宁 夏	Ningxia	23510	17172	8472	82308	23200	14196
新 疆	Xinjiang	183842	154592	59683	526488	102709	111560

4-2-8 分地区电视剧播出情况(2019年)
Broadcasting of TV Plays by Region(2019)

地区	Region	全年电视剧播出数 Number of TV Plays Broadcasted		#进口电视剧 Imported TV Plays		全年电视动画片播出时间(小时) Broadcasting Hours of Cartoon Cartoon (hour)	#进口动画电视 Imported Cartoon
		部 Set	集 Part	部 Set	集 Part		
全 国	**National Total**	**211148**	**7229442**	**493**	**14886**	**398685**	**5181**
中央广播电视总台	China Media Group	693	54083	11	346	7756	683
其他部门所属单位	Under Other Department	309	8950			322	60
北 京	Beijing	528	24220			7477	185
天 津	Tianjin	1295	51554	3	84	6326	
河 北	Hebei	11191	381756			10303	216
山 西	Shanxi	6797	238031	41	1002	12656	
内蒙古	Inner Mongolia	8585	282077			12409	
辽 宁	Liaoning	8255	295188	97	3542	8431	20
吉 林	Jilin	5550	195541			2802	
黑龙江	Heilongjiang	4869	173410			6686	3
上 海	Shanghai	828	37626			8884	500
江 苏	Jiangsu	6424	229323			13654	
浙 江	Zhejiang	7201	250179	1	36	22102	80
安 徽	Anhui	8768	269489	13	488	8618	
福 建	Fujian	3135	121161			17268	
江 西	Jiangxi	8517	268511	79	1909	11982	339
山 东	Shandong	14611	528904	44	1284	24829	2050
河 南	Henan	13239	416355			6815	
湖 北	Hubei	12009	385367	42	1120	14132	15
湖 南	Hunan	10646	320579	30	625	26864	100
广 东	Guangdong	6497	257836	12	350	35880	
广 西	Guangxi	6343	253955	41	1729	10254	
海 南	Hainan	649	27881			6577	
重 庆	Chongqing	2820	119785			8719	
四 川	Sichuan	16985	506906	35	935	21216	
贵 州	Guizhou	4183	145156	13	480	8230	260
云 南	Yunnan	7735	292811			19011	90
西 藏	Tibet	1388	52521			1739	
陕 西	Shaanxi	7263	217616	5	156	6832	
甘 肃	Gansu	6085	199901	7	345	11361	150
青 海	Qinghai	2130	74248			4982	
宁 夏	Ningxia	2114	74741			5148	
新 疆	Xinjiang	13506	473781	19	455	28419	429

4-2-9 全国广播电视从业人员情况
Persons Engaged in Radio and TV Broadcasting Industry

单位：人 (person)

年份地区	Year Region	从业人员 Number of Engaged Persons	#编辑、记者 Editors and Reporters	#播音员、主持人 Announcers and Anchor Persons	#工程技术人员 Engineering Technical Personnel
2007		644206	110416	23345	117662
2008		672722	116045	23691	124159
2009		705817	122004	24627	126257
2010		750899	132186	25743	132431
2011		786372	135748	28007	143474
2012		820410	142297	28164	151884
2013		844330	146798	29683	152130
2014		864351	152571	29116	149882
2015		900664	154976	30191	153624
2016		919283	160253	30563	151234
2017		976856	167284	30812	158294
2018		978974	167792	30962	152859
2019		994422	172246	31001	152592
国家广播电视总局	National Radio and Television Administration	9889	177	3	4987
中央广播电视总台	China Media Group	40097	8498	590	4291
其他部门所属单位	Under Other Department	4331	1585	39	441
北京	Beijing	94223	10387	1892	10568
天津	Tianjin	9079	2628	258	1443
河北	Hebei	39431	6089	1440	4514
山西	Shanxi	26382	7280	890	3630
内蒙古	Inner Mongolia	18685	4877	948	3467
辽宁	Liaoning	25109	4493	1042	4667
吉林	Jilin	20566	4591	741	3805
黑龙江	Heilongjiang	24856	4449	810	4146
上海	Shanghai	36829	4302	565	5708
江苏	Jiangsu	58992	10708	1920	9381
浙江	Zhejiang	56199	9170	1717	9536
安徽	Anhui	30376	4716	1112	4031
福建	Fujian	29927	4611	770	3764
江西	Jiangxi	19718	2730	711	2059
山东	Shandong	53411	12150	2572	10311
河南	Henan	46761	10142	1752	6692
湖北	Hubei	37165	6486	1139	5836
湖南	Hunan	48558	6555	1001	6184
广东	Guangdong	73840	8276	1821	12308
广西	Guangxi	18152	3818	696	3648
海南	Hainan	6436	1407	292	868
重庆	Chongqing	14167	2310	423	1844
四川	Sichuan	47344	7248	1427	5395
贵州	Guizhou	18568	3117	645	2671
云南	Yunnan	21166	5640	816	4536
西藏	Tibet	4199	871	238	816
陕西	Shaanxi	19569	3807	796	4145
甘肃	Gansu	14695	3190	604	1884
青海	Qinghai	4445	1162	329	779
宁夏	Ningxia	4659	1174	233	908
新疆	Xinjiang	16598	3602	769	3329

4-2-10 全国广播电视实际创收收入及资产情况
Revenue and Assets of Radio and TV Broadcasting Industry

单位：万元 (10 000 yuan)

年份 Year	实际创收收入 Actual Revenue	#广告收入 Revenue from Advertising	#广播广告收入 Radio Advertising Revenue	#电视广告收入 TV Advertising Revenue
2007	11294081	5999267	656863	5183081
2008	13506431	7016926	722244	6091123
2009	15820227	7817757	814648	6758184
2010	20028538	9399745	995807	7965883
2011	23711781	11228956	1233178	9345355
2012	28033517	12702465	1361954	10462897
2013	32427688	13870071	1399245	11192629
2014	36355079	14644911	1599361	11161883
2015	39522681	15295391	1564218	10651632
2016	43224005	15472245	1458277	10048691
2017	48417556	16512368	1555599	9683447
2018	56396113	18644866	1403677	9588555
2019	67668964	20752728	1212365	8776106

4-2-10 续表 continued

单位：万元 (10 000 yuan)

年份 Year	#有线电视网络收入 Revenue from Network Services	#有线电视收视费收入 Revenue from Subscription of Cable TV Programs	#付费电视收入 Revenue from Pay Digital TV	#三网融合业务收入 Revenue from Three-network Convergence
2007	3059343	2115395	83371	
2008	3694988	2500593	142183	
2009	4188499	2846206	181747	
2010	4874430	3225188	252921	
2011	5637763	3641728	376876	205841
2012	6609791	4083530	448793	376684
2013	7549089	4378749	585982	501372
2014	8272101	4573905	665108	579657
2015	8660586	4751534	702337	845340
2016	9102646	4579214	764358	1223967
2017	8344311	4140032	655596	1028187
2018	7794763	3683780	568467	1114073
2019	7533513	3266825	503951	1161175

4-2-11 分地区广播电视实际创收收入及资产情况(2019年)
Revenue of Radio and TV Broadcasting Industry by Region(2019)

单位：万元 (10 000 yuan)

地 区	Region	实际创收收入 Actual Revenue	#广告收入 Revenue from Advertising	#有线电视网络收入 Revenue from Network Services
全 国	**National Total**	**67668964**	**20752728**	**7533513**
国家广播电视总局	National Radio and Television Administration	338605	17872	40622
中央广播电视总台	China Media Group	6142133	3464994	
其他部门所属单位	Under Other Department	508530	241843	
北 京	Beijing	21113879	6892965	239949
天 津	Tianjin	588559	80392	76851
河 北	Hebei	592842	156291	201571
山 西	Shanxi	358409	88843	87102
内蒙古	Inner Mongolia	206408	33004	134190
辽 宁	Liaoning	397524	129424	211381
吉 林	Jilin	344922	99650	175851
黑龙江	Heilongjiang	352217	121703	160818
上 海	Shanghai	6384039	1785383	363009
江 苏	Jiangsu	3484400	762996	764507
浙 江	Zhejiang	4434781	919712	799347
安 徽	Anhui	661968	289757	133892
福 建	Fujian	1303842	218598	354046
江 西	Jiangxi	408661	129111	140250
山 东	Shandong	1260679	472936	424213
河 南	Henan	544431	147070	143369
湖 北	Hubei	1466801	165315	363322
湖 南	Hunan	3145601	1517243	261556
广 东	Guangdong	7056806	2074263	820607
广 西	Guangxi	410214	59036	221453
海 南	Hainan	382351	63150	43722
重 庆	Chongqing	541487	103962	188934
四 川	Sichuan	1061637	204868	382142
贵 州	Guizhou	992834	153457	323015
云 南	Yunnan	410054	130604	138503
西 藏	Tibet	8540	4951	3423
陕 西	Shaanxi	517536	80000	181266
甘 肃	Gansu	139031	35057	49659
青 海	Qinghai	33929	11141	16109
宁 夏	Ningxia	54999	15937	19652
新 疆	Xinjiang	2020314	81199	69183

4-2-11 续表 continued

单位：万元 (10 000 yuan)

地 区	Region	#新媒体业务收入 revenue New media	#广播电视节目销售收入 Revenue from Sales of Radio and TV Programs	#电视购物频道收入 Revenue from TV Shopping
全 国	**National Total**	**13611569**	**4976616**	**2104671**
国家广播电视总局	National Radio and Television Administration	89784	5758	62
中央广播电视总台	China Media Group	629917	316024	207890
其他部门所属单位	Under Other Department	12373	27990	
北 京	Beijing	6618616	832239	130106
天 津	Tianjin	43847	183122	19879
河 北	Hebei	60638	4746	19
山 西	Shanxi	13222	3517	83403
内蒙古	Inner Mongolia	12381	1239	6
辽 宁	Liaoning	3761	12580	21382
吉 林	Jilin	17560	3721	
黑龙江	Heilongjiang	3988	2044	1559
上 海	Shanghai	1381729	635418	645840
江 苏	Jiangsu	173635	302277	176054
浙 江	Zhejiang	319953	774352	62484
安 徽	Anhui	25245	19670	121305
福 建	Fujian	73845	42791	8174
江 西	Jiangxi	17914	28773	41499
山 东	Shandong	90267	42611	30568
河 南	Henan	78712	590	
湖 北	Hubei	777669	8153	21
湖 南	Hunan	414402	273971	166026
广 东	Guangdong	2332818	94866	49942
广 西	Guangxi	27466	42029	5768
海 南	Hainan	3283	192732	
重 庆	Chongqing	52410	27177	7
四 川	Sichuan	72770	19418	17924
贵 州	Guizhou	22532	3657	206621
云 南	Yunnan	18539	11484	6965
西 藏	Tibet			
陕 西	Shaanxi	25174	11661	78808
甘 肃	Gansu	9620	2876	
青 海	Qinghai	2043		
宁 夏	Ningxia	3634	409	1793
新 疆	Xinjiang	181818	1048720	20566

4-2-12 分地区广播电视行政事业单位财务收支情况(2019年)

Main Financial Indicators of Administrative Organs and Institutions Engaged in Radio and TV Broadcasting(2019)

单位：万元 (10 000元)

地 区	Region	总收入 Total Revenue	财政补助收入 Government Subsidy	事业收入 Revenue from Radio and TV Institutions	经营收入 Business Revenue	其他收入 Other income	总支出 Total Expenditure
全 国	**National Total**	**11718995**	**8019721**	**2591929**	**567540**	**539804**	**11668185**
国家广播电视总局	National Radio and Television Administration	589686	466250	65900		57535	541058
中央广播电视总台	China Media Group	384		383			397
其他部门所属单位	Under Other Department	213421	19779	157253	20972	15417	219787
北 京	Beijing	628191	322166	272274	17830	15921	686280
天 津	Tianjin	138335	72266	55487	3521	7061	172452
河 北	Hebei	340003	296303	36393	2910	4398	317676
山 西	Shanxi	449338	357099	59474	3053	29713	406949
内蒙古	Inner Mongolia	326909	316059	6334	2455	2060	319715
辽 宁	Liaoning	424106	280403	129134	6214	8355	434882
吉 林	Jilin	327312	314801	3717	4365	4430	316153
黑龙江	Heilongjiang	246629	232120	6156	2025	6328	244002
上 海	Shanghai	246643	217011	14424	1590	13618	205813
江 苏	Jiangsu	522366	208866	182313	82709	48478	546029
浙 江	Zhejiang	540064	243397	188857	56407	51403	539750
安 徽	Anhui	522646	345125	155138	1849	20533	584845
福 建	Fujian	283905	225459	39566	1271	17610	275941
江 西	Jiangxi	334510	294866	17660	12889	9095	333945
山 东	Shandong	746200	352146	355663	16832	21559	717698
河 南	Henan	461742	279101	164874	6557	11210	426055
湖 北	Hubei	509363	335523	64233	98466	11141	506137
湖 南	Hunan	288009	177239	72945	15516	22310	286685
广 东	Guangdong	621247	271283	255385	41161	53417	679792
广 西	Guangxi	403856	307565	61330	86	34875	422343
海 南	Hainan	98996	72033	18675	6042	2246	101241
重 庆	Chongqing	78617	72910	1060	2235	2412	80881
四 川	Sichuan	711357	603521	36244	61698	9895	690873
贵 州	Guizhou	172758	155375	7741	411	9232	164102
云 南	Yunnan	276205	194988	72791	2495	5931	278143
西 藏	Tibet	119783	112383	6104	14	1280	111959
陕 西	Shaanxi	247908	162222	16741	61015	7930	258570
甘 肃	Gansu	230385	178581	40750	1737	9317	211394
青 海	Qinghai	107083	102125	1536	2179	1243	126501
宁 夏	Ningxia	77542	54495	18795	1437	2814	86734
新 疆	Xinjiang	433495	376261	6598	29600	21036	373404

4-2-13 分地区广播电视行政事业单位实际创收情况(2019年)
Actual Revenue of Administrative Organs and Institutions Engaged in Radio and TV Broadcasting by Region(2019)

单位：万元 (10 000 yuan)

地 区	Region	实际创收收入 Actual Revenue	#广告收入 Revenue from Advertising	#有线电视网络收入 Revenue from Network Services	#新媒体业务收入 revenue New media	#广播电视节目销售收入 Revenue from Sales of Radio and TV Programs	#电视购物频道收入 Revenue from TV Shopping
全 国	**National Total**	**3998223**	**2712044**	**261332**	**88735**	**25979**	**16850**
国家广播电视总局	National Radio and Television Administration	78053	253				
中央广播电视总台	China Media Group	384					
其他部门所属单位	Under Other Department	189978	112097		10971	3653	
北 京	Beijing	304657	232908	1	4	4496	1
天 津	Tianjin	63407	45703			4566	
河 北	Hebei	45193	38440	357	57		
山 西	Shanxi	141462	78126	12728		18	
内蒙古	Inner Mongolia	48493	32821	344	11381	5	6
辽 宁	Liaoning	147854	97577	33403		2885	597
吉 林	Jilin	105749	93120	2389	6409		
黑龙江	Heilongjiang	27524	16001		25	50	
上 海	Shanghai	10455	6602		33		
江 苏	Jiangsu	314228	177132		3474	1118	400
浙 江	Zhejiang	273475	165843	58455	351	764	56
安 徽	Anhui	194919	171298	16905	188		
福 建	Fujian	49543	34176		600	647	
江 西	Jiangxi	125656	109264	7956	22		
山 东	Shandong	397913	364766		1204	1114	
河 南	Henan	180092	114396	12576	31636	62	
湖 北	Hubei	147601	130690		705	547	
湖 南	Hunan	121364	81413	22404	555	1906	
广 东	Guangdong	338297	160934	72019	3248	2276	250
广 西	Guangxi	96267	54816		266		5768
海 南	Hainan	99631	57407	14			
重 庆	Chongqing	6884	4760	147	213		
四 川	Sichuan	151939	80171	12226	5443	185	8898
贵 州	Guizhou	34660	30063		53		870
云 南	Yunnan	82753	61117	1537	7820		
西 藏	Tibet	6063	4951	946			
陕 西	Shaanxi	84602	74417	1107			
甘 肃	Gansu	38297	22836				
青 海	Qinghai	7420	7054				
宁 夏	Ningxia	21156	12684		3573		
新 疆	Xinjiang	62255	38206	5819	505	1687	4

4-2-14 分地区广播电视行政事业单位资产负债情况(2019年)

Assets and Liabilities of Administrative Organs and Institutions Engaged in Radio and TV Broadcasting by Region(2019)

单位：万元 (10 000 yuan)

地区	Region	资产总额 Total Assets	#固定资产原值 Net Value of Fixed Assets	负债合计 Total Liabilities
全国	**National Total**	**26231893**	**17988413**	**5587992**
国家广播电视总局	National Radio and Television Administration	1212330	1585537	70047
中央广播电视总台	China Media Group	973	795	92
其他部门所属单位	Under Other Department	398003	172954	33892
北京	Beijing	1148723	1078787	72970
天津	Tianjin	682687	497385	66582
河北	Hebei	512693	349220	52635
山西	Shanxi	734808	451652	151647
内蒙古	Inner Mongolia	461602	404160	43012
辽宁	Liaoning	980017	636323	428086
吉林	Jilin	729788	554077	185403
黑龙江	Heilongjiang	415680	331166	41690
上海	Shanghai	821602	432997	41938
江苏	Jiangsu	2790318	1346135	863364
浙江	Zhejiang	1807904	1013789	458297
安徽	Anhui	887557	764770	235316
福建	Fujian	528914	409270	70107
江西	Jiangxi	512739	297177	76127
山东	Shandong	1814082	1251097	341895
河南	Henan	1011881	727186	140256
湖北	Hubei	942684	478192	615452
湖南	Hunan	601155	384589	142995
广东	Guangdong	1973560	1175222	471892
广西	Guangxi	731907	467299	227816
海南	Hainan	178702	110077	11947
重庆	Chongqing	116388	102287	7924
四川	Sichuan	1308318	756758	237854
贵州	Guizhou	353891	259236	42098
云南	Yunnan	537187	470241	208780
西藏	Tibet	159616	118869	6336
陕西	Shaanxi	421612	315876	99070
甘肃	Gansu	435725	272150	21367
青海	Qinghai	214030	178883	12402
宁夏	Ningxia	182241	127497	54628
新疆	Xinjiang	622580	466761	54071

4-2-15 分地区广播电视企业单位经营情况(2019年)
Main Financial Indicators of Enterprises Engaged in Radio and TV Broadcasting by Region(2019)

单位：万元 (10 000 yuan)

地 区	Region	总收入 Total Revenue	#营业收入 Revenue from Principal Business	本年应缴税金 Value Tax Payable	营业利润 Principal Profits	本年新增固定资产 Newly Increased Fixed Assets
全 国	**National Total**	**69355469**	**67714688**	**3173865**	**2409914**	**2908985**
国家广播电视总局	National Radio and Television Administration	264258	252220	7143	-48958	15644
中央广播电视总台	China Media Group	6260469	5848231	263687	1661286	129920
其他部门所属单位	Under Other Department	403271	384400	14103	32541	5913
北 京	Beijing	22955773	22752154	1570305	-752384	176179
天 津	Tianjin	564346	544271	23842	29166	12832
河 北	Hebei	664880	617188	12613	39510	56452
山 西	Shanxi	242994	232812	5514	-10016	12747
内蒙古	Inner Mongolia	224375	212507	36054	10748	1707
辽 宁	Liaoning	276793	265598	12188	2156	47594
吉 林	Jilin	239894	234140	1380	34955	90755
黑龙江	Heilongjiang	364220	344209	349	-63910	30834
上 海	Shanghai	7125739	7050538	224499	-271004	257675
江 苏	Jiangsu	3243885	3128683	122613	208661	471971
浙 江	Zhejiang	4530200	4433529	204782	200993	178424
安 徽	Anhui	492443	479546	9119	6784	29579
福 建	Fujian	1343994	1282404	42545	29858	57189
江 西	Jiangxi	291601	287121	5271	12044	17954
山 东	Shandong	980982	963648	31376	55150	51994
河 南	Henan	377575	366520	-1126	-40633	28289
湖 北	Hubei	1438548	1383682	16477	-77958	154521
湖 南	Hunan	3153805	3108237	96934	124128	96611
广 东	Guangdong	7181054	7040516	122179	748478	290045
广 西	Guangxi	368335	356335	6888	28619	126651
海 南	Hainan	300215	293600	92989	-1928	1786
重 庆	Chongqing	588566	572399	31268	77359	68735
四 川	Sichuan	1485587	1408682	55661	35522	131885
贵 州	Guizhou	950389	905552	19532	52337	246023
云 南	Yunnan	385173	365699	30311	25802	38944
西 藏	Tibet	2673	2470	19	-547	25
陕 西	Shaanxi	489920	483947	5324	12813	36555
甘 肃	Gansu	109679	93322	1375	-31532	16113
青 海	Qinghai	20420	17919	-907	-5213	2028
宁 夏	Ningxia	59620	43045	1761	-5163	4319
新 疆	Xinjiang	1973795	1959564	107799	290250	21094

4-2-16 分地区广播电视企业单位创收情况(2019年)

Actual Revenue of Enterprises Engaged in Radio and TV Broadcasting by Region(2019)

单位：万元 (10 000 yuan)

地 区	Region	实际创收收入 Actual Revenue	#广告收入 Revenue from Advertising	#有线电视网络收入 Revenue from Network Services	#新媒体业务收入 revenue New media	#广播电视节目销售收入 Revenue from Sales of Radio and TV Programs	#电视购物频道收入 Revenue from TV Shopping
全 国	**National Total**	**63670741**	**18040683**	**7272181**	**13522834**	**4950637**	**2087821**
国家广播电视总局	National Radio and Television Administration	260552	17619	40622	89784	5758	62
中央广播电视总台	China Media Group	6141750	3464994		629917	316024	207890
其他部门所属单位	Under Other Department	318552	129747		1401	24337	
北 京	Beijing	20809222	6660057	239948	6618612	827744	130105
天 津	Tianjin	525152	34689	76851	43847	178556	19879
河 北	Hebei	547649	117850	201214	60581	4746	19
山 西	Shanxi	216947	10716	74374	13222	3500	83403
内蒙古	Inner Mongolia	157915	183	133846	1000	1234	
辽 宁	Liaoning	249671	31848	177979	3761	9695	20785
吉 林	Jilin	239173	6530	173463	11151	3721	
黑龙江	Heilongjiang	324693	105701	160818	3962	1994	1559
上 海	Shanghai	6373585	1778781	363009	1381696	635418	645840
江 苏	Jiangsu	3170172	585864	764507	170161	301160	175654
浙 江	Zhejiang	4161306	753869	740891	319603	773588	62428
安 徽	Anhui	467049	118459	116987	25057	19670	121305
福 建	Fujian	1254300	184421	354046	73245	42144	8174
江 西	Jiangxi	283006	19846	132294	17892	28773	41499
山 东	Shandong	862766	108171	424213	89063	41497	30568
河 南	Henan	364339	32673	130793	47076	529	
湖 北	Hubei	1319200	34625	363322	776964	7606	21
湖 南	Hunan	3024238	1435830	239151	413848	272065	166026
广 东	Guangdong	6718508	1913329	748588	2329570	92589	49692
广 西	Guangxi	313947	4220	221453	27199	42029	
海 南	Hainan	282720	5742	43708	3283	192732	
重 庆	Chongqing	534603	99203	188787	52197	27177	7
四 川	Sichuan	909698	124697	369916	67327	19233	9026
贵 州	Guizhou	958174	123394	323015	22479	3657	205751
云 南	Yunnan	327301	69487	136966	10719	11484	6965
西 藏	Tibet	2477		2477			
陕 西	Shaanxi	432933	5583	180159	25174	11661	78808
甘 肃	Gansu	100734	12221	49659	9620	2876	
青 海	Qinghai	26509	4087	16109	2043		
宁 夏	Ningxia	33843	3253	19652	61	409	1793
新 疆	Xinjiang	1958058	42993	63363	181314	1047033	20562

4-2-17 分地区广播电视企业单位资产负债情况(2019年)
Assets and Liabilities of Enterprises Engaged in Radio and TV Broadcasting by Region(2019)

单位：万元 (10 000 yuan)

地区	Region	资产总额 Total Assets	#固定资产净值 Net Value of Fixed Assets	负债总额 Total Liabilities
全国	**National Total**	**192137737**	**20584767**	**109740233**
国家广播电视总局	National Radio and Television Administration	2074611	127717	1065365
中央广播电视总台	China Media Group	18743489	1294891	2557804
其他部门所属单位	Under Other Department	1074634	40165	238355
北京	Beijing	46222919	1442897	34574122
天津	Tianjin	2199762	267239	1590457
河北	Hebei	2296605	556986	1568486
山西	Shanxi	569857	125816	362812
内蒙古	Inner Mongolia	773584	564742	302878
辽宁	Liaoning	1169421	483730	733420
吉林	Jilin	2561290	592785	1255609
黑龙江	Heilongjiang	1461653	473468	948337
上海	Shanghai	15927705	1207457	10201819
江苏	Jiangsu	13796862	2562885	6271721
浙江	Zhejiang	19444081	1390452	9645067
安徽	Anhui	1030789	331736	654239
福建	Fujian	2475616	494090	1385998
江西	Jiangxi	759179	155017	569867
山东	Shandong	2861891	938562	1439940
河南	Henan	1525229	492041	1131082
湖北	Hubei	3673565	952038	2159169
湖南	Hunan	8380178	979168	3739880
广东	Guangdong	21850360	1238357	13842805
广西	Guangxi	1139978	459277	623638
海南	Hainan	605545	15900	527007
重庆	Chongqing	1536046	359036	1022979
四川	Sichuan	4337918	1035829	2697803
贵州	Guizhou	2383691	658806	1418014
云南	Yunnan	1566219	411305	1054864
西藏	Tibet	5364	3323	1838
陕西	Shaanxi	1829960	465127	899335
甘肃	Gansu	1294907	243014	1045291
青海	Qinghai	68653	46928	29865
宁夏	Ningxia	371894	29857	195112
新疆	Xinjiang	6124283	144126	3985255

4-2-18　全国电视节目进口情况
Basic Statistics on Imported and Exported TV Programs

单位：万元　　(10 000 yuan)

年　份 Year	电视节目进口额 Value of Imported TV Programs	#电视剧 TV Plays	#动画电视 Cartoon
2007	32067	10757	981
2008	45421	24293	878
2009	49146	26887	128
2010	43047	21450	247
2011	54099	34564	702
2012	62534	39584	1489
2013	58658	24498	4432
2014	209024	169807	11028
2015	99398	29466	44472
2016	209872	81500	105645
2017	190278	81453	82254
2018	360621	80657	250634
2019	164302	33793	108290

4-2-19　全国电视节目进出口情况(2019年)
Basic Statistics on Imported and Exported TV Programs(2019)

指　标	Item	合计 Total	欧洲 Europe	美洲 America
全年电视节目进口总额(万元)	**Value of Imported TV Programs (10 000 yuan)**	**164302**	**26281**	**75818**
#电视剧	TV Play	33793	1639	3558
动画电视	Cartoon	108290	18568	62249
纪录片	Documentary	7522	2914	2842
全年电视节目进口量(小时)	**Time of Imported TV Programs (hour)**	**16182**	**1871**	**7677**
#电视剧(部)	TV Play (set)	143	23	11
#电视剧(集)	TV Play (set)	2539	180	252
动画电视(小时)	Cartoon (hour)	6706	664	1725
纪录片(小时)	Documentary (hour)	1378	628	499

4-2-19 续表 1 continued

指 标	Item	#美国 United States	亚洲 Asia	#日本 Japan	#韩国 Republic of Korea
全年电视节目进口总额(万元)	**Value of Imported TV Programs (10 000 yuan)**	**73392**	**61747**	**28766**	**1527**
#电视剧	TV Play	3105	28596	2212	1203
动画电视	Cartoon	61065	27403	26184	324
纪录片	Documentary	2746	1486	150	
全年电视节目进口量(小时)	**Time of Imported TV Programs (hour)**	**7354**	**6522**	**4579**	**70**
#电视剧(部)	TV Play (set)	9	109	33	2
#电视剧(集)	TV Play (set)	156	2107	268	34
动画电视(小时)	Cartoon (hour)	1611	4313	4248	45
纪录片(小时)	Documentary (hour)	417	226	37	

4-2-19 续表 2 continued

指 标	Item	#东南亚 Southeast Asia	#中国香港 Hong Kong China	#中国台湾 Taiwan, China	大洋洲 Oceania
全年电视节目进口总额(万元)	**Value of Imported TV Programs (10 000 yuan)**	**5438**	**23151**	**2787**	**457**
#电视剧	TV Play	5384	17214	2572	
动画电视	Cartoon		895		70
纪录片	Documentary		1270		281
全年电视节目进口量(小时)	**Time of Imported TV Programs (hour)**	**1122**	**580**	**163**	**112**
#电视剧(部)	TV Play (set)	60	5	8	
#电视剧(集)	TV Play (set)	1483	115	197	
动画电视(小时)	Cartoon (hour)		20		5
纪录片(小时)	Documentary (hour)		189		25

4-2-20 分地区电视节目进出口情况(2019年)
Basic Statistics on Imported and Exported TV Programs by Region(2019)

地区	Region	全年电视节目进口总额(万元) Value of Imported TV Programs (10 000 yuan)	#电视剧 TV Play	#动画电视 Cartoon	全年电视节目进口量(小时) Time of Imported TV Programs (hour)	进口电视剧 Imported TV Plays 部 set	集 part
全 国	**National Total**	**164302**	**33793**	**108290**	**16182**	**143**	**2539**
中央广播电视总台	China Media Group	8128	658	1969	3543	7	148
其他部门所属单位	Under Other Department	11185			692		
北 京	Beijing	129422	31236	95281	8375	107	1631
天 津	Tianjin	1956	1796	160	389	21	495
河 北	Hebei						
山 西	Shanxi						
内蒙古	Inner Mongolia						
辽 宁	Liaoning						
吉 林	Jilin						
黑龙江	Heilongjiang						
上 海	Shanghai	178			184		
江 苏	Jiangsu						
浙 江	Zhejiang						
安 徽	Anhui						
福 建	Fujian						
江 西	Jiangxi						
山 东	Shandong	10	10		8	1	10
河 南	Henan						
湖 北	Hubei						
湖 南	Hunan						
广 东	Guangdong	2913	34	429	2830	2	42
广 西	Guangxi				38	1	50
海 南	Hainan						
重 庆	Chongqing						
四 川	Sichuan	10451		10451	2		
贵 州	Guizhou	59	59		122	4	163
云 南	Yunnan						
西 藏	Tibet						
陕 西	Shaanxi						
甘 肃	Gansu						
青 海	Qinghai						
宁 夏	Ningxia						
新 疆	Xinjiang						

4-2-21 全国电影发展情况
Basic Statistics on Film Industry

年 份 Year	生产故事影片（部） Feature Films (reel)	生产动画影片（部） Cartoons (reel)	生产科教影片（部） Popular Science Films (reel)	生产纪录影片（部） Documentary Films (reel)	生产特种影片（部） Special Films (reel)	电影院线 Movie Circuit 数量（条） Number of Movie Circuit (line)
2007	402	6	34	9		34
2008	406	16	39	16	2	34
2009	456	27	52	19	4	37
2010	526	16	54	16	9	37
2011	558	24	76	26	5	39
2012	745	33	74	15	26	40
2013	638	29	121	18	18	42
2014	618	40	52	25	23	45
2015	686	51	96	38	17	46
2016	772	49	67	32	24	48
2017	798	32	68	44	28	48
2018	902	51	61	57	11	48
2019	850	51	74	47	15	50

4-2-21 续表 continued

年 份 Year	院线内影院（家） Cinemas in Movie Circuit (unit)	银幕（块） Screens in Movie Circuit (unit)	全国电影票房收入（亿元） Domestic Movie Box Office Revenue (100 million yuan)	国产电影票房收入（亿元） Chinese Movies (100 million yuan)	进口电影票房收入（亿元） Imported Movies (100 million yuan)
2007	1427	3527	67.3		
2008	1545	4097	84.3		
2009	1687	4723	106.7		
2010	1820	6256	157.2		
2011	2803	9286	177.5		
2012		13118	208.2		
2013		18195	217.7	127.7	90.0
2014		23600	296.4	161.6	134.8
2015	6395	31600	440.7	271.4	169.3
2016	8011	41129	492.8	287.5	205.4
2017	9293	50776	559.1	301.0	258.1
2018	10955	60079	609.8	379.0	230.8
2019	12408	69787	642.7	411.8	230.9

4-3-1 博物馆基本情况
Basic Statistics on Museums

年 份 Year	机构数 (个) Number of Institutions (unit)	从业人员 (人) Number of Engaged Persons (person)	藏品数 (件/套) Number of Collections (piece/set)	基本陈列、展览 (个) Displays and Exhibitions (unit)
2007	1722	42636	13760448	7689
2008	1893	51587	14554158	8364
2009	2252	59919	15711150	14057
2010	2435	57431	17552482	26704
2011	2650	62181	19023423	16921
2012	3069	71748	23180726	20115
2013	3473	79075	27191601	16822
2014	3658	83970	29299673	19565
2015	3852	89133	30441422	21154
2016	4109	93431	33293561	23109
2017	4721	105079	36623080	24611
2018	4918	107506	37540740	26346
2019	5132	107993	39548334	28701

4-3-1 续表 continued

年 份 Year	参观人次 (万人次) Spectators (10 000 person-times)	实际使用房屋建筑面积 (万平方米) Floor Space of Buildings Actually Used (10 000 sq.m)	收入合计 (万元) Total Revenue (10 000 yuan)	支出合计 (万元) Total Expenditure (10 000 yuan)
2007	25625	676	506375	472082
2008	28328	748	609161	572440
2009	32716	967	765924	700720
2010	40679	1088	961176	878727
2011	47051	1179	1205789	1171131
2012	56401	1471	1492024	1424802
2013	63777	1700	1755739	1706897
2014	71774	1933	1955512	1874197
2015	78112	2034	2169987	2167639
2016	85061	2185	2348521	2286951
2017	97172	2668	3255558	3306813
2018	104404	2791	3043180	3084586
2019	112225	2959	3376342	3391845

4-3-2 分地区博物馆基本情况(2019年)
Basic Statistics on Museums by Region(2019)

地 区	Region	机构数(个) Number of Institutions (unit)	从业人员(人) Number of Engaged Persons (person)	#专业技术人员 Professional Technical Staff	藏品数(件/套) Number of Collections (piece/set)	基本陈列、展览(个) Displays and Exhibitions (unit)
全 国	**National Total**	**5132**	**107993**	**39312**	**39548334**	**28701**
中央本级	Central-level	3	2402	1630	3306602	115
北 京	Beijing	81	3786	1191	2033344	501
天 津	Tianjin	68	1465	632	711945	458
河 北	Hebei	136	4017	1303	395093	763
山 西	Shanxi	158	4438	1439	1374537	521
内蒙古	Inner Mongolia	125	1839	908	959532	589
辽 宁	Liaoning	65	2080	932	583427	434
吉 林	Jilin	107	1586	865	641163	568
黑龙江	Heilongjiang	193	2668	1138	997004	938
上 海	Shanghai	98	3047	1743	2026851	701
江 苏	Jiangsu	345	7286	2559	1886594	2042
浙 江	Zhejiang	366	6041	1950	1430036	2365
安 徽	Anhui	219	3195	1179	825635	1064
福 建	Fujian	130	2691	1004	679751	1298
江 西	Jiangxi	143	3347	1145	448155	721
山 东	Shandong	541	8319	3093	4380555	2958
河 南	Henan	340	7400	2046	1148305	1574
湖 北	Hubei	213	4218	1949	2039685	1140
湖 南	Hunan	117	3082	892	633889	526
广 东	Guangdong	241	4472	2107	1218419	2394
广 西	Guangxi	131	2201	926	315125	571
海 南	Hainan	27	601	159	147964	202
重 庆	Chongqing	104	3046	979	556678	635
四 川	Sichuan	256	6659	1713	4067408	1195
贵 州	Guizhou	91	1573	387	113495	288
云 南	Yunnan	140	1838	991	1552840	882
西 藏	Tibet	7	215	78	66343	6
陕 西	Shaanxi	294	8881	2235	3845472	1168
甘 肃	Gansu	224	3202	1367	527235	1546
青 海	Qinghai	24	390	172	67365	66
宁 夏	Ningxia	55	824	239	341655	196
新 疆	Xinjiang	90	1184	361	226232	276

4-3-2 续表 1 continued

地 区	Region	参观人次(万人次) Spectators (10 000 person-times)	门票销售总额(万元) Sales of Admission Tickets (10 000 yuan)	收入合计(万元) Total Revenue (10 000 yuan)	支出合计(万元) Total Expenditure (10 000 yuan)	资产总计(万元) Total Assets (10 000 yuan)
全 国	**National Total**	**112225**	**527591**	**3376342**	**3391845**	**14476466**
中央本级	Central-level	2543	73795	197203	181688	459891
北 京	Beijing	2489	17499	191308	192359	612993
天 津	Tianjin	1487	3408	39091	43020	350245
河 北	Hebei	3407	10224	65244	66967	286395
山 西	Shanxi	2461	18154	104431	103373	485436
内蒙古	Inner Mongolia	1484	227	53252	57005	307556
辽 宁	Liaoning	2241	15313	56581	50827	278250
吉 林	Jilin	1121	4515	39033	36672	87489
黑龙江	Heilongjiang	2218	69	39191	36840	253727
上 海	Shanghai	2768	44166	248180	215412	1083822
江 苏	Jiangsu	10034	32263	249330	256844	1462019
浙 江	Zhejiang	8030	7020	185726	248834	1793389
安 徽	Anhui	2979	1092	71510	81171	265875
福 建	Fujian	4167	388	66688	67981	147234
江 西	Jiangxi	3792	692	69044	63622	187698
山 东	Shandong	7658	13007	163157	164229	1006049
河 南	Henan	6429	7242	106389	113719	379324
湖 北	Hubei	4110	1259	111281	112266	300841
湖 南	Hunan	6412	886	147820	153562	425318
广 东	Guangdong	6861	21451	299703	231468	967483
广 西	Guangxi	1994	91	39440	45900	140143
海 南	Hainan	359		67717	66356	146629
重 庆	Chongqing	3793	11277	82728	106129	260471
四 川	Sichuan	7219	40046	162541	159802	888892
贵 州	Guizhou	1846	4	18298	17416	68598
云 南	Yunnan	2407	234	50300	46990	277984
西 藏	Tibet	17		33643	10652	70939
陕 西	Shaanxi	6793	157786	228046	284486	765922
甘 肃	Gansu	3325	36263	113039	112639	520276
青 海	Qinghai	232		24759	18130	51320
宁 夏	Ningxia	852	7718	17163	13735	71446
新 疆	Xinjiang	697	1505	34506	31754	72812

4-3-2 续表 2 continued

地 区	Region	#固定资产原价 Original Value of Fixed Assets	实际使用房屋建筑面积(万平方米) Floor Space of Buildings Actually Used (10 000 sq.m)	#展览用房 Buildings for Exhibitions	#库房 Storeroom
全 国	**National Total**	**8714139**	**2959.06**	**1381.76**	**239.09**
中央本级	Central-level	495597	49.34	9.92	5.74
北 京	Beijing	512614	92.83	40.90	5.60
天 津	Tianjin	249194	31.57	15.97	3.03
河 北	Hebei	271989	78.27	42.65	4.26
山 西	Shanxi	198468	90.87	38.25	7.17
内蒙古	Inner Mongolia	298641	75.33	37.56	4.84
辽 宁	Liaoning	237584	51.78	27.89	6.02
吉 林	Jilin	58209	44.92	24.68	3.90
黑龙江	Heilongjiang	234646	68.63	42.67	5.14
上 海	Shanghai	599106	84.69	36.91	6.81
江 苏	Jiangsu	934988	277.96	125.91	14.79
浙 江	Zhejiang	484608	176.96	87.59	14.20
安 徽	Anhui	191494	95.91	46.06	7.37
福 建	Fujian	83247	96.90	32.19	5.38
江 西	Jiangxi	147861	68.09	35.77	5.37
山 东	Shandong	758638	283.51	148.98	28.98
河 南	Henan	300762	121.43	66.40	12.69
湖 北	Hubei	151519	274.50	98.89	23.91
湖 南	Hunan	159487	63.48	27.27	6.70
广 东	Guangdong	348641	148.01	59.45	10.96
广 西	Guangxi	99120	58.08	26.71	4.58
海 南	Hainan	22159	16.48	5.03	1.63
重 庆	Chongqing	139091	71.30	37.35	5.27
四 川	Sichuan	504065	143.81	73.64	11.27
贵 州	Guizhou	29245	31.80	16.54	2.53
云 南	Yunnan	106716	60.49	28.41	5.70
西 藏	Tibet	2812	8.42	0.63	0.16
陕 西	Shaanxi	547961	135.86	62.48	12.43
甘 肃	Gansu	404632	89.50	43.57	8.15
青 海	Qinghai	46432	9.99	5.23	0.72
宁 夏	Ningxia	53282	23.70	15.28	1.36
新 疆	Xinjiang	41330	34.69	21.01	2.43

4-3-3 群众文化机构基本情况
Basic Statistics on Mass Cultural Institutions

年 份 Year	机构数（个） Number of Institutions (unit)	从业人员（人） Number of Engaged Persons (person)	组织文艺活动次数（次） Number of Art and Cultural Activities (time)	举办训练班次（次） Number of Training Courses (time)	举办展览个数（个） Number of Exhibitions (unit)	收入合计（万元） Total Revenue (10 000 yuan)	支出合计（万元） Total Expenditure (10 000 yuan)	实际使用房屋建筑面积（万平方米） Floor Space of Buildings Actually Used (10 000 sq.m)
2007	40601	128096	546477	242055	90900	548301	575722	1667
2008	41156	131142	473613	299791	100877	660111	653613	1931
2009	41959	137484	555052	304955	110251	807244	794190	2194
2010	43382	141002	576799	358719	117353	944397	931951	2527
2011	43675	147732	620586	339883	107785	1285601	1267505	2983
2012	43876	156228	688482	387201	114774	1453601	1467803	3172
2013	44260	164355	740611	390758	138225	1667594	1635395	3389
2014	44423	170299	845421	469300	131728	1901726	1828632	3686
2015	44291	173499	959901	536328	139792	2077606	2014894	3848
2016	44497	182030	1065287	590516	150128	2272289	2183721	3991
2017	44521	180911	1114261	675852	154106	2533892	2562411	4107
2018	44464	185636	1231269	768995	158742	2955019	3057577	4283
2019	44073	190068	1359460	889247	163968	2998761	3094571	4518

4-3-4 分地区群众文化机构基本情况(2019年)
Basic Statistics on Mass Cultural Institutions by Region(2019)

地 区	Region	机构数(个) Number of Institutions (unit)	从业人员(人) Number of Engaged Persons (person)	#专业技术人员 Professional Technical Staff	组织文艺活动次数(次) Number of Art and Cultural Activities (time)	组织文艺活动观众人次(万人次) Attending Art and Cultural Activities (10 000 person-times)
全 国	**National Total**	**44073**	**190068**	**76272**	**1359460**	**60136.8**
北 京	Beijing	354	3437	682	47132	1338.3
天 津	Tianjin	261	1372	531	19209	379.1
河 北	Hebei	2435	7390	2518	52703	1846.2
山 西	Shanxi	1540	4385	1771	27172	1232.0
内蒙古	Inner Mongolia	1206	5091	2607	22256	1041.0
辽 宁	Liaoning	1546	4946	2123	30519	908.5
吉 林	Jilin	981	4364	2579	15842	572.8
黑龙江	Heilongjiang	1430	4972	2366	25307	881.0
上 海	Shanghai	242	4907	1227	75932	1677.5
江 苏	Jiangsu	1372	7654	3257	77304	2965.4
浙 江	Zhejiang	1464	7960	3799	148863	7498.3
安 徽	Anhui	1560	5958	3106	52889	2665.1
福 建	Fujian	1219	4097	1462	22273	1007.3
江 西	Jiangxi	1854	6351	2157	26981	1205.4
山 东	Shandong	1972	8445	4382	121579	4789.0
河 南	Henan	2663	11225	2800	68620	2951.7
湖 北	Hubei	1405	5162	2679	41465	1893.3
湖 南	Hunan	2512	8931	3278	34387	1854.9
广 东	Guangdong	1759	12752	3764	75484	7316.0
广 西	Guangxi	1298	5145	2865	41910	2367.6
海 南	Hainan	242	802	244	3762	263.1
重 庆	Chongqing	1069	5236	1761	33324	1691.9
四 川	Sichuan	4617	11243	3705	74435	2982.3
贵 州	Guizhou	1698	10907	2867	26595	1419.1
云 南	Yunnan	1599	9487	5700	36225	2184.1
西 藏	Tibet	774	5972	3543	9899	281.0
陕 西	Shaanxi	1498	7031	2780	30490	1352.0
甘 肃	Gansu	1491	6454	1934	21918	959.0
青 海	Qinghai	443	1447	554	8524	553.9
宁 夏	Ningxia	272	1396	734	12044	462.5
新 疆	Xinjiang	1297	5549	2497	74417	1597.3

4-3-4 续表 1 continued

地 区	Region	举办训练班 Training Courses		举办展览 Exhibitions		收入合计（万元） Total Revenue (10 000 yuan)
		班次（次） Number of Training Courses (time)	培训人次（万人次） Attending Training (10 000 person-times)	个数（个） Number of Exhibitions (time)	参观人次（万人次） Visitors (10 000 person-times)	
全 国	**National Total**	**889247**	**5404.0**	**163968**	**12464.5**	**2998761**
北 京	Beijing	49603	302.2	1826	126.0	108281
天 津	Tianjin	15984	74.8	1239	100.0	30780
河 北	Hebei	26287	144.9	5350	310.1	66702
山 西	Shanxi	19573	125.1	3778	258.7	38122
内蒙古	Inner Mongolia	16884	94.4	2871	178.6	50483
辽 宁	Liaoning	26126	129.4	2612	108.1	63068
吉 林	Jilin	15236	110.8	1841	81.6	46943
黑龙江	Heilongjiang	12628	77.2	2633	157.9	47230
上 海	Shanghai	95908	532.7	4379	553.1	243053
江 苏	Jiangsu	47985	279.7	9438	626.4	206928
浙 江	Zhejiang	106079	629.1	17739	1703.2	268639
安 徽	Anhui	32598	237.5	7510	443.0	86199
福 建	Fujian	23046	130.2	4561	506.6	60104
江 西	Jiangxi	16724	87.2	4403	267.3	61062
山 东	Shandong	64975	438.2	11654	1251.7	108491
河 南	Henan	29049	199.0	10379	610.2	85745
湖 北	Hubei	21505	163.1	6332	453.3	162301
湖 南	Hunan	23088	148.3	5958	511.9	89636
广 东	Guangdong	85036	478.3	9731	1142.5	368950
广 西	Guangxi	14050	81.7	3219	226.7	62785
海 南	Hainan	3704	20.2	374	43.6	15800
重 庆	Chongqing	25593	183.8	6767	483.9	89937
四 川	Sichuan	38891	187.1	12328	768.7	147862
贵 州	Guizhou	11990	68.7	3416	243.4	96280
云 南	Yunnan	16186	142.9	5275	402.7	106356
西 藏	Tibet	2270	14.4	1308	34.4	50165
陕 西	Shaanxi	15477	115.3	5264	266.2	62006
甘 肃	Gansu	10939	85.4	4929	286.9	67326
青 海	Qinghai	2537	12.8	1160	64.4	34880
宁 夏	Ningxia	3827	20.8	756	45.5	20958
新 疆	Xinjiang	15469	88.8	4938	208.0	51691

4-3-4 续表 2 continued

地 区	Region	支出合计（万元） Total Expenditure (10 000 yuan)	资产总计（万元） Total Assets (10 000 yuan)	#固定资产原价 Original Value of Fixed Assets	实际使用房屋建筑面积（万平方米） Floor Space of Buildings Actually Used (10 000 sq.m)	#业务用房面积 Buildings for Mass Cultural Activities
全 国	**National Total**	**3094571**	**7556567**	**6466777**	**4518.18**	**3295.21**
北 京	Beijing	113897	141421	127330	92.20	65.60
天 津	Tianjin	34018	63865	65298	43.22	30.71
河 北	Hebei	67487	166277	154084	135.21	97.39
山 西	Shanxi	42664	101377	93171	98.81	75.93
内蒙古	Inner Mongolia	55941	170678	142674	86.59	59.98
辽 宁	Liaoning	65095	140220	122219	114.13	68.22
吉 林	Jilin	51130	92821	82407	62.72	37.90
黑龙江	Heilongjiang	46557	81014	78609	88.46	60.12
上 海	Shanghai	230670	317495	261139	138.45	105.01
江 苏	Jiangsu	186290	558500	495082	611.66	486.79
浙 江	Zhejiang	283997	785114	732091	491.95	360.02
安 徽	Anhui	88825	278804	237780	119.50	97.79
福 建	Fujian	63100	164459	138795	124.70	94.13
江 西	Jiangxi	64275	211933	185949	116.94	84.71
山 东	Shandong	115249	283859	254055	279.81	197.41
河 南	Henan	85795	142319	134407	160.96	119.15
湖 北	Hubei	157686	504234	309671	156.33	106.99
湖 南	Hunan	91137	181458	164607	164.02	119.84
广 东	Guangdong	388200	745166	640947	425.38	310.93
广 西	Guangxi	73525	163934	158239	78.17	55.47
海 南	Hainan	14920	41783	29906	13.90	9.97
重 庆	Chongqing	92374	204498	183633	96.80	72.36
四 川	Sichuan	146768	387998	346730	226.43	175.52
贵 州	Guizhou	121519	502496	313538	93.73	63.94
云 南	Yunnan	112832	178908	151082	110.13	79.03
西 藏	Tibet	50374	201618	191554	42.02	30.96
陕 西	Shaanxi	63918	370749	352616	98.95	71.13
甘 肃	Gansu	66790	110252	99447	80.82	56.33
青 海	Qinghai	43291	55785	46819	20.96	14.81
宁 夏	Ningxia	22111	44345	41616	30.95	17.67
新 疆	Xinjiang	54140	163189	131281	114.30	69.41

4-3-5 公共图书馆基本情况
Basic Statistics on Public Libraries

年 份 Year	机构数（个） Number of Institutions (unit)	从业人员（人） Number of Engaged Persons (person)	总藏量（万册件） Total Collections (10 000 copies)	总流通人次（万人次） Total Number of Circulation (10 000 person-times)	#外借人次 Borrowing from Libraries
2007	2799	54650	52053	26103	11454
2008	2820	52021	55064	28141	12251
2009	2850	52688	58521	32167	13277
2010	2884	53564	61726	32823	13934
2011	2952	54475	63896	37423	15316
2012	3076	54997	68827	43437	17402
2013	3112	56320	74896	49232	20552
2014	3117	56071	79092	53036	22737
2015	3139	56422	83844	58892	23085
2016	3153	57208	90163	66037	24892
2017	3166	57567	96953	74450	25503
2018	3176	57602	103716	82032	25814
2019	3196	57796	111181	90135	26609

4-3-5 续表 continued

年 份 Year	书刊文献外借册次（万册次） Number of Books and Periodicals Lent to Readers (10 000 copy-times)	有效借书证数（万个） Number of Active Library Cards Distributed (10 000 units)	收入合计（万元） Total Revenue (10 000 yuan)	支出合计（万元） Total Expenditure (10 000 yuan)	实际使用公用房屋建筑面积（万平方米） Floor Space of Buildings Actually Used (10 000 sq.m)
2007	21319	1273	450512	431326	741
2008	23129	1454	531926	519841	780
2009	25857	1749	613175	606630	850
2010	26392	2020	646085	643629	900
2011	28452	2214	813232	776839	995
2012	33191	2485	1002068	977556	1058
2013	40868	2877	1151163	1130035	1158
2014	46734	3944	1212979	1163583	1232
2015	50896	5721	1358370	1340481	1301
2016	54725	5593	1494998	1451469	1424
2017	55091	6736	1801357	1692580	1515
2018	58010	7263	1829159	1876015	1596
2019	61373	8627	1912115	1928714	1700

4-3-6 分地区公共图书馆基本情况(2019年)
Basic Statistics on Public Libraries by Region(2019)

地 区	Region	机构数(个) Number of Institutions (unit)	从业人员(人) Number of Engaged Persons (person)	#专业技术人员 Professional Technical Staff	总藏量(万册件) Total Collections (10 000 copies)	#图书 Books
全 国	**National Total**	**3196**	**57796**	**40408**	**111180.9**	**88920.8**
北 京	Beijing	23	1218	1009	3012.3	2805.9
天 津	Tianjin	29	1060	886	2099.2	1827.7
河 北	Hebei	173	1892	1299	3063.6	2580.0
山 西	Shanxi	128	1670	1051	2026.2	1627.1
内蒙古	Inner Mongolia	117	1795	1480	1996.0	1682.9
辽 宁	Liaoning	130	2423	1830	4395.1	3604.6
吉 林	Jilin	66	1566	1280	2168.0	1820.8
黑龙江	Heilongjiang	110	1594	1347	2319.1	1892.2
上 海	Shanghai	23	2164	1871	8062.8	3759.5
江 苏	Jiangsu	117	3617	2376	9887.0	8657.4
浙 江	Zhejiang	103	4055	2131	9432.9	8424.6
安 徽	Anhui	127	1509	968	3122.5	2705.0
福 建	Fujian	94	1612	1024	4253.5	3435.4
江 西	Jiangxi	114	1372	874	2659.0	2165.2
山 东	Shandong	154	2816	2235	6615.6	5602.0
河 南	Henan	164	2910	1662	3409.4	2855.0
湖 北	Hubei	116	2101	1644	4220.8	3546.6
湖 南	Hunan	141	2063	1480	3566.9	2974.3
广 东	Guangdong	146	4729	2998	10542.5	9068.0
广 西	Guangxi	116	1680	1260	2901.5	2307.8
海 南	Hainan	24	316	228	597.9	529.1
重 庆	Chongqing	43	984	603	1901.3	1562.5
四 川	Sichuan	206	2295	1378	4171.7	3418.5
贵 州	Guizhou	98	1088	796	1606.0	1339.9
云 南	Yunnan	151	1785	1594	2338.3	1727.7
西 藏	Tibet	81	185	117	244.7	206.6
陕 西	Shaanxi	111	2383	1300	2096.8	1764.6
甘 肃	Gansu	104	1433	886	1700.3	1309.0
青 海	Qinghai	52	469	267	494.1	398.1
宁 夏	Ningxia	27	586	403	749.4	549.0
新 疆	Xinjiang	107	1015	805	1489.9	1224.0

注：全国合计数中包括1个中央级公共图书馆。

a)Data of national total libiaries include one central-level public library.

4-3-6 续表 1 continued

地 区	Region	本年新购藏量（万册） New Collections During the Year (10 000 copies)	有效借书证数（个） Number of Active Library Cards Distributed (units)	总流通人次（万人次） Total Number of Circulation (10 000 person-times)	#书刊文献外借人次 Borrowing from Libraries	书刊文献外借册次（万册次） Number of Books and Periodicals Lent to Readers (10 000 copy-times)
全 国	**National Total**	**6985.7**	**86272572**	**90134.8**	**26609.1**	**61372.6**
北 京	Beijing	171.1	1833010	1968.7	445.1	1266.1
天 津	Tianjin	247.8	1022686	1621.2	359.9	1066.7
河 北	Hebei	260.8	1777678	2562.6	872.3	1713.5
山 西	Shanxi	167.9	1552870	2030.4	666.4	1044.4
内蒙古	Inner Mongolia	88.0	806413	1377.4	387.5	784.5
辽 宁	Liaoning	154.1	1729234	3122.9	759.3	1981.6
吉 林	Jilin	117.0	1155538	970.8	358.4	710.3
黑龙江	Heilongjiang	86.5	878448	1151.8	425.0	884.0
上 海	Shanghai	183.7	2631777	2733.6	505.7	2151.2
江 苏	Jiangsu	577.5	16556959	8424.6	2512.3	6153.3
浙 江	Zhejiang	816.1	12864483	13935.1	2542.7	7846.4
安 徽	Anhui	235.6	2481483	3581.9	1371.5	2339.7
福 建	Fujian	480.2	3035969	3895.5	1555.5	4176.5
江 西	Jiangxi	134.3	1501514	1858.7	895.1	1688.3
山 东	Shandong	399.4	5996720	5244.9	2268.0	3623.4
河 南	Henan	229.9	2095234	4295.2	1531.2	2465.4
湖 北	Hubei	303.9	2203050	2645.8	1221.2	2297.6
湖 南	Hunan	218.4	2418103	2662.0	1143.6	2409.0
广 东	Guangdong	936.6	8600035	12200.5	2348.9	7932.5
广 西	Guangxi	151.6	1233952	2113.1	558.5	1060.8
海 南	Hainan	38.8	320358	443.6	86.0	228.0
重 庆	Chongqing	105.0	2294786	1598.4	547.6	1323.9
四 川	Sichuan	217.2	2842777	2739.1	995.5	1929.0
贵 州	Guizhou	111.1	836845	930.3	392.2	641.7
云 南	Yunnan	95.0	653922	1693.4	486.0	1055.9
西 藏	Tibet	12.9	12278	38.1	6.5	10.7
陕 西	Shaanxi	105.4	648391	1537.8	532.6	1002.9
甘 肃	Gansu	87.1	506889	907.2	372.5	714.8
青 海	Qinghai	17.2	194035	167.9	54.6	92.8
宁 夏	Ningxia	41.6	299813	530.9	185.5	353.9
新 疆	Xinjiang	59.0	528748	574.6	187.4	362.3

4-3-6 续表 2 continued

地 区	Region	收入合计（万元） Total Revenue (10 000 yuan)	支出合计（万元） Total Expenditure (10 000 yuan)	资产总计（万元） Total Assets (10 000 yuan)	#固定资产原价 Original Value of Fixed Assets
全 国	**National Total**	**1912115.2**	**1928713.7**	**7333667.2**	**5937017.2**
北 京	Beijing	77215.4	74400.0	233198.0	197237.5
天 津	Tianjin	65225.2	59775.1	122830.8	118638.2
河 北	Hebei	35664.7	36870.9	146506.8	119455.3
山 西	Shanxi	42598.0	41861.3	142941.8	117626.7
内蒙古	Inner Mongolia	37609.3	39053.1	139532.2	125733.5
辽 宁	Liaoning	53086.8	53353.6	778684.3	697059.0
吉 林	Jilin	34592.7	32865.2	93146.0	83939.8
黑龙江	Heilongjiang	31629.0	31219.7	92048.1	89160.6
上 海	Shanghai	169475.2	141282.3	697301.5	512404.6
江 苏	Jiangsu	138182.2	143067.2	404196.0	360539.1
浙 江	Zhejiang	140798.3	166238.9	404811.3	367265.4
安 徽	Anhui	47053.1	43534.1	240589.4	219238.8
福 建	Fujian	53067.0	57531.7	184925.0	165063.3
江 西	Jiangxi	32981.3	34173.4	133063.9	123706.7
山 东	Shandong	75269.9	78346.2	205289.1	201215.2
河 南	Henan	56249.7	57976.1	181536.4	166729.6
湖 北	Hubei	61740.9	62709.3	258681.7	238754.0
湖 南	Hunan	47543.7	48584.3	242786.5	227343.9
广 东	Guangdong	236422.8	240519.8	655309.3	526585.0
广 西	Guangxi	45266.3	44242.9	120231.7	95261.1
海 南	Hainan	11340.4	12800.9	23549.2	19871.7
重 庆	Chongqing	35636.0	35160.3	74843.9	69259.2
四 川	Sichuan	62429.7	68280.3	173358.2	132693.0
贵 州	Guizhou	65031.2	64014.0	139098.5	64267.1
云 南	Yunnan	41879.7	40345.5	100496.5	99648.3
西 藏	Tibet	6303.1	6550.4	20457.2	14966.0
陕 西	Shaanxi	36502.6	38002.4	112760.1	67718.6
甘 肃	Gansu	26495.7	28365.9	193573.4	174294.9
青 海	Qinghai	10928.0	12007.2	261125.7	42700.2
宁 夏	Ningxia	12497.6	14134.9	59828.5	60604.3
新 疆	Xinjiang	22177.4	25568.9	94821.8	57283.8

4-3-6 续表 3 continued

地 区	Region	实际使用公用房屋建筑面积(万平方米) Floor Space of Buildings Actually Used (10 000 sq.m)	#书库面积 Stack Rooms	#阅览室面积 Reading Rooms	阅览室坐席数(个) Seats of Reading Rooms (unit)
全 国	**National Total**	**1699.67**	**335.09**	**497.58**	**1190656**
北 京	Beijing	29.81	5.82	7.32	15510
天 津	Tianjin	43.54	7.08	11.71	20317
河 北	Hebei	56.97	10.82	18.19	45575
山 西	Shanxi	55.49	8.52	16.84	39483
内蒙古	Inner Mongolia	43.28	6.29	13.19	33023
辽 宁	Liaoning	61.46	10.18	17.10	40720
吉 林	Jilin	30.74	5.03	9.81	22973
黑龙江	Heilongjiang	34.43	5.89	9.91	28477
上 海	Shanghai	44.40	8.47	10.94	23771
江 苏	Jiangsu	157.68	20.57	38.00	72873
浙 江	Zhejiang	130.66	24.31	36.87	84904
安 徽	Anhui	56.96	9.50	18.89	45855
福 建	Fujian	60.45	13.36	18.49	44544
江 西	Jiangxi	44.44	11.42	14.57	39590
山 东	Shandong	107.92	24.13	29.32	63898
河 南	Henan	72.63	16.29	21.50	62321
湖 北	Hubei	71.94	16.30	24.56	47800
湖 南	Hunan	53.33	14.90	14.59	42224
广 东	Guangdong	151.11	29.17	48.73	109862
广 西	Guangxi	47.30	12.64	11.87	33899
海 南	Hainan	9.17	2.28	3.39	6599
重 庆	Chongqing	36.98	6.85	11.08	31181
四 川	Sichuan	67.98	13.73	24.67	62458
贵 州	Guizhou	28.64	7.72	9.83	26592
云 南	Yunnan	41.12	10.63	11.16	32911
西 藏	Tibet	5.91	1.24	1.51	3624
陕 西	Shaanxi	36.37	8.12	11.37	28177
甘 肃	Gansu	32.61	5.51	8.63	27669
青 海	Qinghai	9.20	1.66	4.09	5261
宁 夏	Ningxia	13.92	2.98	4.94	13421
新 疆	Xinjiang	35.45	6.76	11.09	29717

4-3-7 艺术表演团体基本情况
Basic Statistics on Art Performance Troupes

年 份 Year	机构数（个） Number of Institutions (unit)	从业人员（人） Number of Engaged Persons (person)	演出场次（万场次） Number of Performances (10 000 shows)	国内演出观众人次（万人次） Number of Domestic Audience (10 000 person-times)
2007	4512	220653	93	75896
2008	5114	208174	91	63187
2009	6139	184678	120	81716
2010	6864	185413	137	88456
2011	7055	226599	155	74585
2012	7321	242047	135	82805
2013	8180	260865	165	90064
2014	8769	262887	174	91020
2015	10787	301878	211	95799
2016	12283	332920	231	118138
2017	15742	402969	294	124739
2018	17123	416374	312	117569
2019	17795	412541	297	123020

4-3-7 续表 continued

年 份 Year	收入合计（万元） Total Revenue (10 000 yuan)	#演出收入 Performance Income	支出合计（万元） Total Expenditure (10 000 yuan)	实际使用房屋建筑面积（万平方米） Floor Space of Buildings Actually Used (10 000 sq.m)
2007	829045	203757	750817	429
2008	933685	204842	832225	432
2009	1121559	288214	1048083	457
2010	1239255	342696	1203561	466
2011	1540263	526745	1486696	526
2012	2310460	641480	2081911	617
2013	2800266	735532	2331821	638
2014	2264046	757028	2024045	716
2015	2576499	939310	2286420	800
2016	3112276	1308591	2621743	825
2017	3419618	1476786	2942410	916
2018	3667258	1522685	3152559	908
2019	3969949	1267752	3433017	929

4-3-8 分地区艺术表演团体基本情况(2019年)

Basic Statistics on Art Performance Troupes by Region(2019)

地 区	Region	机构数(个) Number of Institutions (unit)	从业人员(人) Number of Engaged Persons (person)	#专业技术人员 Professional Technical Staff	演出场次(万场次) Number of Performances (10 000 shows)	#国内演出 Domestic Performances	国内演出观众人次(万人次) Number of Domestic Audience (10 000 person-times)
全 国	**National Total**	**17795**	**412541**	**170332**	**296.8**	**295.6**	**123019.5**
中央本级	Central-level	16	4953	3023	0.3	0.3	295.1
北 京	Beijing	370	11183	3733	2.4	2.4	803.4
天 津	Tianjin	151	3062	2044	0.9	0.9	395.9
河 北	Hebei	749	16458	7989	9.3	9.2	6854.1
山 西	Shanxi	779	22570	9215	9.8	9.7	5209.9
内蒙古	Inner Mongolia	264	9235	5689	3.4	3.3	2238.0
辽 宁	Liaoning	238	6972	3319	7.8	7.8	836.0
吉 林	Jilin	95	3608	2387	0.7	0.6	348.1
黑龙江	Heilongjiang	87	3617	2858	1.4	1.3	416.8
上 海	Shanghai	311	10303	5319	7.3	7.3	1224.9
江 苏	Jiangsu	626	13537	7171	12.1	12.1	4683.4
浙 江	Zhejiang	1550	45700	13296	37.5	37.5	18261.2
安 徽	Anhui	2628	37900	12041	34.7	34.6	13398.3
福 建	Fujian	455	12889	4943	8.6	8.6	4295.0
江 西	Jiangxi	337	8022	3694	4.4	4.3	3124.5
山 东	Shandong	1306	25071	10711	13.7	13.6	7055.9
河 南	Henan	2221	51542	18551	39.0	38.9	20174.1
湖 北	Hubei	388	10024	5299	5.1	5.0	6048.5
湖 南	Hunan	575	12502	5462	40.7	40.7	2640.2
广 东	Guangdong	397	10284	4714	4.6	4.6	2600.8
广 西	Guangxi	95	3897	1716	1.8	1.8	1039.1
海 南	Hainan	111	4414	1263	1.1	1.1	1096.2
重 庆	Chongqing	1646	18235	6240	19.8	19.8	2976.1
四 川	Sichuan	732	14304	5396	6.1	6.1	2642.3
贵 州	Guizhou	158	4078	1784	2.1	2.1	1126.6
云 南	Yunnan	304	7728	3769	7.6	7.6	3539.4
西 藏	Tibet	85	2436	788	0.7	0.7	549.1
陕 西	Shaanxi	516	18717	8270	5.6	5.5	4719.9
甘 肃	Gansu	343	9190	4065	3.5	3.5	2648.2
青 海	Qinghai	100	2569	838	0.5	0.5	213.3
宁 夏	Ningxia	30	1802	776	0.5	0.5	300.2
新 疆	Xinjiang	132	5739	3969	3.7	3.7	1265.0

4-3-8 续表 1 continued

地 区	Region	收入合计（万元） Total Revenue (10 000 yuan)	#财政拨款 Government Subsidy	#演出收入 Performance Income	支出合计（万元） Total Expenditure (10 000 yuan)	#人员支出 Personnel Expenses	资产总计（万元） Total Assets (10 000 yuan)
全 国	**National Total**	**3969949**	**1845693**	**1267752**	**3433017**	**1761925**	**13888797**
中央本级	Central-level	228974	156133	25409	211544	112560	404820
北 京	Beijing	154464	70059	47602	145819	68178	264788
天 津	Tianjin	51116	30418	11405	55297	31945	966990
河 北	Hebei	96155	41938	37118	80359	53388	402792
山 西	Shanxi	99262	45546	43605	228999	52604	2531548
内蒙古	Inner Mongolia	109994	95562	8272	110038	72468	131334
辽 宁	Liaoning	67636	33027	9438	62402	25191	71738
吉 林	Jilin	43783	28007	9782	43747	23398	47258
黑龙江	Heilongjiang	55099	48693	3696	54820	38220	69125
上 海	Shanghai	214667	92209	67288	205475	82356	369848
江 苏	Jiangsu	196545	83589	81913	169975	82977	161417
浙 江	Zhejiang	361244	88977	174610	280809	175052	815696
安 徽	Anhui	135912	21379	93476	110759	70363	2457456
福 建	Fujian	116172	58374	47249	115637	81678	155191
江 西	Jiangxi	57609	30318	19224	48889	25144	71967
山 东	Shandong	159057	82939	49305	181607	88818	849914
河 南	Henan	357160	158820	107625	189749	102385	368626
湖 北	Hubei	123863	71454	28327	112473	55765	693269
湖 南	Hunan	107239	53691	43582	94887	48242	183667
广 东	Guangdong	131990	70496	44391	131369	68521	172033
广 西	Guangxi	82027	30740	41075	74150	20216	236606
海 南	Hainan	88223	9138	41577	57559	21130	589052
重 庆	Chongqing	81167	17562	47100	75090	40110	193361
四 川	Sichuan	158145	60212	44569	137283	60319	284622
贵 州	Guizhou	51908	15254	16432	44255	20520	95935
云 南	Yunnan	300396	133956	46785	89373	57288	781898
西 藏	Tibet	31204	27819	345	30075	19545	31101
陕 西	Shaanxi	102291	47412	40299	99750	58249	195347
甘 肃	Gansu	67111	31471	25028	64559	32030	150122
青 海	Qinghai	33151	25791	3505	19874	9013	33462
宁 夏	Ningxia	20477	9347	2553	18327	5629	26775
新 疆	Xinjiang	85910	75362	5167	88070	58624	81040

4-3-8 续表 2 continued

地 区	Region	#固定资产原价 Original Value of Fixed Assets	实际使用房屋建筑面积（万平方米） Floor Space of Buildings Actually Used (10 000 sq.m)	#排练练功用房 Buildings for Rehearsing	流动舞台车演出情况 Performances of Flow Stage Car 流动舞台车数量（辆） Number of Flow Stage Cars (unit)	演出场次（万场次） Number of Performances (10 000 shows)	观众人次（万人次） Number of Audiences (10 000 person-times)
全 国	**National Total**	**2016894**	**928.6**	**113.0**	**1601**	**11.44**	**8914.6**
中央本级	Central-level	291183	28.8	4.7			
北 京	Beijing	62282	15.9	0.9			
天 津	Tianjin	44259	11.0	1.9	2	0.02	27.4
河 北	Hebei	38234	31.7	4.0	74	0.58	571.8
山 西	Shanxi	42343	34.0	3.9	123	0.58	329.1
内蒙古	Inner Mongolia	120358	31.9	5.3	119	0.40	233.5
辽 宁	Liaoning	46614	21.6	3.8	8	0.03	11.4
吉 林	Jilin	26542	13.1	2.3	47	0.19	126.0
黑龙江	Heilongjiang	50160	17.1	3.9	22	0.09	60.5
上 海	Shanghai	186218	20.5	1.5			0.5
江 苏	Jiangsu	52951	43.2	4.6	56	0.58	350.3
浙 江	Zhejiang	71030	72.7	4.0	11	0.03	33.5
安 徽	Anhui	34987	60.6	2.2	48	0.47	331.6
福 建	Fujian	107026	39.5	3.8	31	0.07	24.4
江 西	Jiangxi	31387	17.2	1.7	68	0.59	338.7
山 东	Shandong	57972	49.3	7.4	115	1.47	1327.8
河 南	Henan	50054	73.6	5.6	197	3.20	2940.5
湖 北	Hubei	82593	34.3	6.3	100	0.87	683.3
湖 南	Hunan	45964	37.4	5.6	122	0.83	552.7
广 东	Guangdong	121555	29.4	4.5	13	0.01	12.6
广 西	Guangxi	26035	15.6	3.7	11	0.04	32.6
海 南	Hainan	13369	9.3	0.4	8	0.02	11.1
重 庆	Chongqing	28393	24.4	2.4	3	0.01	12.0
四 川	Sichuan	38044	33.3	2.9	15	0.02	6.6
贵 州	Guizhou	36143	19.0	1.8	16	0.03	13.2
云 南	Yunnan	33091	27.4	4.1	67	0.17	162.4
西 藏	Tibet	28998	12.8	4.3	39	0.08	37.3
陕 西	Shaanxi	90173	41.4	5.6	85	0.36	270.7
甘 肃	Gansu	57539	23.2	3.5	60	0.24	204.1
青 海	Qinghai	18390	5.9	1.7	15	0.01	9.0
宁 夏	Ningxia	14583	2.9	0.9	12	0.10	46.2
新 疆	Xinjiang	68422	30.7	3.7	114	0.37	153.9

4-3-9 艺术表演场馆基本情况
Basic Statistics on Art Performance Places

年 份 Year	机构数 (个) Number of Institutions (unit)	从业人员 (人) Number of Engaged Persons (person)	坐席数 (个) Seating Capacity (unit)	演(映)出场次 (万场次) Number of Performances (10 000 shows)	#艺术演出 Art Performances
2007	1732	32806	1307456	59.9	8.2
2008	1662	29691	1171012	64.2	7.2
2009	1499	28059	1126705	41.9	7.4
2010	1461	25280	1077250	53.8	7.2
2011	1429	26480	1080266	56.2	5.9
2012	1279	25076	945580	57.5	7.2
2013	1344	26036	1027946	82.9	6.6
2014	1338	25709	1187359	78.1	7.0
2015	2143	46734	1786688	106.5	13.7
2016	2285	51296	1689268	119.4	19.1
2017	2455	53765	1796055	142.0	21.2
2018	2478	51478	1920410	126.6	17.9
2019	2716	64507	1818662	128.4	24.5

4-3-9 续表 continued

年 份 Year	观众人次 (万人次) Number of Audience (10 000 person-times)	#艺术演出 Art Performances	收入合计 (万元) Total Revenue (10 000 yuan)	#艺术演出 Art Performances Income
2007	9100.3	3637.6	173344	63162
2008	8122.8	3211.1	155505	40055
2009	7492.6	3206.7	182863	39558
2010	8992.8	3165.3	177731	38309
2011	6927.0	2685.8	266099	51227
2012	6099.7	2191.7	218223	44454
2013	7776.3	2662.4	426361	82489
2014	6844.4	2598.3	403699	84512
2015	10775.4	2853.6	867630	257173
2016	12883.6	3098.1	964563	273060
2017	13453.8	3234.2	1243006	432754
2018	14092.8	5861.7	1324795	374392
2019	12561.1	6785.2	1772329	559160

4-3-10 分地区艺术表演场馆基本情况(2019年)
Basic Statistics on Art Performance Places of Culture System by Region(2019)

地 区	Region	机构数(个) Number of Institutions (unit)	从业人员(人) Number of Engaged Persons (person)	#专业技术人员 Professional Technical Staff	坐席数(个) Seating Capacity (unit)	演(映)出场次合计(万场次) Number of Performances (10 000 shows)	#艺术演出 Art Performances
全 国	**National Total**	**2716**	**64507**	**16379**	**1818662**	**128.4**	**24.5**
中央本级	Central-level	7	213	19	6670	0.1	0.1
北 京	Beijing	52	2077	584	35608	20.7	0.9
天 津	Tianjin	74	920	211	37093	3.6	0.8
河 北	Hebei	112	2124	616	101462	7.6	0.4
山 西	Shanxi	137	1712	508	109957	7.6	0.5
内蒙古	Inner Mongolia	45	961	313	40679	1.8	0.3
辽 宁	Liaoning	97	3688	645	54153	2.2	1.8
吉 林	Jilin	70	1318	287	23307	2.1	0.4
黑龙江	Heilongjiang	64	1315	384	29163	0.5	0.3
上 海	Shanghai	50	1789	625	88444	1.8	0.6
江 苏	Jiangsu	244	3870	900	180042	19.9	1.1
浙 江	Zhejiang	358	7431	1410	157378	12.2	2.4
安 徽	Anhui	107	4322	1200	54871	1.7	0.6
福 建	Fujian	57	1818	468	47306	6.7	1.4
江 西	Jiangxi	89	1639	551	45513	7.6	1.2
山 东	Shandong	145	4340	988	102552	3.3	2.2
河 南	Henan	191	4483	680	137925	2.1	0.7
湖 北	Hubei	67	1087	351	48414	5.2	0.3
湖 南	Hunan	119	4114	1522	99376	2.4	1.7
广 东	Guangdong	84	2844	657	79637	1.1	0.4
广 西	Guangxi	63	1769	221	13100	2.6	0.6
海 南	Hainan	30	1371	307	19594	0.6	0.4
重 庆	Chongqing	49	698	133	29811	2.0	0.5
四 川	Sichuan	101	2337	658	95448	1.4	0.9
贵 州	Guizhou	18	317	129	1548	0.1	0.1
云 南	Yunnan	50	808	289	15843	0.8	0.6
西 藏	Tibet	15	647	146	7144		
陕 西	Shaanxi	114	2594	1126	71587	4.3	1.2
甘 肃	Gansu	42	971	233	52449	1.5	0.7
青 海	Qinghai	39	224	41	7083	0.6	0.4
宁 夏	Ningxia	3	23	13	2596		
新 疆	Xinjiang	23	683	164	22909	4.2	1.1

4-3-10 续表 1 continued

地 区	Region	观众人次合计（万人次） Number of Audience (10 000 person-times)	#艺术演出观众人次 Art Performances	收入合计（万元） Total Revenue (10 000 yuan)	#财政拨款 Government Subsidy	#演出收入 Performance Income	支出合计（万元） Total Expenditure (10 000 yuan)
全 国	**National Total**	**12561.1**	**6785.2**	**1772329**	**289068**	**559160**	**1585932**
中央本级	Central-level	84.1	78.2	3008		1375	2421
北 京	Beijing	1139.8	316.7	163149	38482	73845	136469
天 津	Tianjin	370.2	118.7	36618	1267	3590	29630
河 北	Hebei	269.2	120.6	30634	9549	5603	37929
山 西	Shanxi	366.1	167.8	20346	7151	5101	20850
内蒙古	Inner Mongolia	171.1	71.2	21212	3094	5775	40070
辽 宁	Liaoning	533.5	441.1	91837	15473	11657	74833
吉 林	Jilin	207.1	80.5	14860	4233	6748	11689
黑龙江	Heilongjiang	136.3	69.0	28911	5632	5118	23734
上 海	Shanghai	563.3	387.6	144230	35236	35741	107826
江 苏	Jiangsu	891.8	314.4	93681	18004	20896	89109
浙 江	Zhejiang	1319.7	763.7	278036	25270	33727	248345
安 徽	Anhui	402.4	205.0	39770	7920	17783	36039
福 建	Fujian	368.8	217.1	42616	5405	20250	32653
江 西	Jiangxi	385.7	156.8	51272	29676	7192	99496
山 东	Shandong	537.5	305.9	98695	17875	43919	105357
河 南	Henan	721.1	347.9	82460	7076	23746	61878
湖 北	Hubei	298.5	185.2	19008	5352	7677	20565
湖 南	Hunan	786.1	598.5	85526	4575	44895	65785
广 东	Guangdong	761.1	313.8	111850	24520	67665	106370
广 西	Guangxi	178.3	63.1	20539	357	1918	17903
海 南	Hainan	600.9	564.4	57887	1187	37675	33505
重 庆	Chongqing	117.7	49.0	14585	102	1824	10238
四 川	Sichuan	320.6	214.3	78331	3630	11875	58802
贵 州	Guizhou	46.2	45.4	6160	830	1405	4059
云 南	Yunnan	160.9	115.3	20242	972	3097	11198
西 藏	Tibet	60.4	58.4	20203	64	19470	15271
陕 西	Shaanxi	412.3	235.6	58698	12417	22799	53551
甘 肃	Gansu	165.0	105.1	24242	118	15860	20613
青 海	Qinghai	81.4	12.3	1955	310	166	2201
宁 夏	Ningxia	14.2	10.0	263	207		233
新 疆	Xinjiang	89.6	52.7	11509	3086	768	7313

4-3-10 续表 2 continued

地 区	Region	#人员支出 Personnel Expenses	资产总计(万元) Total Assets (10 000 yuan)	#固定资产原价 Original Value of Fixed Assets	实际使用房屋建筑面积(万平方米) Floor Space of Buildings Actually Used (10 000 sq.m)	#演(映)业务用房 Buildings for Performances
全 国	**National Total**	**415750**	**6261535**	**1824184**	**1327.5**	**591.8**
中央本级	Central-level	520	4498	1127	8.2	4.6
北 京	Beijing	31186	521518	432236	37.9	30.3
天 津	Tianjin	4875	134439	9902	25.3	10.3
河 北	Hebei	11747	209039	59802	76.4	40.2
山 西	Shanxi	7073	110245	87513	57.3	22.9
内蒙古	Inner Mongolia	4930	219419	80361	32.4	12.7
辽 宁	Liaoning	15493	330559	7331	46.3	18.2
吉 林	Jilin	5767	38263	12308	15.3	6.7
黑龙江	Heilongjiang	6408	63693	8660	39.9	11.8
上 海	Shanghai	15871	502503	229384	67.6	29.8
江 苏	Jiangsu	20871	208273	94762	132.0	48.5
浙 江	Zhejiang	56346	1156962	128418	154.5	57.8
安 徽	Anhui	13471	158539	28987	40.1	17.8
福 建	Fujian	10586	229556	24621	48.4	17.1
江 西	Jiangxi	48352	190150	90889	40.6	16.6
山 东	Shandong	27945	355255	118560	106.6	46.9
河 南	Henan	16140	253056	46467	63.6	28.9
湖 北	Hubei	5840	110701	79811	31.4	20.4
湖 南	Hunan	27699	308726	34188	50.1	17.5
广 东	Guangdong	20957	275052	97297	73.0	34.1
广 西	Guangxi	6147	48054	3291	9.7	5.6
海 南	Hainan	10765	138375	3668	19.2	8.8
重 庆	Chongqing	2725	53238	2043	26.2	18.4
四 川	Sichuan	14709	206231	19975	40.9	17.8
贵 州	Guizhou	2037	13246	1163	1.4	0.1
云 南	Yunnan	3519	162069	23475	13.8	8.5
西 藏	Tibet	2936	28763	956	4.9	2.7
陕 西	Shaanxi	13326	88910	46744	34.3	18.0
甘 肃	Gansu	3470	38938	19964	11.8	6.7
青 海	Qinghai	1056	21215	11348	4.1	2.4
宁 夏	Ningxia	195	1957	1927	5.0	5.0
新 疆	Xinjiang	2791	80095	17005	9.3	4.8

4-3-11 文物保护管理机构基本情况
Basic Statistics on Agencies of Cultural Relics Preservation

年份 Year	机构数（个） Number of Institutions (unit)	从业人员（人） Number of Engaged Persons (person)	藏品数（件/套） Number of Collections (piece/set)	基本陈列、展览（个） Displays and Exhibitions (unit)	参观人次（万人次） Spectators (10 000 person-times)	收入合计（万元） Total Revenue (10 000 yuan)	支出合计（万元） Total Expenditure (10 000 yuan)
2007	2229	31175	2255038	2992	19161	269410	235417
2008	2223	29661	2187639	2106	6956	311916	276187
2009	2263	28629	1958904	2449	9205	308949	290560
2010	2436	30171	2149366	3419	11198	365904	330748
2011	2735	33035	2251805	2243	9442	463609	419425
2012	2705	34854	1767573	2128	10433	535779	459988
2013	2809	35334	1906829	1181	10711	819557	705411
2014	3280	37843	2092332	1566	12182	757303	689769
2015	3307	32030	2073474	1466	14001	875460	790247
2016	3318	33407	2521238	1463	15798	995357	835664
2017	3518	33400	2473352	1394	17304	989813	956362
2018	3550	32400	2430379	1452	17616	1031941	946661
2019	3518	30689	1659712	1973	19136	989519	926514

4-3-12 文物科研机构基本情况
Basic Statistics on Scientific and Research Agencies of Cultural Relics

年份 Year	机构数（个） Number of Institutions (unit)	从业人员（人） Number of Engaged Persons (person)	藏品数（件/套） Number of Collections (piece/set)	实际使用房屋建筑面积（万平方米） Floor Space of Buildings Actually Used (10 000 sq.m)	收入合计（万元） Total Revenue (10 000 yuan)	支出合计（万元） Total Expenditure (10 000 yuan)
2009	104	3799	929189	30	88210	86062
2010	108	3846	870223	28	120767	110215
2011	107	4078	822390	62	139450	135304
2012	114	4917	1208701	101	182418	158831
2013	115	5243	1594975	96	208924	170898
2014	118	7314	1459852	102	243812	207016
2015	122	5217	1177485	145	255849	236374
2016	122	4763	1187938	84	292464	245058
2017	121	3995	1230188	79	288858	234975
2018	122	4133	1315659	81	333070	312846
2019	126	4313	1522789	86	389495	368953

4-3-13 分地区文物保护管理机构基本情况(2019年)
Basic Statistics on Agencies of Cultural Relics Preservation by Region(2019)

地 区	Region	机构数(个) Number of Institutions (unit)	从业人员(人) Number of Engaged Persons (person)	#专业技术人员 Professional Technical Staff	藏品数(件/套) Number of Collections (piece/set)	基本陈列、展览(个) Displays and Exhibitions (unit)
全 国	**National Total**	**3518**	**30689**	**9004**	**1659712**	**1973**
中央本级	Central-level	1	89	28	16704	63
北 京	Beijing	26	1717	193	21949	31
天 津	Tianjin	8	75	57	508	
河 北	Hebei	163	3662	842	97274	44
山 西	Shanxi	129	1702	530	155784	13
内蒙古	Inner Mongolia	95	713	418	78698	31
辽 宁	Liaoning	61	1183	346	45266	648
吉 林	Jilin	52	158	114	4775	
黑龙江	Heilongjiang	81	221	181	14012	6
上 海	Shanghai	7	100	72	2969	14
江 苏	Jiangsu	48	413	151	28382	38
浙 江	Zhejiang	92	2608	757	78657	189
安 徽	Anhui	93	472	269	39766	79
福 建	Fujian	50	439	114	4688	23
江 西	Jiangxi	66	393	146	32887	70
山 东	Shandong	98	2271	736	146246	33
河 南	Henan	126	2408	482	106353	27
湖 北	Hubei	46	623	276	30902	20
湖 南	Hunan	83	947	234	73847	66
广 东	Guangdong	31	304	82	19124	94
广 西	Guangxi	70	358	163	22720	42
海 南	Hainan	12	215	30	978	17
重 庆	Chongqing	38	228	97	30153	20
四 川	Sichuan	172	1876	502	130392	61
贵 州	Guizhou	69	326	145	9448	19
云 南	Yunnan	137	786	584	113138	142
西 藏	Tibet	1259	1163	111	205171	1
陕 西	Shaanxi	215	3823	852	120784	134
甘 肃	Gansu	55	558	264	1868	8
青 海	Qinghai	28	57	17	3049	
宁 夏	Ningxia	22	294	120	20943	24
新 疆	Xinjiang	85	507	91	2277	16

4-3-13 续表 1 continued

地 区	Region	参观人次（万人次） Spectators (10 000 person-times)	门票销售总额（万元） Sales of Admission Tickets (10 000 yuan)	收入合计（万元） Total Revenue (10 000 yuan)	#财政拨款 Government Subsidy	支出合计（万元） Total Expenditure (10 000 yuan)
全 国	**National Total**	**19135.9**	**348053**	**989519**	**679988**	**926514**
中央本级	Central-level	410.0	10358	14155	1803	13072
北 京	Beijing	1475.2	44421	119940	64192	113245
天 津	Tianjin			3821	1899	2865
河 北	Hebei	1049.7	39968	76238	49115	72399
山 西	Shanxi	844.4	13581	47887	35436	45688
内蒙古	Inner Mongolia	119.0	618	18697	17697	16466
辽 宁	Liaoning	480.4	3124	26194	18771	26629
吉 林	Jilin			3992	3651	3706
黑龙江	Heilongjiang	6.0		6861	6861	5899
上 海	Shanghai	24.0		5054	4437	7139
江 苏	Jiangsu	283.9	1097	24052	23342	22299
浙 江	Zhejiang	3976.6	58849	156904	67801	115781
安 徽	Anhui	290.6	1460	17189	11985	14963
福 建	Fujian	268.3	2793	12675	6267	12667
江 西	Jiangxi	309.0	310	16670	11712	12344
山 东	Shandong	1488.7	59013	55258	52719	53302
河 南	Henan	1049.4	37416	49638	35607	44480
湖 北	Hubei	798.6	14743	16318	9256	15648
湖 南	Hunan	752.7	1323	34401	30725	33978
广 东	Guangdong	418.6	3442	13556	11014	11357
广 西	Guangxi	219.2		9840	7655	13710
海 南	Hainan	303.7	375	3576	2795	2830
重 庆	Chongqing	29.6	14	9707	9652	10048
四 川	Sichuan	740.8	24165	71513	68876	73652
贵 州	Guizhou	71.4	904	5663	4420	5334
云 南	Yunnan	617.4	974	19949	18552	24827
西 藏	Tibet	411.9	16362	35098	15731	29754
陕 西	Shaanxi	2190.2	8707	80926	58871	79279
甘 肃	Gansu	198.2	2459	11890	10712	12262
青 海	Qinghai	0.1	54	1280	1193	1678
宁 夏	Ningxia	219.8	483	12420	10489	18463
新 疆	Xinjiang	88.6	1038	8158	6755	10751

4-3-13 续表 2 continued

地 区	Region	资产总计(万元) Total Assets (10 000 yuan)	#固定资产原价 Original Value of Fixed Assets	实际使用房屋建筑面积(万平方米) Floor Space of Buildings Actually Used (10 000 sq.m)	#展览用房 Buildings for Exhibitions	#文物库房 Storeroom
全 国	**National Total**	**2120066**	**1075173**	**1629.32**	**106.07**	**17.14**
中央本级	Central-level	52649	41869	2.71	1.17	0.04
北 京	Beijing	100043	31494	9.75	1.31	0.14
天 津	Tianjin	5981	836	0.10		0.03
河 北	Hebei	103717	39480	14.74	5.54	1.09
山 西	Shanxi	65014	45760	15.23	5.73	0.79
内蒙古	Inner Mongolia	35842	25608	7.50	2.91	0.46
辽 宁	Liaoning	12601	10083	11.77	2.33	0.34
吉 林	Jilin	2044	567	0.24	0.01	0.02
黑龙江	Heilongjiang	2072	1802	1.07	0.26	0.09
上 海	Shanghai	4049	4893	1.12	0.65	0.05
江 苏	Jiangsu	26968	13312	4.14	2.09	0.28
浙 江	Zhejiang	466968	254474	38.85	21.25	0.72
安 徽	Anhui	208827	203757	9.95	4.00	0.57
福 建	Fujian	21092	3486	2.90	0.86	0.07
江 西	Jiangxi	16222	8308	11.02	4.57	0.30
山 东	Shandong	126984	53380	27.73	8.05	0.49
河 南	Henan	226651	59173	18.81	7.16	1.65
湖 北	Hubei	14492	10316	13.37	2.29	0.20
湖 南	Hunan	81498	22642	10.75	4.24	0.89
广 东	Guangdong	10175	4929	10.42	3.89	0.15
广 西	Guangxi	6283	2908	4.63	2.22	0.28
海 南	Hainan	7218	6237	1.45	0.72	0.01
重 庆	Chongqing	6576	2159	3.56	1.51	0.79
四 川	Sichuan	121250	62242	22.88	3.86	1.62
贵 州	Guizhou	8486	4185	3.86	1.61	0.32
云 南	Yunnan	31619	19976	21.01	4.66	0.59
西 藏	Tibet	32024	7712	1319.29	0.95	3.57
陕 西	Shaanxi	217374	67266	26.48	6.70	0.90
甘 肃	Gansu	25587	17834	4.31	1.58	0.07
青 海	Qinghai	509	347	0.69	0.34	0.02
宁 夏	Ningxia	61868	39599	4.65	2.29	0.53
新 疆	Xinjiang	17384	8540	4.37	1.33	0.07

4-3-14 分地区文物科研机构基本情况(2019年)
Basic Statistics on Scientific and Research Agencies of Cultural Relics by Region(2019)

地 区	Region	机构数(个) Number of Institutions (unit)	从业人员(人) Number of Engaged Persons (person)	#专业技术人员 Professional Technical Staff	藏品数(件/套) Number of Collections (piece/set)	基本陈列、展览(个) Displays and Exhibitions (unit)
全 国	**National Total**	**126**	**4313**	**2727**	**1522789**	**28**
中央本级	Central-level	1	121	92	4419	
北 京	Beijing	2	140	69	12341	
天 津	Tianjin					
河 北	Hebei	9	368	165	67593	1
山 西	Shanxi	11	292	201	82729	
内蒙古	Inner Mongolia	2	49	45	17085	1
辽 宁	Liaoning	4	127	102	29713	
吉 林	Jilin	3	70	52	8200	
黑龙江	Heilongjiang	2	45	38	5186	
上 海	Shanghai					
江 苏	Jiangsu	5	118	71	16134	
浙 江	Zhejiang	5	205	89	161	5
安 徽	Anhui	1	45	39	18047	
福 建	Fujian	2	32	20		
江 西	Jiangxi	2	75	44	6438	
山 东	Shandong	13	191	148	45066	2
河 南	Henan	15	706	424	761938	7
湖 北	Hubei	3	140	92	7425	
湖 南	Hunan	4	161	95	53147	
广 东	Guangdong	4	162	99	63236	6
广 西	Guangxi	3	60	56	11329	1
海 南	Hainan					
重 庆	Chongqing	1	140	64	20826	
四 川	Sichuan	5	113	74	38720	
贵 州	Guizhou	2	17	9		
云 南	Yunnan	2	36	31	2453	
西 藏	Tibet	1	27	23		
陕 西	Shaanxi	14	430	292	65251	
甘 肃	Gansu	4	168	133	158982	
青 海	Qinghai	1	48	35	8625	
宁 夏	Ningxia	3	61	52	5024	1
新 疆	Xinjiang	2	166	73	12721	4

4-3-14 续表 1 continued

地 区	Region	参观人次（万人次） Spectators (10 000 person-times)	门票销售总额（万元） Sales of Admission Tickets (10 000 yuan)	收入合计（万元） Total Revenue (10 000 yuan)	支出合计（万元） Total Expenditure (10 000 yuan)
全 国	**National Total**	**308.8**	**15514**	**389495**	**368953**
中央本级	Central-level			14449	16329
北 京	Beijing			51372	52098
天 津	Tianjin				
河 北	Hebei	0.9		16786	16460
山 西	Shanxi	197.4	12990	40374	35686
内蒙古	Inner Mongolia			4128	3008
辽 宁	Liaoning	1.2		5014	6522
吉 林	Jilin			4807	4613
黑龙江	Heilongjiang			1355	1669
上 海	Shanghai				
江 苏	Jiangsu			16797	16098
浙 江	Zhejiang			21045	15915
安 徽	Anhui			7813	6884
福 建	Fujian			452	429
江 西	Jiangxi			6544	6100
山 东	Shandong	0.9		17236	15734
河 南	Henan	2.0		49251	44262
湖 北	Hubei			12407	9798
湖 南	Hunan			6415	9155
广 东	Guangdong	4.6		16650	15985
广 西	Guangxi	0.3		7188	7481
海 南	Hainan				
重 庆	Chongqing			6441	4365
四 川	Sichuan	10.2	196	12792	11591
贵 州	Guizhou			479	498
云 南	Yunnan			10288	4431
西 藏	Tibet			1754	1531
陕 西	Shaanxi			31892	32317
甘 肃	Gansu	73.0	2300	11995	15774
青 海	Qinghai			2026	2108
宁 夏	Ningxia	6.3	28	2184	1950
新 疆	Xinjiang	12.0		9563	10162

4-3-14 续表 2 continued

地 区	Region	资产总计（万元） Total Assets (10 000 yuan)	#固定资产原价 Original Value of Fixed Assets	实际使用房屋建筑面积（万平方米） Floor Space of Buildings Actually Used (10 000 sq.m)	文化保护规划和方案设计（个） Planning and Project of Cultural Relics Preservation (unit)
全 国	**National Total**	**520336**	**167800**	**85.97**	**330**
中央本级	Central-level	47381	26166	3.01	116
北 京	Beijing	77542	2847	0.31	
天 津	Tianjin				
河 北	Hebei	19454	9311	2.93	10
山 西	Shanxi	36767	10216	5.49	6
内蒙古	Inner Mongolia	3810	3141	0.62	
辽 宁	Liaoning	6413	3894	0.71	5
吉 林	Jilin	4188	2536	0.65	
黑龙江	Heilongjiang	2318	1167	0.20	
上 海	Shanghai				
江 苏	Jiangsu	3503	1475	0.17	
浙 江	Zhejiang	16763	5259	3.04	
安 徽	Anhui	16452	5315	2.71	
福 建	Fujian	445	90	0.26	
江 西	Jiangxi	8419	1091	43.44	4
山 东	Shandong	20954	3809	0.99	69
河 南	Henan	41119	19211	4.89	5
湖 北	Hubei	23084	15214	2.02	37
湖 南	Hunan	2408	9309	0.82	1
广 东	Guangdong	12230	3932	3.49	
广 西	Guangxi	26768	4213	1.07	32
海 南	Hainan				
重 庆	Chongqing	12426	6267	0.96	9
四 川	Sichuan	21564	6868	1.62	
贵 州	Guizhou	950	186		12
云 南	Yunnan	26917	1133	0.19	
西 藏	Tibet			0.18	3
陕 西	Shaanxi	44476	12305	2.91	2
甘 肃	Gansu	24493	4498	0.93	15
青 海	Qinghai	1344	1225	0.53	
宁 夏	Ningxia	4012	1547	0.15	
新 疆	Xinjiang	14138	5578	1.68	4

4-3-15 文化类社会组织情况

Basic Statistics on Social Organizations Related with Culture

单位：个 (unit)

年份 地区	Year Region	机构数 Number of Institutions	社团 Social Organization	基金会 Fund Organization	民办非企业 Non-enterprise Units Run by NGO
	2007	22383	16690	115	5578
	2008	25154	18555	94	6505
	2009	26988	19687	113	7188
	2010	29180	20926	140	8114
	2011	31483	22472	184	8827
	2012	35808	25036	182	10590
	2013	39022	27115	213	11694
	2014	44492	30101	243	14148
	2015	49877	32998	259	16620
	2016	53291	34966	258	18067
	2017	59857	38558	266	21033
	2018	68744	41835	295	26614
中央本级	Central-level	80	61		19
北京	Beijing	889	420	66	403
天津	Tianjin	288	177	5	106
河北	Hebei	1943	1426		517
山西	Shanxi	1836	1309	11	516
内蒙古	Inner Mongolia	2136	1652	4	480
辽宁	Liaoning	1219	803	1	415
吉林	Jilin	914	668	2	244
黑龙江	Heilongjiang	1280	1027	2	251
上海	Shanghai	1298	351	31	916
江苏	Jiangsu	8680	3786	24	4870
浙江	Zhejiang	5108	2835	20	2253
安徽	Anhui	2552	1789	6	757
福建	Fujian	3475	2495	10	970
江西	Jiangxi	1883	1241	1	641
山东	Shandong	6219	2457	1	3761
河南	Henan	2393	1409	8	976
湖北	Hubei	2881	1480	7	1394
湖南	Hunan	2956	2014	10	932
广东	Guangdong	5620	3407	12	2201
广西	Guangxi	1358	1025	2	331
海南	Hainan	697	469	15	213
重庆	Chongqing	861	704	3	154
四川	Sichuan	3399	2514	5	880
贵州	Guizhou	954	849		105
云南	Yunnan	1775	1602	9	164
西藏	Tibet	66	56	4	6
陕西	Shaanxi	2811	2009	16	786
甘肃	Gansu	1533	863	2	668
青海	Qinghai	439	257	6	176
宁夏	Ningxia	504	272	12	220
新疆	Xinjiang	697	408		289

注：本表数据来自民政部的社会组织统计。

a) Data in the table above sources from Ministry of Civil Affairs.

4-3-16 档案馆机构和人员情况
Basic Statistics on Archive Institutions and Personnel

单位：个，人 (unit, person)

年份 Year	国家综合档案馆 National Comprehensive Archives		国家专门档案馆 National Special Archives		部门档案馆 Department Archives		企业档案馆数 Enterprise Archive Institutions	事业档案馆数 Culture Archive Institutions	科技事业单位档案馆数 Science and Technology Archive Institutions
	馆数 Number of Institutions	专职人员 Full-time Personnel	馆数 Number of Institutions	专职人员 Full-time Personnel	馆数 Number of Institutions	专职人员 Full-time Personnel			
2007	3161	21399	245	3737	146	1985	215	126	94
2008	3170	21414	240	3663	154	1886	241	141	87
2009	3191	20949	241	3626	149	1814	233	167	96
2010	3194	19750	252	3833	167	1747	223	160	111
2011	3196	19985	255	3843	170	2121	183	179	124
2012	3237	18009	238	3577	183	2161	204	260	
2013	3325	18106	240	3579	218	2182	189	274	
2014	3319	17863	247	3538	209	2129	169	252	
2015	3322	18386	234	3457	237	2263	176	224	
2016	3336	17511	236	3521	213	2021	180	272	
2017	3333	16799	234	3275	202	1939	167	274	
2018	3315	22584	211	3119	143	1739	158	309	
2019	3337	34349	256	3300	140	1566	181	320	

注：2012年以前的事业单位档案馆数是指文化事业档案馆数，2012年新修订的《全国档案事业统计年报制度》不再细分事业单位的属性，统称“省部属事业单位档案馆”，包括文化事业档案馆和科技事业单位档案馆。

a) Institutional archives before 2012 referred to archives of cultural institutions. The revised Annual Report of National Archive Statistics in 2012 does not further subcategorize institutional archives by their attributes, but generally call them institutional archives affiliated to ministries or provincial governments, which include cultural archives and archives of science and technology units.

4-3-17 国家综合档案馆基本情况
Basic Statistics on National Comprehensive Archives

年 份 Year	馆藏档案（万卷、万件）Number of Archives (10 000 volumes, 10 000 pieces)	照片档案（万张）Photos (10 000 sheets)	开放档案（万卷、万件）Archives Open to Public (10 000 volume, 10 000 pieces)	利用档案（万卷、万件次）Utilized Archives (10 000 volume-times, 10 000 piece-times)	档案馆建筑面积（万平方米）Floor Space of Archive Institutions (10 000 sq.m)
1991	9637.4	371.0	2094.3	937.0	348.1
1992	10003.5	402.4	2018.7	773.8	255.7
1993	10726.8	435.5	2140.7	891.9	275.9
1994	10783.0	449.6	2454.6	674.4	268.3
1995	11318.3	485.5	2790.3	529.3	282.5
1996	11341.4	494.6	2939.2	485.4	297.5
1997	12222.9	553.0	3304.6	501.0	347.6
1998	12276.5	579.7	3556.5	446.5	310.7
1999	12866.8	584.5	3808.2	508.5	328.4
2000	13314.0	631.7	4072.0	494.4	336.2
2001	13756.6	642.8	4129.7	575.4	342.0
2002	14790.7	720.5	4301.1	548.9	351.0
2003	15945.9	797.4	4618.4	602.6	361.4
2004	17601.5	827.9	4868.3	813.9	376.8
2005	18688.7	908.8	5132.3	868.0	393.1
2006	21656.5	1277.2	5746.3	1166.4	406.1
2007	23675.3	1393.3	5875.5	1244.9	421.9
2008	25051.0	1505.3	6072.2	1257.4	465.4
2009	28089.2	1646.3	6687.4	1308.0	473.3
2010	32198.6	1809.2	7428.6	1417.3	504.4
2011	35445.5	1965.8	7828.4	1564.5	551.1
2012	40547.7	1827.4	8254.6	1521.1	627.1
2013	42454.5	1927.6	8900.5	1477.8	709.3
2014	53470.3	2041.8	9179.7	1688.8	736.0
2015	58641.7	2102.4	9266.3	1978.3	785.5
2016	65062.5	2228.2	9707.9	2033.7	859.8
2017	65371.1	2336.5	10151.7	2078.0	949.3
2018	75051.1	2056.0	11222.1	1819.1	1050.9
2019	82850.7	2203.8	13171.6	2140.0	1164.6

4-4-1 娱乐场所基本情况
Basic Statistics on Entertainment Units

年 份 Year	机构数 (个) Number of Institutions (unit)	从业人员 (人) Number of Engaged Persons (person)	资产总计 (万元) Total Assets (10 000 yuan)	营业收入 (万元) Business Revenue (10 000 yuan)	营业利润 (万元) Business Profits (10 000 yuan)
2007	82174	611108	5927457	3546201	583689
2008	84356	639511	7048155	3709413	659403
2009	82200	636800	6271305	4130085	1367846
2010	85854	703520	7635552	4772099	1718734
2011	92577	758377	9661392	5661798	1939320
2012	90271	765250	11136779	6048764	1982344
2013	89652	835658	19109269	8842052	2224658
2014	84179	729516	16144969	11023662	2606315
2015	79816	673640	11050577	5570354	1361661
2016	77071	632527	10510102	5387254	1257926
2017	78616	600106	10313538	5468702	1306909
2018	70584	528238	9212288	5209738	1123267
2019	67358	542514	17277257	5359387	717719

4-4-2 分地区娱乐场所基本情况(2019年)
Basic Statistics on Entertainment Units by Region(2019)

地 区	Region	机构数 (个) Number of Institutions (unit)	从业人员 (人) Number of Engaged Persons (person)	资产总计 (万元) Total Assets (10 000 yuan)	营业收入 (万元) Business Revenue (10 000 yuan)	营业成本 (万元) Business Costs (10 000 yuan)
全 国	**National Total**	**67358**	**542514**	**17277257**	**5359387**	**4641616**
北 京	Beijing	520	6220	391398	69711	61896
天 津	Tianjin	539	4128	569652	49421	47005
河 北	Hebei	1607	10822	502041	92621	82962
山 西	Shanxi	1142	8907	722682	59092	48983
内蒙古	Inner Mongolia	1627	7227	691911	74066	56777
辽 宁	Liaoning	2219	11139	461526	97989	86610
吉 林	Jilin	1395	6018	136049	54792	42612
黑龙江	Heilongjiang	2032	5773	109884	45405	35091
上 海	Shanghai	1002	11083	256320	205059	194299
江 苏	Jiangsu	8657	35836	1525236	360935	337735
浙 江	Zhejiang	4146	52880	1362177	665864	595954
安 徽	Anhui	3473	18154	626540	165381	139733
福 建	Fujian	2259	34418	527056	399633	349034
江 西	Jiangxi	1651	15806	543162	144042	115195
山 东	Shandong	3502	14179	469078	133957	116471
河 南	Henan	2281	16640	235484	111016	91417
湖 北	Hubei	1540	12605	749703	127516	109392
湖 南	Hunan	2479	28166	1071421	273225	235890
广 东	Guangdong	4326	65084	1320616	609605	549070
广 西	Guangxi	1828	18301	288737	162031	135832
海 南	Hainan	860	8685	382158	62945	59818
重 庆	Chongqing	1813	14973	211200	159654	142251
四 川	Sichuan	4296	33816	1155817	319488	268332
贵 州	Guizhou	2404	26130	467421	266159	205697
云 南	Yunnan	4361	33096	782788	267093	222232
西 藏	Tibet	602	7773	102973	66498	44393
陕 西	Shaanxi	1294	10019	482391	95348	82596
甘 肃	Gansu	1504	8647	610513	92795	75853
青 海	Qinghai	311	3061	54175	25030	20444
宁 夏	Ningxia	525	2814	303584	27445	21633
新 疆	Xinjiang	1163	10114	163564	75572	66411

4-4-2 续表 continued

地 区	Region	#养老、医疗、失业等保险费 Endowment, Medical and Unemployment Insurance	#工资总额 Total Wages Payable	#税金总额 Total Taxes	营业利润（万元） Business Profits (10 000 yuan)
全 国	**National Total**	**142774**	**1679695**	**184864**	**717719**
北 京	Beijing	3105	19600	2577	7815
天 津	Tianjin	1728	14623	1481	2417
河 北	Hebei	2436	31311	2292	9659
山 西	Shanxi	1048	20273	4226	10109
内蒙古	Inner Mongolia	2069	21569	8315	17289
辽 宁	Liaoning	3353	35965	8988	11379
吉 林	Jilin	1005	14416	1037	12180
黑龙江	Heilongjiang	1016	12397	1492	10314
上 海	Shanghai	9007	43184	6460	10760
江 苏	Jiangsu	13032	118772	10820	23200
浙 江	Zhejiang	17165	175258	23050	69911
安 徽	Anhui	3571	54896	3064	25648
福 建	Fujian	6335	124327	11121	50599
江 西	Jiangxi	3263	51589	3224	28847
山 东	Shandong	4377	42197	2969	17436
河 南	Henan	2033	38446	3701	19598
湖 北	Hubei	3278	40510	3027	18124
湖 南	Hunan	5859	95964	10603	37335
广 东	Guangdong	25131	195081	23709	60535
广 西	Guangxi	3724	52781	3905	26200
海 南	Hainan	2619	24551	2160	3127
重 庆	Chongqing	4341	53616	4883	17403
四 川	Sichuan	8796	97619	7888	51155
贵 州	Guizhou	5409	82882	19612	60462
云 南	Yunnan	2921	89954	5142	44861
西 藏	Tibet	372	22483	1227	22105
陕 西	Shaanxi	1568	30629	2983	12752
甘 肃	Gansu	1466	28553	1924	16942
青 海	Qinghai	363	8667	622	4587
宁 夏	Ningxia	367	8663	436	5813
新 疆	Xinjiang	2017	28922	1929	9161

4-4-3 网吧基本情况
Basic Statistics on Internet Bars

年 份 Year	机构数 (个) Number of Institutions (unit)	从业人员 (人) Number of Engaged Persons (person)	资产总计 (万元) Total Assets (10 000 yuan)	营业收入 (万元) Business Revenue (10 000 yuan)	营业利润 (万元) Business Profits (10 000 yuan)
2007	133163	539460	4304405	3434114	1036162
2008	134267	565707	5307279	3645153	913361
2009	138048	580749	5585437	3785362	1510735
2010	140376	584912	5864306	3626809	1490620
2011	141275	567170	6282208	3754922	1565375
2012	135683	529362	6222263	3539807	1431362
2013	131013	478242	8051486	3879399	1425890
2014	129368	452368	7431831	4479929	1962960
2015	134847	480260	6939291	4009643	1302975
2016	141587	488209	7484979	4323160	1312916
2017	143434	440853	6947788	3825868	1071760
2018	124266	346686	5592315	2946316	767578
2019	116807	311859	4858896	2443944	416879

4-4-4 分地区网吧基本情况(2019年)
Basic Statistics on Internet Bars by Region(2019)

地 区	Region	机构数 (个) Number of Institutions (unit)	从业人员 (人) Number of Engaged Persons (person)	资产总计 (万元) Total Assets (10 000 yuan)	营业收入 (万元) Business Revenue (10 000 yuan)	营业成本 (万元) Business Costs (10 000 yuan)
全 国	**National Total**	**116807**	**311859**	**4858896**	**2443944**	**2022517**
北 京	Beijing	445	1995	25755	10802	10469
天 津	Tianjin	956	2398	40216	17937	16239
河 北	Hebei	3495	9724	121006	58927	49380
山 西	Shanxi	2135	7159	104592	42767	35147
内蒙古	Inner Mongolia	1923	5904	96049	42697	32767
辽 宁	Liaoning	2007	5655	81658	37419	32957
吉 林	Jilin	1804	5339	82085	34127	28522
黑龙江	Heilongjiang	2943	6596	91511	37298	29243
上 海	Shanghai	831	4303	72324	51501	47925
江 苏	Jiangsu	11333	18952	334971	173528	143434
浙 江	Zhejiang	6181	16709	284558	170310	144947
安 徽	Anhui	7196	16496	291431	137240	105652
福 建	Fujian	1831	5187	72915	47032	40030
江 西	Jiangxi	3133	11198	202248	105160	78540
山 东	Shandong	11134	15120	216223	102586	81560
河 南	Henan	9625	22525	298199	133936	102495
湖 北	Hubei	5815	14336	254982	127447	103051
湖 南	Hunan	8799	24669	411302	194048	164584
广 东	Guangdong	6298	20556	267064	166189	155192
广 西	Guangxi	2772	8813	97751	56823	44494
海 南	Hainan	1120	2554	32997	14798	13844
重 庆	Chongqing	3549	12001	175255	99963	84307
四 川	Sichuan	8097	29452	447665	236583	196664
贵 州	Guizhou	3483	11360	198861	101835	77267
云 南	Yunnan	3391	9196	148559	65907	53442
西 藏	Tibet	343	1457	36614	15226	11922
陕 西	Shaanxi	2885	10175	152534	66771	58385
甘 肃	Gansu	1283	4373	92966	39595	30832
青 海	Qinghai	315	1655	32237	12849	11327
宁 夏	Ningxia	484	1784	29919	12502	11462
新 疆	Xinjiang	1201	4218	64450	30141	26438

4-4-4 续表 continued

地 区	Region	#养老、医疗、失业等保险费 Endowment, Medical and Unemployment Insurance	#工资总额 Total Wages Payable	#税金总额 Total Taxes	营业利润（万元） Business Profits (10 000 yuan)
全 国	**National Total**	**54132**	**838236**	**29251**	**416879**
北 京	Beijing	547	4472	138	182
天 津	Tianjin	461	6246	229	1698
河 北	Hebei	943	21363	517	9536
山 西	Shanxi	558	14362	447	7563
内蒙古	Inner Mongolia	597	13220	1389	9930
辽 宁	Liaoning	743	12408	401	4068
吉 林	Jilin	781	11135	555	5592
黑龙江	Heilongjiang	593	11500	393	7110
上 海	Shanghai	1826	16949	980	3478
江 苏	Jiangsu	4301	59578	1708	29772
浙 江	Zhejiang	5827	60054	2580	25364
安 徽	Anhui	3615	42799	933	31589
福 建	Fujian	621	17756	299	7003
江 西	Jiangxi	2999	33196	1729	26621
山 东	Shandong	3009	33010	1125	21031
河 南	Henan	2099	47479	1569	31077
湖 北	Hubei	2759	42399	1434	23388
湖 南	Hunan	3751	66889	2307	29465
广 东	Guangdong	5740	65007	2239	11003
广 西	Guangxi	855	19469	2526	12303
海 南	Hainan	557	5718	208	954
重 庆	Chongqing	1605	35517	471	15221
四 川	Sichuan	4637	81606	1771	39921
贵 州	Guizhou	1441	30081	1101	24571
云 南	Yunnan	516	22573	586	12466
西 藏	Tibet	136	5179	81	3304
陕 西	Shaanxi	851	25939	650	8000
甘 肃	Gansu	467	11121	331	8442
青 海	Qinghai	148	4830	100	1501
宁 夏	Ningxia	213	4454	134	1041
新 疆	Xinjiang	937	11928	321	3688

4-4-5 分地区动漫企业基本情况(2019年)
Basic Statistics on Comic and Animation Enterprises by Region(2019)

单位：万元 (10 000 yuan)

地区	Region	企业数(个) Number of Enterprises (unit)	从业人员(人) Number of Engaged Persons (person)	资产总计 Total Assets	营业收入 Business Revenue
全国	**National Total**	**518**	**21089**	**2352424**	**1032169**
中央本级	Central-level	1	56	32752	3632
北京	Beijing	67	1582	151828	61967
天津	Tianjin	12	311	48351	7713
河北	Hebei	15	331	18780	4365
山西	Shanxi	18	114	17637	1171
内蒙古	Inner Mongolia	5	55	16541	1163
辽宁	Liaoning	13	244	19441	3939
吉林	Jilin	9	178	79171	2145
黑龙江	Heilongjiang	11	367	23149	11806
上海	Shanghai	25	1520	180133	89187
江苏	Jiangsu	77	775	112324	21526
浙江	Zhejiang	16	1068	119277	35401
安徽	Anhui	20	1159	63957	36970
福建	Fujian	33	1713	267142	148146
江西	Jiangxi	16	318	14612	21831
山东	Shandong	13	538	28770	19110
河南	Henan	5	278	26961	13326
湖北	Hubei	10	1104	99367	58013
湖南	Hunan	22	1128	120134	73957
广东	Guangdong	68	6925	679408	341934
广西	Guangxi	9	211	14306	2935
海南	Hainan				
重庆	Chongqing	5	131	16709	10677
四川	Sichuan	5	226	25431	40695
贵州	Guizhou	4	10	1444	272
云南	Yunnan	9	233	9805	7348
西藏	Tibet	2	11	1946	1394
陕西	Shaanxi	11	216	9338	5202
甘肃	Gansu	6	91	136525	1742
青海	Qinghai				
宁夏	Ningxia	5	84	10787	1683
新疆	Xinjiang	6	112	6401	2921

4-4-5 续表 1 continued

单位：万元 (10 000 yuan)

地 区	Region	营业成本 Business Cost	营业利润 Business Profit	利润总额 Total Profits	本年发放工资总额 Total Wages Payable During the Year
全 国	**National Total**	**975796**	**56374**	**78264**	**221215**
中央本级	Central-level	3222	410	443	78
北 京	Beijing	74067	-12100	-10770	19441
天 津	Tianjin	11213	-3499	-3368	3044
河 北	Hebei	3354	1011	1156	2131
山 西	Shanxi	1353	-182	-228	447
内蒙古	Inner Mongolia	1177	-14	57	189
辽 宁	Liaoning	5619	-1680	-1267	1314
吉 林	Jilin	3862	-1717	-1821	1102
黑龙江	Heilongjiang	12492	-686	-66	1882
上 海	Shanghai	86575	2611	3315	19043
江 苏	Jiangsu	23793	-2266	-1674	6125
浙 江	Zhejiang	29885	5516	6369	7507
安 徽	Anhui	36118	852	3923	10873
福 建	Fujian	137126	11020	12188	24892
江 西	Jiangxi	17895	3937	3931	1191
山 东	Shandong	18618	492	1136	3382
河 南	Henan	12875	451	1071	1691
湖 北	Hubei	55215	2798	2965	7316
湖 南	Hunan	67117	6840	7737	12906
广 东	Guangdong	301401	40532	48329	87850
广 西	Guangxi	2849	86	383	864
海 南	Hainan				
重 庆	Chongqing	10209	468	584	791
四 川	Sichuan	37096	3599	3983	1913
贵 州	Guizhou	247	25	25	39
云 南	Yunnan	7861	-513	-76	2698
西 藏	Tibet	113	1282	1283	103
陕 西	Shaanxi	5716	-514	472	1048
甘 肃	Gansu	1963	-222	-185	175
青 海	Qinghai				
宁 夏	Ningxia	2487	-804	-391	462
新 疆	Xinjiang	4279	-1358	-1238	722

4-4-5 续表 2 continued

单位：万元 (10 000 yuan)

地 区	Region	本年应交税金总额 Total Taxes Payable During the Year	经营面积（万平方米） Floor Space of Buildings Actually Used (10 000 sq.m)	原创漫画作品（部） Original Comics (unit)	原创动画作品（部） Original Animations (unit)
全 国	**National Total**	**50449**	**56.93**	**217082**	**7222**
中央本级	Central-level	67	0.45		
北 京	Beijing	2645	1.77	195044	164
天 津	Tianjin	249	0.76	105	21
河 北	Hebei	154	0.65	50	19
山 西	Shanxi	41	0.23	40	41
内蒙古	Inner Mongolia	55	0.14	4	4
辽 宁	Liaoning	60	0.87	41	21
吉 林	Jilin	108	2.62	181	56
黑龙江	Heilongjiang	169	1.91	499	596
上 海	Shanghai	3300	4.30	401	40
江 苏	Jiangsu	746	6.00	28	188
浙 江	Zhejiang	2380	1.62	329	183
安 徽	Anhui	2195	4.77	107	418
福 建	Fujian	7280	3.70	3404	2530
江 西	Jiangxi	856	1.23	4	9
山 东	Shandong	938	1.02	81	166
河 南	Henan	292	0.40	607	13
湖 北	Hubei	780	2.69	18	57
湖 南	Hunan	3557	2.03	503	614
广 东	Guangdong	22253	13.70	15441	1463
广 西	Guangxi	93	0.45	66	42
海 南	Hainan				
重 庆	Chongqing	151	0.25	9	3
四 川	Sichuan	1462	0.47	11	15
贵 州	Guizhou	13	0.03	1	1
云 南	Yunnan	269	0.40	6	5
西 藏	Tibet	2	0.03	7	5
陕 西	Shaanxi	168	1.31	23	445
甘 肃	Gansu	82	2.02	48	52
青 海	Qinghai				
宁 夏	Ningxia	31	0.59	10	22
新 疆	Xinjiang	54	0.53	14	29

4-5-1 全国广告业基本情况
Basic Statistics on Advertising Industry

年 份 Year	广告经营单位 (个) Number of Advertising Units (unit)	广告从业人员 (人) Number of Persons Engaged in Advertising (person)	广告经营额 (万元) Advertising Turnover (10 000 yuan)
2007	172615	1112528	17409626
2008	185765	1266393	18995614
2009	204982	1334898	20410322
2010	243445	1480525	23405076
2011	296507	1673444	31255529
2012	377778	2177840	46982791
2013	445365	2622053	50197459
2014	543690	2717939	56056033
2015	671893	3072542	59734094
2016	875146	3900384	64891296
2017	1123059	4381795	68964052
2018	1375892	5582253	79914851
2019	1646733	5968925	86945898

4-5-2 分地区广告经营单位
Number of Advertising Units by Region

单位：个 (unit)

地区	Region	2009	2010	2011	2012	2013	2014
全国	**National Total**	**204982**	**243445**	**296507**	**377778**	**445365**	**543690**
北京	Beijing	15692	17837	18297	25176	24803	28823
天津	Tianjin	7601	8587	12185	14272	16045	21827
河北	Hebei	4347	3748	3863	5375	7237	4969
山西	Shanxi	3016	4047	4275	4333	5188	5162
内蒙古	Inner Mongolia	2239	3347	3559	6835	7891	7258
辽宁	Liaoning	4829	5294	5310	8671	8386	9661
吉林	Jilin	2852	3824	4399	5650	5580	9932
黑龙江	Heilongjiang	2669	2468	2917	3393	4441	4772
上海	Shanghai	36960	47563	58560	68574	84451	118067
江苏	Jiangsu	13486	15864	17506	24824	26599	27550
浙江	Zhejiang	13362	15772	20284	23005	27981	29967
安徽	Anhui	5145	6834	6994	8486	9730	11706
福建	Fujian	7382	7588	8837	10455	15430	16203
江西	Jiangxi	3693	4063	4173	7006	7643	8505
山东	Shandong	11803	15436	21315	26136	37634	50269
河南	Henan	6780	7969	8621	10343	12621	14574
湖北	Hubei	5088	5415	6565	7389	12565	15618
湖南	Hunan	2692	4031	5473	9908	14839	17871
广东	Guangdong	21396	25037	27178	33972	32666	35431
广西	Guangxi	4631	4825	4857	9206	10928	16282
海南	Hainan	1155	1389	1959	2097	3975	3802
重庆	Chongqing	8022	8584	16610	21224	25637	33661
四川	Sichuan	5192	7075	11011	14542	13640	16548
贵州	Guizhou	1199	1203	2330	3487	1723	1092
云南	Yunnan	4159	4561	6539	9513	11215	14524
西藏	Tibet	362	417	621	653	683	731
陕西	Shaanxi	1768	2253	2816	2934	2859	1976
甘肃	Gansu	1612	1754	1911	2018	3987	3726
青海	Qinghai	401	413	536	677	730	2426
宁夏	Ningxia	1281	1861	1999	2191	1458	2238
新疆	Xinjiang	4168	4386	5007	5433	6800	8519

4-5-2 续表 continued

单位：个 (unit)

地 区	Region	2015	2016	2017	2018	2019
全 国	**National Total**	**671893**	**875146**	**1123059**	**1375892**	**1646733**
北 京	Beijing	30383	28780	32273	36165	40174
天 津	Tianjin	22045	17184	66929	40994	44645
河 北	Hebei	7894	37495	44638	52862	67002
山 西	Shanxi	10579	23658	25249	35985	5129
内蒙古	Inner Mongolia	6197	6331	6942	7206	2770
辽 宁	Liaoning	12471	12374	13941	16030	18514
吉 林	Jilin	12188	28997	18987	24067	27468
黑龙江	Heilongjiang	4572	6761	8314	13924	13695
上 海	Shanghai	157124	212619	266695	340477	431984
江 苏	Jiangsu	33122	39184	66830	96974	120072
浙 江	Zhejiang	34230	38592	51275	61545	77120
安 徽	Anhui	13213	12437	23400	41312	24512
福 建	Fujian	16970	21961	17953	23375	30273
江 西	Jiangxi	9519	6099	11299	15686	16493
山 东	Shandong	65500	73737	88271	110926	127341
河 南	Henan	12399	12574	11871	12570	9335
湖 北	Hubei	17571	24622	33207	41034	46237
湖 南	Hunan	36120	52070	66211	87798	114431
广 东	Guangdong	49782	58020	71593	82719	107063
广 西	Guangxi	24966	29263	42780	49076	54073
海 南	Hainan	5831	9826	14044	14795	25644
重 庆	Chongqing	42736	55458	68318	87903	102020
四 川	Sichuan	18214	29225	29846	42741	44493
贵 州	Guizhou	2446	5081	5112	9685	58685
云 南	Yunnan	4285	9097	7042	8723	13241
西 藏	Tibet	881	915	3389	3389	435
陕 西	Shaanxi	2024	972	4079	2058	3828
甘 肃	Gansu	4216	3875	1210	2756	3843
青 海	Qinghai	2491	3013	7390	6817	1613
宁 夏	Ningxia	3097	4139	3184	1364	1002
新 疆	Xinjiang	8827	10787	10787	4936	13598

4-5-3 分地区广告从业人员
Basic Statistics on Persons Engaged in Advertising by Region

单位：人 (person)

地 区	Region	2009	2010	2011	2012	2013	2014
全 国	**National Total**	**1334898**	**1480525**	**1673444**	**2177840**	**2622053**	**2717939**
北 京	Beijing	125651	123582	120975	98670	106764	127369
天 津	Tianjin	43776	57768	64219	69195	80489	120174
河 北	Hebei	30112	25584	26196	20019	31720	17574
山 西	Shanxi	20706	25353	25253	24124	28047	29249
内蒙古	Inner Mongolia	17370	21433	23654	48397	50690	46849
辽 宁	Liaoning	32431	38870	39088	59953	62383	65095
吉 林	Jilin	15046	19167	16338	33769	35961	41468
黑龙江	Heilongjiang	20613	19154	22866	24011	25388	27501
上 海	Shanghai	168488	215208	182356	213539	262979	293204
江 苏	Jiangsu	100877	108523	117462	177963	253360	215542
浙 江	Zhejiang	94658	113701	139286	156194	179573	186297
安 徽	Anhui	31889	38526	41392	51090	63578	77715
福 建	Fujian	54752	57151	67707	72907	102695	112051
江 西	Jiangxi	32055	35260	35810	56048	66088	68747
山 东	Shandong	81513	97705	114562	154247	216045	276577
河 南	Henan	49546	53463	60682	69440	81481	91509
湖 北	Hubei	33367	40745	43981	44740	71736	85964
湖 南	Hunan	16244	20136	27488	45646	98389	107641
广 东	Guangdong	157772	152136	183844	207053	222086	256264
广 西	Guangxi	34750	32491	36950	162489	45836	88979
海 南	Hainan	7289	7956	11412	14105	17403	15351
重 庆	Chongqing	46383	45763	77216	98255	146197	160564
四 川	Sichuan	30374	32477	74738	91185	44375	47343
贵 州	Guizhou	7781	7821	12110	17435	7810	4140
云 南	Yunnan	19563	20377	26647	80223	260547	85120
西 藏	Tibet	2214	2663	3892	3897	1661	2054
陕 西	Shaanxi	11446	15125	19881	20252	14741	9415
甘 肃	Gansu	12440	12622	13527	14027	9142	7692
青 海	Qinghai	3156	3182	4127	4345	4724	9379
宁 夏	Ningxia	7910	11126	11619	13174	5896	11663
新 疆	Xinjiang	24726	25457	28166	31448	24269	29449

4-5-3 续表 continued

单位：人 (person)

地 区	Region	2015	2016	2017	2018	2019
全 国	**National Total**	**3072542**	**3900384**	**4381795**	**5582253**	**5968925**
北 京	Beijing	133924	119586	130440	128459	137729
天 津	Tianjin	121377	162120	186660	346724	344929
河 北	Hebei	29646	138831	155920	188215	220396
山 西	Shanxi	28223	61791	73576	128455	10228
内蒙古	Inner Mongolia	43033	43105	47716	46275	7081
辽 宁	Liaoning	55266	60583	76762	115641	128954
吉 林	Jilin	53673	140250	83983	121208	168285
黑龙江	Heilongjiang	14383	24793	25349	32989	32709
上 海	Shanghai	323120	359979	395160	411845	411827
江 苏	Jiangsu	245566	299211	396465	558300	608413
浙 江	Zhejiang	217261	238324	272952	324405	457991
安 徽	Anhui	91438	102859	132972	256577	196774
福 建	Fujian	117182	112635	88206	120477	125881
江 西	Jiangxi	73244	63490	71480	92997	120078
山 东	Shandong	331382	384592	430054	563135	572075
河 南	Henan	78367	77576	70603	72812	52098
湖 北	Hubei	94620	132129	156750	169441	211706
湖 南	Hunan	155417	343955	459352	551268	584913
广 东	Guangdong	302802	311745	333322	389758	377434
广 西	Guangxi	96801	89463	91560	115678	110266
海 南	Hainan	20613	41435	56641	53810	55625
重 庆	Chongqing	209036	253798	307401	383739	702456
四 川	Sichuan	49945	130042	140528	222672	164037
贵 州	Guizhou	25583	40640	40659	41188	41188
云 南	Yunnan	79066	62379	50102	40108	44101
西 藏	Tibet	1969	3253	7714	7714	1435
陕 西	Shaanxi	8999	3038	10337	13398	25504
甘 肃	Gansu	11091	10255	5233	12858	13143
青 海	Qinghai	12128	21357	25947	57902	4349
宁 夏	Ningxia	16932	27835	18616	4941	3334
新 疆	Xinjiang	30455	39335	39335	9264	33986

4-5-4　分地区广告经营额
Basic Statistics on Advertising Turnover by Region

单位：万元　　(10 000 yuan)

地　区	Region	2008	2009	2010	2011	2012	2013
全　国	**National Total**	**18995614**	**20410322**	**23405076**	**31255529**	**46982791**	**50197459**
北　京	Beijing	3922959	4238201	5366075	8096238	18076138	17947004
天　津	Tianjin	839202	929026	1041410	1224000	1400889	1859919
河　北	Hebei	128791	137833	111999	117406	72509	130966
山　西	Shanxi	201665	241880	258859	308566	340590	357366
内蒙古	Inner Mongolia	84382	104449	111829	134331	306339	305059
辽　宁	Liaoning	428508	442073	510257	516301	954810	971860
吉　林	Jilin	188264	220607	256011	284600	343428	348793
黑龙江	Heilongjiang	203948	214565	300475	347454	426538	453027
上　海	Shanghai	3133541	3182216	3780770	4376913	4378926	4495594
江　苏	Jiangsu	1535291	1789402	1532984	2498939	4362070	5008744
浙　江	Zhejiang	1382663	1518760	1922537	2205542	2361417	3105854
安　徽	Anhui	363714	467038	584573	695946	820853	921441
福　建	Fujian	560714	815270	953866	1101842	1202931	1407180
江　西	Jiangxi	231682	249753	287216	323216	350300	378665
山　东	Shandong	702359	763132	867693	1180083	1763867	2182205
河　南	Henan	330443	350996	331570	355623	817906	1043717
湖　北	Hubei	319572	345067	253245	554167	625525	887799
湖　南	Hunan	357640	72551	658912	1043066	1151296	1443225
广　东	Guangdong	2505990	2691187	2525674	3736551	4663079	4006717
广　西	Guangxi	61141	59614	55364	56074	116165	237464
海　南	Hainan	35991	50132	54905	100941	134379	113240
重　庆	Chongqing	333293	331962	267376	339572	375526	535289
四　川	Sichuan	506337	560468	657248	751177	1026968	1107613
贵　州	Guizhou	81419	81419	81629	96450	136450	47595
云　南	Yunnan	177626	202360	212087	294777	343174	368878
西　藏	Tibet	12238	15004	17317	22574	22596	27357
陕　西	Shaanxi	138894	140442	178182	204714	167098	164167
甘　肃	Gansu	40815	52116	65664	87904	90519	26341
青　海	Qinghai	24022	25168	28012	38019	41206	45358
宁　夏	Ningxia	28306	16403	27899	31612	33241	33064
新　疆	Xinjiang	134209	101229	103436	130929	76057	235958

4-5-4 续表 continued

单位：万元 (10 000 yuan)

地 区	Region	2014	2015	2016	2017	2018	2019
全 国	**National Total**	**56056033**	**59734094**	**64891296**	**68964052**	**79914851**	**86945898**
北 京	Beijing	19218405	18239886	18027225	17323440	24077745	25655376
天 津	Tianjin	2173803	2195542	919369	920430	980863	2453225
河 北	Hebei	57395	73652	1230863	985690	1019854	513417
山 西	Shanxi	350829	302239	314606	315040	330121	198970
内蒙古	Inner Mongolia	214589	180269	181285	182259	145791	29032
辽 宁	Liaoning	987868	800007	711811	720837	727804	756852
吉 林	Jilin	391094	422570	908428	543404	461822	561851
黑龙江	Heilongjiang	485589	235521	262157	233831	232599	237208
上 海	Shanghai	4636489	4896593	5311254	5644485	5932226	6354791
江 苏	Jiangsu	4241330	5083956	6538450	8029638	8680766	9534506
浙 江	Zhejiang	3154643	3667376	4226605	5511688	5902406	6962271
安 徽	Anhui	1118909	1239024	1903204	1565248	1851428	1652791
福 建	Fujian	1585591	1651918	338589	377341	1313198	1430218
江 西	Jiangxi	371160	404564	679573	738157	811281	875181
山 东	Shandong	2828396	3649514	4200082	4926925	5559354	5792819
河 南	Henan	1312050	1408515	1432600	1390442	1382088	571880
湖 北	Hubei	1248263	1463461	1735014	2009945	2268397	2303320
湖 南	Hunan	1764002	2014053	2423318	2842855	3192888	3553582
广 东	Guangdong	6885455	8451359	9312508	9708141	9970639	11810748
广 西	Guangxi	237312	251493	195286	195670	194699	210367
海 南	Hainan	64072	137440	154044	266471	268939	279620
重 庆	Chongqing	642168	764308	905252	1098294	1204439	1288340
四 川	Sichuan	1167277	1280196	1431699	1757234	1826521	2236708
贵 州	Guizhou	28869	21310	533410	541909	545851	565649
云 南	Yunnan	367836	396490	381546	472658	683837	780173
西 藏	Tibet	29137	41999	58145	71254	71254	2000
陕 西	Shaanxi	124646	68600	166803	183209	112045	24663
甘 肃	Gansu	26234	34848	30737	20825	49333	75783
青 海	Qinghai	73058	74851	80835	82540	76813	26372
宁 夏	Ningxia	32225	45204	35528	43122	8768	5113
新 疆	Xinjiang	237338.18	237338.18	261072	261072	31084	203073

4-5-5 与文化产业相关的通信业基本情况
Basic Statistics on Communication Service Related with Culture Industries

指标名称	Item	2010	2011	2012	2013
用户规模	**Number of Subscribers**				
移动电话用户(万户)	Mobile Telephone Subscribers (10 000 subscribers)	85900.3	98625.3	111215.5	122911.3
#移动个性化回铃用户	Subsctibers of Mobile Music Ring Back Tone	57408.2	61414.3	60838.4	60249.9
手机报用户	Subscribers of Mobile Newspapers	11189.7	16105.7	9592.5	8746.5
(固定)互联网宽带接入用户(万户)	Subscribers with Access to Internet by Broadband (10 000 subscribers)	12629.1	15000.1	17518.3	18890.9
移动互联网用户(万户)	Subscribers of Mobile Internet (10 000 subscribers)	51520.8	63432.3	76436.5	80756.3
宽带电视用户(万户)	Subscribers of Broadband TV (10 000 subscribers)	719.0	1348.8	2174.3	2842.5
手机电视用户(万户)	Subscribers of Mobile TV (10 000 subscribers)	909.5	5676.2	7085.1	4411.2
互联网网民人数(亿人)	Internet Users (100 million persons)	4.57	5.13	5.64	6.18
业务使用量	**Business Volume**				
移动短信业务量(亿条)	Short Message Services (100 million messages)	8277.5	8790.0	8973.1	8567.0
固定互联网宽带接入时长(亿分钟)	Access Length of Fixed Internet by Broadband (100 million minutes)	104017.5	197701.8	278468.2	325447.5
移动互联网接入流量(万GB)	Access Volume of Mobile Internet (10 000 GB)	39935.9	54083.1	87926.1	126715.7
网页长度(总字节数)(GB)	Length of Webpages (GB)	1833476	3160028	4902328	7133363
网站数(万个)	Number of Websites (10 000 units)	190.8	229.6	268.1	320.2
网络基础设施投资和能力	**Infrastructure Investmen and Capacity**				
电信固定资产投资(亿元)	Fixed Assets Investment of Telecommunication (100 million yuan)	3021.6	3382.2	3616.2	3742.6
#互联网及数据通信	Internet and Data Communication	405.8	438.4	417.9	511.1
移动电话基站(万个)	Base Stations of Mobile Phones (10 000 units)	139.8	175.2	206.6	241.0
光缆线路长度(万公里)	Length of Optical Cable Lines (10 000 km)	996.2	1211.9	1479.3	1745.4
互联网宽带接入端口(万个)	Broad Band Subscribers Port of Internet (10 000 ports)	18781.1	23239.4	32108.4	35945.3
IPv4地址数(万个)	Number of IPv4 Addresses (10 000 units)	27763.7	33044.0	33053.5	33030.8
IPv6地址数(块/32)	Number of IPv6 Addresses (piece/32)	401	9398	12535	16670
互联网国际出口带宽(Mbps)	International Internet Bandwidth (Mbps)	1098957	1389529	1899792	3406824
服务水平	**Service**				
移动电话普及率(部/百人)	Popularization Rate of Mobile Telephone (sets/100 persons)	64.4	73.6	82.5	90.3
互联网普及率(%)	Popularization Rate of Internet (%)	34.3	38.3	42.1	45.8
移动电话漫游国家和地区(个)	Countries(Regions)with Mobile Phone Roaming (unit)	239	258	258	258
开通互联网业务的行政村比重(%)	Percentage of Administrative Village with Access to Internet (%)	94.8	94.8	94.9	
开通互联网宽带业务的行政村比重(%)	Percentage of Administrative Village with Access to Internet by Broadband (%)	80.1	84.0	87.9	91.0
互联网和相关服务业	**Internet and Related Service**				
企业数(个)	Number of Enterprises (unit)	20071	21291	20815	22099
从业人员(人)	Number of Enmployed Persons (person)	763548	771988	788256	839916
业务收入(亿元)	Revenue (100 million yuan)	1223.6	1813.9	2510.7	3317.0

4-5-5 续表 1 continued

指标名称	Item	2014	2015	2016
用户规模	**Number of Subscribers**			
移动电话用户(万户)	Mobile Telephone Subscribers (10 000 subscribers)	128609.3	127139.7	132193.4
#移动个性化回铃用户	Subsctibers of Mobile Music Ring Back Tone			
手机报用户	Subscribers of Mobile Newspapers			
(固定)互联网宽带接入用户(万户)	Subscribers with Access to Internet by Broadband (10 000 subscribers)	20048.3	25946.6	29720.7
移动互联网用户(万户)	Subscribers of Mobile Internet (10 000 subscribers)	87522.1	96447.2	109395.0
宽带电视用户(万户)	Subscribers of Broadband TV (10 000 subscribers)	3363.7	4589.5	8672.8
手机电视用户(万户)	Subscribers of Mobile TV (10 000 subscribers)			
互联网网民人数(亿人)	Internet Users (100 million persons)	6.49	6.88	7.31
业务使用量	**Business Volume**			
移动短信业务量(亿条)	Short Message Services (100 million messages)	7674.2	6991.8	6670.9
固定互联网宽带接入时长(亿分钟)	Access Length of Fixed Internet by Broadband (100 million minutes)	414354.8	499632.6	
移动互联网接入流量(万GB)	Access Volume of Mobile Internet (10 000 GB)	206193.6	418753.3	937863.5
网页长度(总字节数)(GB)	Length of Webpages (GB)	8879006	14129575	12912603
网站数(万个)	Number of Websites (10 000 units)	334.9	422.9	482.4
网络基础设施投资和能力	**Infrastructure Investmen and Capacity**			
电信固定资产投资(亿元)	Fixed Assets Investment of Telecommunication (100 million yuan)	4006.2	4524.8	3739.1
#互联网及数据通信	Internet and Data Communication	400.2	716.3	809.3
移动电话基站(万个)	Base Stations of Mobile Phones (10 000 units)	350.8	465.6	559.4
光缆线路长度(万公里)	Length of Optical Cable Lines (10 000 km)	2061.3	2486.3	3042.1
互联网宽带接入端口(万个)	Broad Band Subscribers Port of Internet (10 000 ports)	40546.1	57709.4	71276.9
IPv4地址数(万个)	Number of IPv4 Addresses (10 000 units)	33198.8	24698.3	28229.8
IPv6地址数(块/32)	Number of IPv6 Addresses (piece/32)	18797	11362	11362
互联网国际出口带宽(Mbps)	International Internet Bandwidth (Mbps)	4118663	5283570	6640291
服务水平	**Service**			
移动电话普及率(部/百人)	Popularization Rate of Mobile Telephone (sets/100 persons)		92.5	
互联网普及率(%)	Popularization Rate of Internet (%)		50.3	
移动电话漫游国家和地区(个)	Countries(Regions)with Mobile Phone Roaming (unit)	258	255	258
开通互联网业务的行政村比重(%)	Percentage of Administrative Village with Access to Internet (%)			
开通互联网宽带业务的行政村比重(%)	Percentage of Administrative Village with Access to Internet by Broadband (%)	93.5	94.8	96.7
互联网和相关服务业	**Internet and Related Service**			
企业数(个)	Number of Enterprises (unit)	24001	26388	30547
从业人员(人)	Number of Enmployed Persons (person)	807999	850118	885167
业务收入(亿元)	Revenue (100 million yuan)	4229.4	5443.6	6650.6

4-5-5 续表 2 continued

指标名称	Item	2017	2018	2019
用户规模	**Number of Subscribers**			
移动电话用户(万户)	Mobile Telephone Subscribers (10 000 subscribers)	141748.7	156609.8	160134.5
#移动个性化回铃用户	Subsctibers of Mobile Music Ring Back Tone			
手机报用户	Subscribers of Mobile Newspapers			
(固定)互联网宽带接入用户(万户)	Subscribers with Access to Internet by Broadband (10 000 subscribers)	34854.0	40738.2	44927.9
移动互联网用户(万户)	Subscribers of Mobile Internet (10 000 subscribers)	127153.7	127481.5	131852.6
宽带电视用户(万户)	Subscribers of Broadband TV (10 000 subscribers)	12218.0	25526	29395.7
手机电视用户(万户)	Subscribers of Mobile TV (10 000 subscribers)			
互联网网民人数(亿人)	Internet Users (100 million persons)	7.72	8.29	9.04
业务使用量	**Business Volume**			
移动短信业务量(亿条)	Short Message Services (100 million messages)	6641.4	11398.6	15066.4
固定互联网宽带接入时长(亿分钟)	Access Length of Fixed Internet by Broadband (100 million minutes)			
移动互联网接入流量(万GB)	Access Volume of Mobile Internet (10 000 GB)	2459380.3	7090039.3	12199200.6
网页长度(总字节数)(GB)	Length of Webpages (GB)	16314789	18178539	19981731
网站数(万个)	Number of Websites (10 000 units)	533.3	523.4	496.6
网络基础设施投资和能力	**Infrastructure Investmen and Capacity**			
电信固定资产投资(亿元)	Fixed Assets Investment of Telecommunication (100 million yuan)	3725.2	3507.3	3654.1
#互联网及数据通信	Internet and Data Communication	670.5	653.5	402.0
移动电话基站(万个)	Base Stations of Mobile Phones (10 000 units)	618.7	667.2	841.0
光缆线路长度(万公里)	Length of Optical Cable Lines (10 000 km)	3780.1	4316.8	4741.2
互联网宽带接入端口(万个)	Broad Band Subscribers Port of Internet (10 000 ports)	77599.1	86752.3	91578.0
IPv4地址数(万个)	Number of IPv4 Addresses (10 000 units)	33870.5	33892.5	33909.3
IPv6地址数(块/32)	Number of IPv6 Addresses (piece/32)	23430	41079	47885
互联网国际出口带宽(Mbps)	International Internet Bandwidth (Mbps)	7320180	8946570	8827751
服务水平	**Service**			
移动电话普及率(部/百人)	Popularization Rate of Mobile Telephone (sets/100 persons)			
互联网普及率(%)	Popularization Rate of Internet (%)			
移动电话漫游国家和地区(个)	Countries(Regions)with Mobile Phone Roaming (unit)	262	260	261
开通互联网业务的行政村比重(%)	Percentage of Administrative Village with Access to Internet (%)			
开通互联网宽带业务的行政村比重(%)	Percentage of Administrative Village with Access to Internet by Broadband (%)			
互联网和相关服务业	**Internet and Related Service**			
企业数(个)	Number of Enterprises (unit)	31470	33337	10543
从业人员(人)	Number of Enmployed Persons (person)	906698	736257	543296
业务收入(亿元)	Revenue (100 million yuan)	7901.9	9796.7	3411.0

5

港澳台地区统计资料

Statistical Indicators of
Hong Kong, Macao and Taiwan Province of China

5-1-1 香港文化及创意产业增加值
Value Added of the Cultural and Creative Industries of Hong Kong, China

单位：百万港元，% (HKD million,%)

项 目	Item	2008	2009	2010	2011
文化及创意产业增加值	**Value-added of Cultural and Creative Industries**	**63275**	**63266**	**77573**	**89551**
艺术品、古董及工艺品	Art, Antiques and Crafts	5470	5631	7121	10142
文化教育及图书馆、档案保存和博物馆服务	Cultural Education and Library, Archive and Museum Services	984	976	1065	1137
表演艺术	Performing Arts	706	824	862	872
电影及录像和音乐	Film, Video and Music	3122	2741	2982	3239
电视及电台	Television and Radio	4614	4189	5677	7322
出版	Publishing	15716	12329	13655	13329
软件、电脑游戏及互动媒体	Software, Computer Games and Interactive Media	18204	21429	27263	32663
设计	Design	2683	2289	2932	3615
建筑	Architecture	4941	6674	7968	8537
广告	Advertising	6075	5250	6805	7128
娱乐服务	Amusement Services	759	932	1244	1566
文化及创意产业增加值占本地生产总值百分比	**% of GDP**	**3.9**	**4.0**	**4.5**	**4.7**

资料来源：中国香港特别行政区政府统计处。
Data source: Census and Statistics Department of Hong Kong SAR.

5-1-1 续表 1 continued

单位：百万港元，% (HKD million,%)

项 目	Item	2012	2013	2014	2015
文化及创意产业增加值	**Value-added of Cultural and Creative Industries**	**97837**	**106050**	**109680**	**108920**
艺术品、古董及工艺品	Art, Antiques and Crafts	11446	13633	12199	10157
文化教育及图书馆、档案保存和博物馆服务	Cultural Education and Library, Archive and Museum Services	1161	1246	1465	1289
表演艺术	Performing Arts	932	876	954	1196
电影及录像和音乐	Film, Video and Music	3643	3524	3106	3469
电视及电台	Television and Radio	7043	7986	6431	7174
出版	Publishing	14066	14112	13894	12602
软件、电脑游戏及互动媒体	Software, Computer Games and Interactive Media	37755	40265	44387	46141
设计	Design	3310	3711	4080	4146
建筑	Architecture	9261	9762	11058	10724
广告	Advertising	7322	8682	9254	9182
娱乐服务	Amusement Services	1899	2253	2852	2840
文化及创意产业增加值占本地生产总值百分比	**% of GDP**	**4.9**	**5.1**	**5.0**	**4.7**

5-1-1 续表 2 continued

单位：百万港元，% (HKD million,%)

项 目	Item	2016	2017	2018
文化及创意产业增加值	**Value-added of Cultural and Creative Industries**	**109607**	**111766**	**117769**
艺术品、古董及工艺品	Art, Antiques and Crafts	8020	8871	9256
文化教育及图书馆、档案保存和博物馆服务	Cultural Education and Library, Archive and Museum Services	1414	1479	1580
表演艺术	Performing Arts	1263	1382	1415
电影及录像和音乐	Film, Video and Music	3713	3930	3348
电视及电台	Television and Radio	6501	6396	6560
出版	Publishing	12474	12929	13412
软件、电脑游戏及互动媒体	Software, Computer Games and Interactive Media	48343	49850	53079
设计	Design	4247	4306	4523
建筑	Architecture	11783	10799	11675
广告	Advertising	9187	9138	9777
娱乐服务	Amusement Services	2662	2686	2874
文化及创意产业增加值占本地生产总值百分比	**% of GDP**	**4.5**	**4.4**	**4.4**

5-1-2 香港文化及创意产业就业人数
Number of Persons Engaged in the Cultural and Creative Industries of Hong Kong, China

单位：人，% (person,%)

项 目	Item	2008	2009	2010	2011
文化及创意产业就业人数	**Number of Persons Engaged in Cultural and Creative Industries**	**191260**	**188250**	**189430**	**192930**
艺术品、古董及工艺品	Art, Antiques and Crafts	17620	16910	16600	17160
文化教育及图书馆、档案保存和博物馆服务	Cultural Education and Library, Archive and Museum Services	7310	7450	8410	8810
表演艺术	Performing Arts	2910	2910	3010	3370
电影及录像和音乐	Film, Video and Music	15180	14500	14270	14180
电视及电台	Television and Radio	6960	5790	5440	5460
出版	Publishing	46950	46500	45680	44550
软件、电脑游戏及互动媒体	Software, Computer Games and Interactive Media	43850	43790	44700	46600
设计	Design	11100	11300	12080	13150
建筑	Architecture	12890	12720	13310	14030
广告	Advertising	18450	18390	17820	17600
娱乐服务	Amusement Services	8040	7980	8110	8000
占总就业人数的百分比	**% Share of Total Employment**	**5.4**	**5.4**	**5.4**	**5.4**

资料来源：中国香港特别行政区政府统计处。
Data source: Census and Statistics Department of Hong Kong SAR.

5-1-2 续表 1 continued

单位：人，% (person,%)

项　目	Item	2012	2013	2014	2015
文化及创意产业就业人数	**Number of Persons Engaged in Cultural and Creative Industries**	**200370**	**207490**	**213060**	**213880**
艺术品、古董及工艺品	Art, Antiques and Crafts	17730	18430	19240	18810
文化教育及图书馆、档案保存和博物馆服务	Cultural Education and Library, Archive and Museum Services	9100	9420	10430	10800
表演艺术	Performing Arts	3810	4200	4800	5110
电影及录像和音乐	Film, Video and Music	14700	14990	14960	15050
电视及电台	Television and Radio	5730	6420	6740	6960
出版	Publishing	44220	43900	42660	40810
软件、电脑游戏及互动媒体	Software, Computer Games and Interactive Media	49700	52600	55520	56730
设计	Design	14140	15120	15820	16220
建筑	Architecture	14670	15310	15640	15830
广告	Advertising	18320	18510	18650	18740
娱乐服务	Amusement Services	8230	8590	8600	8810
占总就业人数的百分比	**% Share of Total Employment**	**5.5**	**5.6**	**5.7**	**5.7**

5-1-2 续表 2 continued

单位：人，% (person,%)

项　目	Item	2016	2017	2018
文化及创意产业就业人数	**Number of Persons Engaged in Cultural and Creative Industries**	**212820**	**213400**	**217280**
艺术品、古董及工艺品	Art, Antiques and Crafts	18120	17660	17740
文化教育及图书馆、档案保存和博物馆服务	Cultural Education and Library, Archive and Museum Services	11870	12270	12270
表演艺术	Performing Arts	5390	5380	5440
电影及录像和音乐	Film, Video and Music	14840	14970	15200
电视及电台	Television and Radio	6860	6430	6230
出版	Publishing	39090	37730	36830
软件、电脑游戏及互动媒体	Software, Computer Games and Interactive Media	57550	59240	61220
设计	Design	16350	16700	17590
建筑	Architecture	15940	16130	16130
广告	Advertising	18480	18550	19370
娱乐服务	Amusement Services	8320	8330	9260
占总就业人数的百分比	**% Share of Total Employment**	**5.6**	**5.6**	**5.6**

5-1-3 香港文化及创意产品进出口情况
Total Exports and Imports of Cultural and Creative Goods of Hong Kong, China

单位：百万港元，% (HKD million,%)

项　目	Item	2008	2009	2010	2011	2012	2013
文化及创意产品的出口	**Exports of Cultural and Creative Goods**	**439342**	**371644**	**449803**	**495826**	**537874**	**507105**
古董及工艺品产品	Antiques and Crafts Goods	10496	8363	9849	11194	10696	11505
视觉艺术及设计产品	Visual arts and Design Goods	50010	37235	44990	56400	63450	66430
视听及互动媒体产品	Audio-visual and Interactive Media Goods	317928	273635	334621	362876	393864	364993
表演艺术及节庆产品	Performing Arts and Celebration Goods	46267	40355	47294	52010	57469	52204
出版产品(书籍及报刊)	Publishing Goods (Books and Press)	14641	12056	13049	13346	12395	11973
占整体出口的百分比	**% of Total Exports of Goods**	**15.6**	**15.1**	**14.8**	**14.9**	**15.7**	**14.2**
文化及创意产品的进口	**Imports of Cultural and Creative Goods**	**438975**	**392782**	**477698**	**545928**	**609622**	**596230**
古董及工艺品产品	Antiques and Crafts Goods	10187	8656	10946	15287	13394	14005
视觉艺术及设计产品	Visual arts and Design Goods	48755	40599	58888	91783	106054	110480
视听及互动媒体产品	Audio-visual and Interactive Media Goods	327244	289894	347103	370599	415080	399201
表演艺术及节庆产品	Performing Arts and Celebration Goods	43737	45804	51944	59015	66266	64222
出版产品(书籍及报刊)	Publishing Goods (Books and Press)	9052	7829	8817	9244	8828	8322
占整体进口的百分比	**% of Total Imports of Goods**	**14.5**	**14.6**	**14.2**	**14.5**	**15.6**	**14.7**

资料来源：中国香港特别行政区政府统计处。
Data source: Census and Statistics Department of Hong Kong SAR.

5-1-3 续表 continued

单位：百万港元，% (HKD million,%)

项　目	Item	2014	2015	2016	2017	2018
文化及创意产品的出口	**Exports of Cultural and Creative Goods**	**505067**	**487946**	**452741**	**520761**	**618006**
古董及工艺品产品	Antiques and Crafts Goods	11956	11980	11649	12066	11899
视觉艺术及设计产品	Visual arts and Design Goods	70876	63428	56964	58427	72470
视听及互动媒体产品	Audio-visual and Interactive Media Goods	363525	352662	324894	379791	441617
表演艺术及节庆产品	Performing Arts and Celebration Goods	47004	48517	48189	60560	82221
出版产品(书籍及报刊)	Publishing Goods (Books and Press)	11706	11359	11046	9918	9799
占整体出口的百分比	**% of Total Exports of Goods**	**13.8**	**13.5**	**12.6**	**13.4**	**14.9**
文化及创意产品的进口	**Imports of Cultural and Creative Goods**	**577487**	**534330**	**499242**	**561635**	**668814**
古董及工艺品产品	Antiques and Crafts Goods	13718	12134	14028	12659	12115
视觉艺术及设计产品	Visual arts and Design Goods	127796	112383	111420	122954	130305
视听及互动媒体产品	Audio-visual and Interactive Media Goods	368887	347570	313503	358932	434645
表演艺术及节庆产品	Performing Arts and Celebration Goods	58880	53798	52173	59586	83753
出版产品(书籍及报刊)	Publishing Goods (Books and Press)	8206	8445	8119	7505	7996
占整体进口的百分比	**% of Total Imports of Goods**	**13.7**	**13.2**	**12.5**	**12.9**	**14.2**

5-1-4 香港文化及创意服务输出和输入情况
Exports and Imports of Cultural and Creative Services of Hong Kong, China

单位：百万港元，%　　(HKD million,%)

项　目	Item	2008	2009	2010	2011
文化及创意服务的输出	**Exports of Cultural and Creative Services**	**20921**	**19707**	**22185**	**24276**
广告、市场研究及公众意见调查服务	Advertising, Market Research and Public Opinion Polling Services	4748	4902	5063	5701
建筑、工程、科学及其他技术服务	Architectural, Engineering and Other Technical Services	3988	3595	3745	3731
电脑服务	Computer Services	4754	4787	6307	6621
资讯服务	Information Services	551	509	570	742
视听及有关服务	Audio-visual and Related Services	1775	881	869	858
其他个人、文化及康乐服务	Other Personal, Cultural and Recreational Services	2077	2162	2441	2820
研究及发展服务	Research and Development Services	363	350	395	535
特许经营权及商标以外的知识产权使用费	Charges for the Use of Intellectual Property Rights Other Than Franchises and Trademarks	2665	2521	2795	3268
占服务输出总额的百分比	**% of Total Exports of Services**	**3.8**	**3.9**	**3.5**	**3.4**
文化及创意服务的输入	**Imports of Cultural and Creative Services**	**20297**	**20674**	**23544**	**24316**
广告、市场研究及公众意见调查服务	Advertising, Market Research and Public Opinion Polling Services	3282	3031	3725	3984
建筑、工程、科学及其他技术服务	Architectural, Engineering and Other Technical Services	1107	1382	1971	2483
电脑服务	Computer Services	3495	3733	3788	3481
资讯服务	Information Services	490	555	596	730
视听及有关服务	Audio-visual and Related Services	654	304	307	495
其他个人、文化及康乐服务	Other Personal, Cultural and Recreational Services	466	423	341	233
研究及发展服务	Research and Development Services	1524	1135	908	917
特许经营权及商标以外的知识产权使用费	Charges for the Use of Intellectual Property Rights Other Than Franchises and Trademarks	9279	10111	11908	11993
占服务输入总额的百分比	**% of Total Imports of Services**	**3.6**	**4.4**	**4.3**	**4.2**

资料来源：中国香港特别行政区政府统计处。
Data source: Census and Statistics Department of Hong Kong SAR.

5-1-4 续表 1 continued

单位：百万港元，% (HKD million,%)

项 目	Item	2012	2013	2014	2015
文化及创意服务的输出	**Exports of Cultural and Creative Services**	**25771**	**25065**	**25515**	**24768**
广告、市场研究及公众意见调查服务	Advertising, Market Research and Public Opinion Polling Services	6090	6451	5961	5347
建筑、工程、科学及其他技术服务	Architectural, Engineering and Other Technical Services	3946	3815	4107	4302
电脑服务	Computer Services	7027	7293	7380	7156
资讯服务	Information Services	766	760	726	701
视听及有关服务	Audio-visual and Related Services	869	732	675	576
其他个人、文化及康乐服务	Other Personal, Cultural and Recreational Services	2807	1087	1328	1423
研究及发展服务	Research and Development Services	606	903	1209	1024
特许经营权及商标以外的知识产权使用费	Charges for the Use of Intellectual Property Rights Other Than Franchises and Trademarks	3660	4024	4129	4239
占服务输出总额的百分比	**% of Total Exports of Services**	**3.4**	**3.1**	**3.1**	**3.1**
文化及创意服务的输入	**Imports of Cultural and Creative Services**	**25340**	**25189**	**25416**	**25402**
广告、市场研究及公众意见调查服务	Advertising, Market Research and Public Opinion Polling Services	4498	4386	4069	4189
建筑、工程、科学及其他技术服务	Architectural, Engineering and Other Technical Services	2544	2593	2837	2923
电脑服务	Computer Services	3706	4260	5087	4998
资讯服务	Information Services	774	1127	1022	1135
视听及有关服务	Audio-visual and Related Services	544	464	389	416
其他个人、文化及康乐服务	Other Personal, Cultural and Recreational Services	320	289	387	430
研究及发展服务	Research and Development Services	1047	1069	1250	1089
特许经营权及商标以外的知识产权使用费	Charges for the Use of Intellectual Property Rights Other Than Franchises and Trademarks	11907	11001	10375	10222
占服务输入总额的百分比	**% of Total Imports of Services**	**4.3**	**4.3**	**4.4**	**4.4**

5-1-4 续表 2 continued

单位：百万港元，% (HKD million,%)

项 目	Item	2016	2017	2018
文化及创意服务的输出	**Exports of Cultural and Creative Services**	**24485**	**25729**	**26916**
广告、市场研究及公众意见调查服务	Advertising, Market Research and Public Opinion Polling Services	5161	5253	5341
建筑、工程、科学及其他技术服务	Architectural, Engineering and Other Technical Services	3972	4262	4571
电脑服务	Computer Services	7132	7328	7471
资讯服务	Information Services	719	723	838
视听及有关服务	Audio-visual and Related Services	658	620	570
其他个人、文化及康乐服务	Other Personal, Cultural and Recreational Services	1670	1938	2141
研究及发展服务	Research and Development Services	805	931	1194
特许经营权及商标以外的知识产权使用费	Charges for the Use of Intellectual Property Rights Other Than Franchises and Trademarks	4368	4674	4790
占服务输出总额的百分比	**% of Total Exports of Services**	**3.2**	**3.2**	**3.0**
文化及创意服务的输入	**Imports of Cultural and Creative Services**	**25352**	**26125**	**27189**
广告、市场研究及公众意见调查服务	Advertising, Market Research and Public Opinion Polling Services	4109	4244	4283
建筑、工程、科学及其他技术服务	Architectural, Engineering and Other Technical Services	2699	2521	2531
电脑服务	Computer Services	5065	5081	5143
资讯服务	Information Services	1085	1108	1215
视听及有关服务	Audio-visual and Related Services	403	365	406
其他个人、文化及康乐服务	Other Personal, Cultural and Recreational Services	581	639	720
研究及发展服务	Research and Development Services	1164	1610	2253
特许经营权及商标以外的知识产权使用费	Charges for the Use of Intellectual Property Rights Other Than Franchises and Trademarks	10246	10559	10638
占服务输入总额的百分比	**% of Total Imports of Services**	**4.4**	**4.3**	**4.2**

5-2-1 澳门文化活动参与情况
Basic Statistics on Arts Attendance of Macao,China

单位：% (%)

类别	Category	2017					
		总参与率 Total Participation Rate	去电影院 Visiting Movie Theaters	参观博物馆或世遗景点 Visiting Museums or Historic Spots	去图书馆 Visiting Libraries	观看表演 Performing Arts Attendance	参观艺术展览 Visting Art Exhibition
总计	**Total**	**54.0**	**35.6**	**25.8**	**24.5**	**15.7**	**7.1**
按性别分组	**By Sex**						
男	Male	52.3	36.2	23.6	23.0	13.9	6.1
女	Female	55.5	35.1	27.8	25.9	17.2	7.9
按年龄分组	**By Age**						
16-24岁	Aged 16-24	83.4	71.3	58.3	30.9	26.8	7.4
25-34岁	Aged 25-34	67.6	56.4	23.3	26.8	17.4	5.9
35-44岁	Aged 35-44	55.9	37.3	28.6	30.8	15.4	8.9
45-54岁	Aged 45-54	43.6	23.5	20.1	21.5	11.8	8.4
55岁及以上	Aged 55 and Over	36.4	10.6	16.9	17.9	12.4	5.9
按教育程度分组	**By Education Attainment**						
小学教育	Primary Education	34.5	13.0	14.5	16.0	7.3	3.1
初中教育	Junior Secondary Education	47.3	27.6	24.2	19.4	13.1	3.7
高中教育	Senior Secondary Education	55.8	39.2	26.1	24.7	12.1	5.6
高等教育	Higher Education	76.4	59.3	36.5	36.9	28.2	15.0
其他	Other Education	23.3	3.5	12.3	10.5	7.1	1.8
按经济活动状况分组	**By Economic Activity Status**						
劳动人口	Economically Active Population	52.9	37.6	21.2	23.5	14.7	7.2
非劳动人口	Non-economically Active Population	56.7	30.8	37.2	27.0	18.0	6.7

5-2-1 续表 1 continued

单位：% (%)

类　别	Category	2018 总参与率 Total Participation Rate	去电影院 Visiting Movie Theaters	参观博物馆或世遗景点 Visiting Museums or Historic Spots	去图书馆 Visiting Libraries	观看表演 Performing Arts Attendance	参观艺术展　览 Visting Art Exhibition
总 计	**Total**	**54.3**	**34.8**	**26.8**	**22.0**	**16.3**	**7.8**
按性别分组	**By Sex**						
男	Male	54.9	36.9	25.5	20.4	14.7	8.0
女	Female	53.7	32.9	28.0	23.5	17.8	7.6
按年龄分组	**By Age**						
16-24岁	Aged 16-24	83.6	65.4	54.8	28.6	23.6	7.4
25-34岁	Aged 25-34	65.1	51.4	24.9	25.1	19.7	7.0
35-44岁	Aged 35-44	60.9	41.8	29.5	26.9	17.5	9.7
45-54岁	Aged 45-54	43.0	25.7	19.9	16.5	11.6	6.5
55岁及以上	Aged 55 and Over	37.8	11.6	20.7	17.6	13.3	8.1
按教育程度分组	**By Education Attainment**						
小学教育	Primary Education	34.3	13.8	16.0	14.4	10.8	5.3
初中教育	Junior Secondary Education	47.1	26.9	25.3	18.7	10.4	4.0
高中教育	Senior Secondary Education	55.3	36.5	27.5	20.2	14.5	5.8
高等教育	Higher Education	75.5	55.4	36.4	33.5	27.1	15.0
其 他	Other Education	21.4	6.5	9.7	6.4	7.4	1.7
按经济活动状况分组	**By Economic Activity Status**						
劳动人口	Economically Active Population	55.0	37.9	23.4	22.1	16.3	7.5
非劳动人口	Non-economically Active Population	52.4	27.1	35.2	21.8	16.5	8.4

5-2-1 续表 2 continued

单位：% (%)

类别	Category	2019 总参与率 Total Participation Rate	去电影院 Visiting Movie Theaters	参观博物馆或世遗景点 Visiting Museums or Historic Spots	去图书馆 Visiting Libraries	观看表演 Performing Arts Attendance	参观艺术展览 Visting Art Exhibition
总计	**Total**	**54.4**	**34.9**	**27.3**	**20.1**	**15.5**	**6.3**
按性别分组	**By Sex**						
男	Male	55.8	36.6	28.1	19.2	13.9	6.0
女	Female	53.2	33.4	26.6	21.0	16.8	6.6
按年龄分组	**By Age**						
16-24岁	Aged 16-24	81.9	63.0	62.7	27.6	25.4	7.3
25-34岁	Aged 25-34	68.6	54.8	25.5	24.0	18.7	6.6
35-44岁	Aged 35-44	60.5	43.3	28.7	23.2	14.4	7.4
45-54岁	Aged 45-54	46.6	26.7	20.7	19.4	10.9	5.0
55岁及以上	Aged 55 and Over	35.5	10.6	19.4	13.4	13.1	5.9
按教育程度分组	**By Education Attainment**						
小学教育	Primary Education	35.4	13.9	18.8	12.3	10.0	4.3
初中教育	Junior Secondary Education	46.7	23.8	23.8	17.3	10.1	3.9
高中教育	Senior Secondary Education	55.9	36.1	26.3	17.5	13.2	4.7
高等教育	Higher Education	74.3	57.9	38.3	30.9	26.0	11.4
其他	Other Education	74.3	5.9	10.0	9.8	7.0	2.8
按经济活动状况分组	**By Economic Activity Status**						
劳动人口	Economically Active Population	55.3	38.7	23.7	21.2	14.9	6.6
非劳动人口	Non-economically Active Population	52.2	25.9	35.7	17.5	16.9	5.7

5-2-2 澳门会展业基本情况
Basic Statistics on Exhibition Industry of Macao,China

指标	Index	2013	2014	2015	2016	2017	2018	2019
举办会议数(个)	Number of Conventions (unit)	958	963	1163	1195	1285	1342	1459
举办商业展览数(个)	Number of Commercial Exhibitions (unit)	66	87	78	55	51	60	58
参与会展人次(千人次)	Number of Persons Participated (1000 person-times)	2034	2614	2393	1500	1608	2118	2003

5-2-3 澳门表演及文化展览情况

Basic Statistics on Public Performance and Cultural Exhibitions of Macao,China

单位：场，人次 (show,person-time)

指　标	Index	2014	2015	2016	2017	2018	2019
总 计	Total						
场次	Number of sessions	41 441	38 472	48 846	45678	45685	46479
观众人次	Number of Audiences	6807118	7368375	8104661	5694030	6295182	7180987
舞 蹈	Dance						
场次	Number of sessions	414	387	330	134	142	177
观众人次	Number of Audiences	119415	104278	83494	60839	77832	130620
音乐会	Concerts						
场次	Number of sessions	1387	1570	1 382	953	1040	920
观众人次	Number of Audiences	481850	558263	472584	560083	738883	650772
综合表演	Variety Show						
场次	Number of sessions	1010	1166	1161	1033	1381	892
观众人次	Number of Audiences	1148838	1122592	1324567	1143115	1148115	1016804
戏 剧	Theatres						
场次	Number of sessions	842	1006	1066	1097	936	1174
观众人次	Number of Audiences	202166	290192	256656	213494	206910	204365
电 影	Movies						
场次	Number of sessions	36133	33034	42480	40214	41335	42167
观众人次	Number of Audiences	1727950	1650774	1808169	1404017	1396972	1330682
文化展览	Cultural Exhibitions						
场次	Number of sessions	691	608	729	544	560	767
观众人次	Number of Audiences	2483109	2851191	2922742	1640710	1762529	2735857
其 他	Others						
场次	Number of sessions	964	701	1698	1703	291	382
观众人次	Number of Audiences	643790	791085	1236449	671772	963941	1111887

5-2-4 澳门公共图书馆及阅览室情况

Basic Statistics on Public Libraries and Reading Rooms of Macao,China

指　标	Index	2014	2015	2016	2017	2018	2019
图书馆及阅览室（个）	Number of Libraries and Reading Rooms (unit)	66	70	70	76	78	78
图书馆工作人员（人）	Number of Staff (person)	359	391	366	376	335	330
坐席数（个）	Seating Capacity (unit)	7581	8180	8624	8819	9213	10056
购书总支出（千澳门元）	Total Expenditure on Purchase of Books (1000 MOP)	81813	75212	65973	93342	114920	93659
藏书量（册）	Number of Books (copy)	1908109	2094188	2118728	2242195	2222880	2360150
期刊杂志（份）	Number of Periodicals (piece)	13091	14160	13805	14028	13398	13671
多媒体资料（套）	Multi-media Materials (Set)	2548149	2782456	2710386	2681939	2772588	2852353
#电子书籍	Electronic Books	2157183	2286838	2300290	2264112	2342656	2443572
电子期刊杂志	Electronic Journals	315568	406889	317726	324842	333904	308096
接待人次（人次）	Number of Visitors (person-time)	4756487	5026353	5472499	5374474	5671839	6293687

5-2-5 澳门出版、博物馆及广播电影电视情况
Basic Statistics on Publishing, Museums,Radio, TV and Films of Macao,China

指　标	Index	2014	2015	2016
出版	**Publishing**			
图书	Books			
出版种数（种）	Number of Publications (kind)	632	717	599
日报	Daily newspapers			
出版种数（种）	Number of Publications (kind)	17	17	19
发行量（千份）	Circulation (1000 pieces)	121417	113812	106411
期刊	Periodicals			
出版种数（种）	Number of Publications (kind)	54	56	55
发行量（千份）	Circulation (1000 pieces)	10197	14298	8962
博物馆	**Museums**			
个数（个）	Number of Museums (unit)	22	22	27
参观人次（千人次）	Number of Visitors (1000 person-times)	4553	3864	4179
广电影视	**Radio,TV and Films**			
电视及广播发射台（个）	Number of Television and Radio Broadcasting Stations (unit)	10	9	10
电影院（个）	Number of Cinemas (unit)	5	5	5
银 幕（个）	Number of Screens (unit)	16	16	16
坐席数（个）	Seating capacity (seat)	3682	3682	3682
电影票房收入(千澳门元)	Ticket Sales (1000 MOP)	122287	136895	123288

注：1.图书指配有国际标准书号的图书。
2.部分刊物未能提供发行量。
3.部分博物馆未能提供入馆人次。

a)Books referrs to those with international standard book number.
b)Unavailability of data on circulation of some periodicals.
c)Unavailability of data on visitors of some museums .

5-2-5 续表 continued

指　　标	Index	2017	2018	2019
出版	**Publishing**			
图书	Books			
出版种数（种）	Number of Publications (kind)	635	576	760
日报	Daily newspapers			
出版种数（种）	Number of Publications (kind)	19	18	18
发行量（千份）	Circulation (1000 pieces)	94557	87155	82820
期刊	Periodicals			
出版种数（种）	Number of Publications (kind)	52	54	54
发行量（千份）	Circulation (1000 pieces)	9628	11580	9516
博物馆	**Museums**			
个数（个）	Number of Museums (unit)	27	25	25
参观人次（千人次）	Number of Visitors (1000 person-times)	4285	4657	5405
广电影视	**Radio,TV and Films**			
电视及广播发射台（个）	Number of Television and Radio Broadcasting Stations (unit)	11	11	9
电影院（个）	Number of Cinemas (unit)	6	6	6
银　幕（个）	Number of Screens (unit)	17	17	17
坐席数（个）	Seating capacity (seat)	3742	3742	3729
电影票房收入(千澳门元)	Ticket Sales (1000 MOP)	107605	100406	100432

5-3-1 台湾省文创产业营业额与本地生产总值
Total Revenue of Cultural and Creative Industries and GDP of Taiwan,China

项　　目	Item	2011	2012	2013	2014
文创产业营业额（新台币百万元）	Total Revenue of Cultural and Creative Industries (TWD million)	817062	809305	831035	848393
本地生产总值（新台币百万元,现价）	Gross Domestic Product (current price, TWD million)	14700600	14686917	15230739	16258047
本地生产总值(现价)年增长率(%)	Increase Rate of GDP (%)	1.00	2.62	3.70	6.47
文创营业额占本地生产总值的比率(%)	Total Revenue of Cultural and Creative Industries as % of GDP (%)	5.55	5.51	5.46	5.22

资料来源：1.“2019台湾地区文化创意产业发展年报”（以下相关表同）。
2.国家统计局。

Data source: Annual Report on Development of Cultural and Creative Industries of Taiwan,2019. National Bureau of Statistics of China.The same applies to the relevant tables following.

5-3-1 续表 continued

项　目	Item	2015	2016	2017	2018
文创产业营业额（新台币百万元）	Total Revenue of Cultural and Creative Industries (TWD million)	858659	826568	836206	879816
本地生产总值（新台币百万元,现价）	Gross Domestic Product (current price, TWD million)	17055080	17555268	17983347	18342891
本地生产总值(现价)年增长率(%)	Increase Rate of GDP (%)	4.90	2.93	2.44	2.00
文创营业额占本地生产总值的比率(%)	Total Revenue of Cultural and Creative Industries as % of GDP (%)	5.03	4.71	4.65	4.80

5-3-2 台湾省文创产业从业人员情况
Basic Statistics on Engaged Persons of Cultural and Creative Industries of Taiwan,China

类　别	Category	2014	2015	2016	2017	2018
从业人员（人）	**Engaged Persons (person)**	**245520**	**252306**	**261497**	**260169**	**259416**
出版	Press and Publication	40769	39399	40164	40962	38430
影片服务、声音录制及音乐出版	Films, Recording and Music	16771	15589	17535	16698	14902
传播及节目播送	Media and Broadcasting	29405	31089	27264	22116	23312
广告业及市场研究	Advertising and Market Research	35796	35227	34146	35984	37886
专门设计服务	Design	50311	54420	57130	58571	57536
艺术表演	Arts and Performance	16375	16922	17593	19042	21273
运动、娱乐及休闲服务	Sports, Entertainment and Leisure	56093	59660	67663	66796	66077
创意生活	Creative Life	10991	11610	11889	-	-

5-3-3 台湾省文化创意产业企业情况

Basic Statistics on Enterprises of Cultural and Creative Industries of Taiwan,China

类 别	Category	2011	2012	2013	2014
企业数（个）	**Total Number if Enterprises (unit)**				
视觉艺术	Visual Arts	2522	2295	2288	2284
音乐及表演艺术	Music and Performancing Arts	2151	2453	2788	3156
文化资产应用及展演设施	Use,Exhibition and Performance of Cultural Assets	83	52	69	81
工艺	Art and Antiques	12702	11425	11461	11459
电影	Films	1798	1786	1797	1757
广播电视	Radio and Television	1770	1757	1786	1805
出版	Press and Publication	9159	9036	8884	8642
广告	Advertising	13260	13524	13882	14186
流行音乐及文化内容	Pop Music and Cultural Content	4364	4382	4112	4009
产品设计	Product Design	2612	1520	1475	1464
视觉传达设计	Visual and Media Design	388	448	671	836
品牌时尚设计	Fashion Design	128	1563	1717	1891
建筑设计	Architectural Design	2629	2777	2912	3132
营业额（新台币百万元）	**Total Revenue (TWD million)**				
视觉艺术	Visual Arts	4615	5400	5857	6181
音乐及表演艺术	Music and Performancing Arts	11197	12856	14952	16235
文化资产应用及展演设施	Use,Exhibition and Performance of Cultural Assets	1194	1780	1704	2032
工艺	Art and Antiques	152661	104959	97790	108330
电影	Films	26212	26114	27214	28313
广播电视	Radio and Television	136723	150667	156962	160068
出版	Press and Publication	112764	113200	107226	105494
广告	Advertising	145471	147258	163215	156780
流行音乐及文化内容	Pop Music and Cultural Content	31345	31362	30160	30199
产品设计	Product Design	55548	38373	43242	44578
视觉传达设计	Visual and Media Design	2696	1688	1739	2006
品牌时尚设计	Fashion Design	288	43790	44242	45163
建筑设计	Architectural Design	27842	28107	29447	34727

5-3-3 续表 continued

类 别	Category	2015	2016	2017	2018
企业数（个）	**Total Number if Enterprises (unit)**				
视觉艺术	Visual Arts	2299	2324	2329	2482
音乐及表演艺术	Music and Performancing Arts	3525	3800	4157	4547
文化资产应用及展演设施	Use,Exhibition and Performance of Cultural Assets	519	537	587	631
工艺	Art and Antiques	11611	11553	11493	11366
电影	Films	1793	1911	2057	2208
广播电视	Radio and Television	1827	1856	1945	2056
出版	Press and Publication	8386	8254	8156	8110
广告	Advertising	14430	14557	14786	15138
流行音乐及文化内容	Pop Music and Cultural Content	3962	3883	3915	3991
产品设计	Product Design	1461	1449	1427	1403
视觉传达设计	Visual and Media Design	1057	1220	1331	1482
品牌时尚设计	Fashion Design	2068	2305	2469	2604
建筑设计	Architectural Design	3373	3512	3689	3847
营业额（新台币百万元）	**Total Revenue (TWD million)**				
视觉艺术	Visual Arts	5425	5418	5633	6397
音乐及表演艺术	Music and Performancing Arts	20529	18891	23187	23242
文化资产应用及展演设施	Use,Exhibition and Performance of Cultural Assets	4193	4371	4665	6423
工艺	Art and Antiques	105531	88899	77290	78372
电影	Films	30577	27922	29285	30307
广播电视	Radio and Television	170818	166526	169921	182562
出版	Press and Publication	103284	101938	100203	100986
广告	Advertising	148748	146294	151203	161610
流行音乐及文化内容	Pop Music and Cultural Content	29463	30684	31066	32984
产品设计	Product Design	43578	40462	45899	44488
视觉传达设计	Visual and Media Design	2454	2864	3297	4327
品牌时尚设计	Fashion Design	47912	47350	50535	54303
建筑设计	Architectural Design	33525	33630	33231	37438

6

国际统计资料

International Statistical Indicators

6-1 世界主要国家版权产业增加值占GDP的比重
Contribution of Copyright Industries to GDP in Main Countries

国 家	Country	年 份 Year	版权产业增加值占GDP的比重 Value-added of Copyright Industries as Percentage of GDP (%)
阿根廷	Argentina	2013	4.70
澳大利亚	Australia	2016	7.40
不丹	Bhutan	2011	5.46
文莱	Brunei	2011	1.58
保加利亚	Bulgaria	2011	4.54
加拿大	Canada	2016	5.40
哥伦比亚	Colombia	2008	3.30
克罗地亚	Croatia	2007	4.27
多米尼加	Dominica	2012	3.40
格林纳达	Grenada	2012	4.83
芬兰	Finland	2016	4.70
匈牙利	Hungary	2013	8.25
印度尼西亚	Indonesia	2013	4.11
牙买加	Jamaica	2007	4.81
约旦	Jordan	2012	2.43
肯尼亚	Kenya	2009	5.32
韩国	Korea, Rep. of	2016	9.90
拉脱维亚	Latvia	2004	5.05
黎巴嫩	Lebanon	2007	4.75
立陶宛	Lithuania	2012	5.40
马拉维	Malawi	2013	3.46
马来西亚	Malaysia	2016	5.70
墨西哥	Mexico	2016	4.80
荷兰	Netherlands	2011	6.00
巴基斯坦	Pakistan	2010	4.45
巴拿马	Panama	2009	6.35
秘鲁	Peru	2009	2.67
菲律宾	Philippines	2006	4.82
罗马尼亚	Romania	2008	5.55
俄罗斯	Russia	2014	6.10
新加坡	Singapore	2014	6.20
斯洛文尼亚	Slovenia	2010	5.10
南非	South Africa	2014	4.10
圣基茨/尼维斯	St Kitts/Nevis	2012	6.60
圣卢西亚	St Lucia	2012	8.00
圣文森特	St Vincent	2012	5.60
坦桑尼亚	Tanzania	2012	4.56
泰国	Thailand	2012	4.48
土耳其	Turkey	2011	2.73
乌克兰	Ukraine	2008	2.85
美国	USA	2014	11.30

资料来源：世界知识产权组织。
Data source: WIPO.

6-2 世界主要国家版权产业从业人员占从业总人员数的比重
Employed Persons Engaged in Copyright Industries as Percentage of Total Employed Persons

国家	Country	年份 Year	版权产业从业人员占从业总人员数的比重 Employed Persons Engaged in Copyright Industries as Percentage of Total Employed Persons (%)
阿根廷	Argentina	2013	3.00
澳大利亚	Australia	2016	8.60
不丹	Bhutan	2011	10.09
文莱	Brunei	2011	3.20
保加利亚	Bulgaria	2011	4.92
加拿大	Canada	2016	5.60
哥伦比亚	Colombia	2008	5.80
克罗地亚	Croatia	2007	4.65
多米尼加	Dominica	2012	4.80
格林纳达	Grenada	2012	5.12
芬兰	Finland	2016	5.10
匈牙利	Hungary	2013	7.28
印尼	Indonesia	2013	3.75
牙买加	Jamaica	2007	3.03
约旦	Jordan	2012	2.88
肯尼亚	Kenya	2009	3.26
韩国	Korea, Rep. of	2016	6.20
拉脱维亚	Latvia	2004	5.59
黎巴嫩	Lebanon	2007	4.49
立陶宛	Lithuania	2012	4.92
马拉维	Malawi	2013	3.35
马来西亚	Malaysia	2016	7.50
墨西哥	Mexico	2016	11.00
荷兰	Netherlands	2011	7.40
巴基斯坦	Pakistan	2010	3.71
巴拿马	Panama	2009	3.17
秘鲁	Peru	2009	4.50
菲律宾	Philippines	2006	11.10
罗马尼亚	Romania	2008	4.19
俄罗斯	Russia	2014	7.30
新加坡	Singapore	2014	6.20
斯洛文尼亚	Slovenia	2010	6.80
南非	South Africa	2014	4.10
圣基茨/尼维斯	St Kitts/Nevis	2012	3.10
圣卢西亚	St Lucia	2012	4.40
圣文森特	St Vincent	2012	4.90
坦桑尼亚	Tanzania	2012	5.63
泰国	Thailand	2012	2.85
土耳其	Turkey	2011	5.40
乌克兰	Ukraine	2008	1.90
美国	USA	2014	8.40

资料来源：世界知识产权组织。
Data source: WIPO.

6-3 世界创意产品出口情况
Basic Statistics on Exported Creative Goods

单位：亿美元 (USD 100 million)

类　别	Category	2006	2007	2008	2009	2010
合　计	**Total**	**3174.1**	**4006.2**	**4391.7**	**3772.8**	**4197.7**
工艺品	Art Crafts	284.4	312.4	327.9	271.2	316.0
音像产品	Audio Visuals	154.7	375.4	385.8	332.3	355.1
设计产品	Design	1863.8	2151.5	2371.6	2103.2	2405.6
新媒体	New Media	160.8	373.7	469.2	395.3	404.5
表演艺术	Performing Art	40.0	45.9	50.9	42.0	46.3
出版	Publishing	418.3	455.3	487.0	401.6	404.7
视觉艺术	Visual Arts	252.0	292.0	299.5	227.3	265.5

6-3 续表 continued

类　别	Category	2011	2012	2013	2014	2015
合　计	**Total**	**4915.4**	**5198.9**	**5317.9**	**5771.9**	**5097.5**
工艺品	Art Crafts	360.0	364.1	392.8	404.6	357.2
音像产品	Audio Visuals	362.2	306.9	249.8	241.3	218.8
设计产品	Dcsign	2990.7	3266.0	3423.2	3859.0	3182.2
新媒体	New Media	405.7	415.6	391.5	411.5	421.9
表演艺术	Performing Art	51.9	52.5	51.8	52.8	43.9
出版	Publishing	431.9	401.5	405.5	396.4	336.6
视觉艺术	Visual Arts	312.9	392.3	403.3	406.4	537.0

注：1. 资料来源：联合国贸发会议。
2. 上表中的创意产品包括工艺品(挂毯、庆祝用品、纸制工艺品、柳编工艺品和纱制工艺品)，音像制品(包括电影、CD、DVD和磁带)，设计(包括建筑设计、时尚设计、玻璃器皿设计、室内设计、珠宝设计和玩具设计)，新媒体(包括录制媒体和视频游戏)，表演艺术(包括乐器和乐谱)，出版制品(包括书报刊和其他印刷品)，视觉艺术(包括古董、绘画、摄影和雕刻)以及其他创意品(以下相关表同)。

a) Data source: United Nations Conference on Trade and Development.

b) Creative goods in the table above refer to art crafts (including carpets,celebration,paperware,wickerware and yarn),audio visuals (including film,CD,DVD and tapes),design (including architecture,fashion,glassware,interior,jewellery and toys),new media (including recorded media and vedio games),performing arts(inculding musical insruments and printed music),pulishing (including books,newspaper and other printed matter),visual arts (including antiques,paintings,photography and sculpture) and others. The same applies to the relevant tables following.

6-4 世界创意产品进口情况
Basic Statistics on Imported Creative Goods

单位：亿美元 (USD 100 million)

类　别	Category	2006	2007	2008	2009	2010
合　计	**Total**	**3332.9**	**4312.1**	**4588.8**	**3739.3**	**4200.7**
工艺品	Art Crafts	281.1	307.0	301.9	244.4	282.4
音像产品	Audio Visuals	168.6	406.9	416.4	336.9	355.6
设计产品	Design	1979.9	2295.0	2455.0	2013.8	2336.1
新媒体	New Media	183.6	462.0	565.8	485.1	509.6
表演艺术	Performing Art	45.2	50.0	55.5	46.2	49.8
出版	Publishing	433.2	475.3	500.3	410.3	415.6
视觉艺术	Visual Arts	241.2	315.9	293.8	202.7	251.5

6-4 续表 continued

类　别	Category	2011	2012	2013	2014	2015
合　计	**Total**	**4638.4**	**4656.3**	**4673.9**	**4906.2**	**4544.0**
工艺品	Art Crafts	309.1	308.7	324.3	358.0	284.5
音像产品	Audio Visuals	369.8	287.1	267.7	265.4	214.8
设计产品	Design	2679.8	2811.3	2849.0	3019.5	2676.9
新媒体	New Media	487.0	479.2	466.8	498.1	471.5
表演艺术	Performing Art	54.1	54.3	51.7	53.8	47.3
出版	Publishing	438.1	408.2	396.0	382.6	323.2
视觉艺术	Visual Arts	300.5	307.5	318.5	328.9	525.8

6-5 世界主要国家故事影片生产情况
Total Number of National Feature Films Produced in Main Countries

单位：部 (reel)

国 家	Country	2006	2007	2008	2009	2010	2011
阿根廷	Argentina	63	48	46	61		100
澳大利亚	Australia	28	26	33	45	37	43
奥地利	Austria	33	32	30	35	46	54
比利时	Belgium	69	37	38	47		42
巴西	Brazil	60	78	79	84	75	99
柬埔寨	Cambodia	62	35	25	28	26	13
加拿大	Canada	74	99	75	81	98	86
智利	Chile	11	12	24	14	14	23
古巴	Cuba	6	3	5	8	11	10
捷克	Czech Republic	45	30	39	45	37	45
丹麦	Denmark	33	29	34	37	49	43
埃及	Egypt	59	37	44	46	37	28
芬兰	Finland	26	17	25	25	42	42
法国	France	203	228	240	230	261	272
德国	Germany	174	174	185	216	189	212
希腊	Greece	22	33	29	37	18	43
匈牙利	Hungary	46	28	30	27	24	
印度	India	1091	1146	1325	1288	1274	1255
印度尼西亚	Indonesia	60	77	88	80	82	84
伊朗	Iran (Islamic Republic of)		57	51	62	98	76
爱尔兰	Ireland	19	24	39	36	34	32
以色列	Israel	22	23	35	19	29	26
意大利	Italy	116	121	154	131	142	155
日本	Japan	417	407	418	448	408	441
卢森堡	Luxembourg	14	8	13	18	15	16
马来西亚	Malaysia	28	28	28	27	39	49
墨西哥	Mexico	64	70	70	66	69	73
摩洛哥	Morocco	12	15	13	14	19	24
荷兰	Netherlands	38	42	62	50	65	73
新西兰	New Zealand	6	11	11	14	21	25
尼日利亚	Nigeria		914	956	987	1074	997
挪威	Norway	24	27	30	27	27	35
菲律宾	Philippines	65	106	121	80	40	44
波兰	Poland	37	40	45	49	60	51
葡萄牙	Portugal	32	15	17	23	33	30
韩国	Republic of Korea	110	124	113	158	152	216
俄罗斯联邦	Russian Federation	59	78	78	78	133	111
新加坡	Singapore	10	14	17	6	14	15
南非	South Africa	10	9	10	18	23	22
西班牙	Spain	150	172	173	186	200	199
瑞典	Sweden	46	29	36	41	54	43
瑞士	Switzerland	80	87	87	80	88	84
泰国	Thailand	42	55	54	37	49	
土耳其	Turkey	35	40	50	70	65	70
英国	United Kingdom of Great Britain and Northern Ireland	107	124	279	313	346	299
美国	United States of America	673	789	773	751	792	819
越南	Viet Nam	10	16	11	12	90	75

6-5 续表 continued

单位：部 (reel)

国 家	Country	2012	2013	2014	2015	2016	2017
阿根廷	Argentina	141	168	172	182	199	220
澳大利亚	Australia	29	26	39	33	42	55
奥地利	Austria	54	46	45	40	46	44
比利时	Belgium	55	70	73	69	81	87
巴西	Brazil	83	129	114	129	142	160
柬埔寨	Cambodia			22	32	38	34
加拿大	Canada	98	93	94	103	105	92
智利	Chile	27	31	48	38	44	49
古巴	Cuba						
捷克	Czech Republic	46	45	61	56	79	54
丹麦	Denmark	59	69	55	71	62	54
埃及	Egypt	25	33	42	34	38	
芬兰	Finland	49	49	46	45	38	41
法国	France	279	270	258	300	283	300
德国	Germany	220	223	229	226	244	233
希腊	Greece	44	69	43	42	73	85
匈牙利	Hungary	32	38		41	51	37
印度	India	1602	1724	1868	1907	1986	
印度尼西亚	Indonesia	86	97	109	114	124	117
伊朗	Iran (Islamic Republic of)	67	87	82	85	90	98
爱尔兰	Ireland	38	34	33	33	29	
以色列	Israel	40	55	32	32	30	28
意大利	Italy	166	167	201	185	165	173
日本	Japan	554	591	615	581	610	594
卢森堡	Luxembourg						13
马来西亚	Malaysia	76	71	81	80	110	85
墨西哥	Mexico	112	126	130	140	162	176
摩洛哥	Morocco	22	22	17	18	30	37
荷兰	Netherlands	79	68	87	87	85	92
新西兰	New Zealand	24	25	33	28	22	20
尼日利亚	Nigeria						
挪威	Norway	26	29	34	23	30	38
菲律宾	Philippines	78	53				
波兰	Poland	47	31	32	42	50	52
葡萄牙	Portugal	15	13	12	31	28	38
韩国	Republic of Korea	204	207	248	269	339	494
俄罗斯联邦	Russian Federation	109	139	124	121	138	128
新加坡	Singapore	12	13	26	21	16	13
南非	South Africa	19	25	23	22	28	23
西班牙	Spain	182	231	216	255	254	241
瑞典	Sweden	51	61	56	50	54	68
瑞士	Switzerland	93	103	110	102	109	118
泰国	Thailand						80
土耳其	Turkey	61	85	109	137	135	148
英国	United Kingdom of Great Britain and Northern Ireland	326	241	339	298	317	285
美国	United States of America	738	738	649	663	656	660
越南	Viet Nam						

资料来源：联合国教科文组织。
Data source: UNESCO.

6-6 世界主要国家电影银幕情况
Total Number of Screens in Main Countries

单位：块 (unit)

国 家	Country	2006	2007	2008	2009	2010	2011
阿根廷	Argentina	952	821	825	832	799	792
澳大利亚	Australia		1941	1980	1989	1994	1991
奥地利	Austria	576	570	577	577	584	577
比利时	Belgium	507	513	491	481	461	510
巴西	Brazil	2095	2160	2278	2120	2206	2352
加拿大	Canada	2831	2652	2833	2833		2749
智利	Chile	273	280	299	301	311	320
哥伦比亚	Colombia	475	439	472	562	587	647
古巴	Cuba	337	296	307	313		
捷克	Czech Republic	701	681	689	695	688	668
丹麦	Denmark	385	394	397	400	399	396
埃及	Egypt		232	250	237	294	
芬兰	Finland	330	309	313	300	289	283
法国	France	5300	5202	5292	5342	5465	5465
德国	Germany	4848	4832	4810	4734	4699	4640
希腊	Greece	500	540			370	
匈牙利	Hungary	440	400	418	408	411	395
印度	India	11183	10189	10120	10070	10020	10020
印度尼西亚	Indonesia	929	681	712	726		763
伊朗	Iran (Islamic Republic of)	239	240	247	247		438
爱尔兰	Ireland	415	426	435	442	438	444
意大利	Italy	3785	3087	3141	3208	3217	
日本	Japan	3062	3221	3359	3396	3412	3339
马来西亚	Malaysia	287	353	453	485	571	639
墨西哥	Mexico	3700	4204	4499	4568	4905	5166
荷兰	Netherlands	697	696	717	751	777	789
挪威	Norway	429	417	424	422	429	422
菲律宾	Philippines	690	765	770	770		693
波兰	Poland	931	1008	1043	1061	1076	1122
葡萄牙	Portugal	479	546	572	577	562	558
韩国	Republic of Korea		1975	2004	2055	2003	1974
俄罗斯联邦	Russian Federation	1333	1576	1910	2133	2424	2726
新加坡	Singapore	167	175	174	176	169	187
南非	South Africa	815	831	836	846	857	
西班牙	Spain	4299	4335	4208	4105	4080	4044
瑞典	Sweden	972	933	848	848	832	830
瑞士	Switzerland	547	550	564	559	558	547
泰国	Thailand	671	704	737	752	757	
土耳其	Turkey	1299	1464	1575	1810	1874	1968
英国	United Kingdom of Great Britain and Northern Ireland	3440	3514	3610	3651	3651	3767
美国	United States of America	38415	40077	40194	39717	39547	39641

6-6 续表 continued

单位：块 (unit)

国 家	Country	2012	2013	2014	2015	2016	2017
阿根廷	Argentina	883	895	867	912	933	987
澳大利亚	Australia	1997	2057	2041	2080	2121	2210
奥地利	Austria	565	548	556	557	556	562
比利时	Belgium	500	497	473	472	496	
巴西	Brazil	2517	2678	2833	3005	3160	3223
加拿大	Canada	2885	3031	2502	3114	2641	
智利	Chile	342	363	338	366	380	411
哥伦比亚	Colombia	698	815	879	935	1006	1082
古巴	Cuba						
捷克	Czech Republic	633	684	685	689	691	736
丹麦	Denmark	406	414	420	432	444	458
埃及	Egypt	282	269	239	221	233	
芬兰	Finland	281	279	294	311	312	332
法国	France	5508	5587	5647	5741	5842	5909
德国	Germany	4617	4610	4556	4613		
希腊	Greece	482	482		554	554	554
匈牙利	Hungary	360	345	326	354	399	404
印度	India	11100	11081	11109	11100	11194	11209
印度尼西亚	Indonesia		842	963	1146		
伊朗	Iran (Islamic Republic of)			325	380	415	538
爱尔兰	Ireland	438	463	468	494	496	522
意大利	Italy	3240	3256	3261	3354	3442	3510
日本	Japan	3290	3318	3032	3074	3045	3096
马来西亚	Malaysia	754	774	874	994	991	1094
墨西哥	Mexico	5343	5547	5977	6062	6225	6633
荷兰	Netherlands	806	828	859	888	944	956
挪威	Norway	415	422	425	434	439	443
菲律宾	Philippines	714	747	715	734		
波兰	Poland	1162	1243	1243	1276	1364	1416
葡萄牙	Portugal	551	544	545	547	557	571
韩国	Republic of Korea	2081	2184	2381	2492	2575	
俄罗斯联邦	Russian Federation	3100	3479	3829	4021	4369	4796
新加坡	Singapore			221	233	234	253
南非	South Africa	750	800				
西班牙	Spain	4003	3908	3700	3588	3554	3618
瑞典	Sweden	816	774	765	802	808	
瑞士	Switzerland	536	533	557	570	575	581
泰国	Thailand	846				1154	
土耳其	Turkey	2093	2170	2483	2648	2240	2383
英国	United Kingdom of Great Britain and Northern Ireland	3817	3867	3909	4046	4150	4264
美国	United States of America	39662	39783	39956	40174	40174	40393

资料来源：联合国教科文组织。
Data source: UNESCO.

6-7 按产业分美国文化总产出及增加值(2017年)
Output and Value Added of Culture by Industry in America(2017)

单位：百万美元　　(USD million)

产　业	Industry	总产出 Industry Output	中间消耗 Intermediate Consumption	增加值 Value-added
合　计	**Total**	**34445626**	**14960232**	**19485394**
核心文化艺术生产	**Core Arts and Cultural Production**	**876490**	**267134**	**609356**
表演艺术	Performing Arts	122906	40660	82245
表演艺术公司	Performing Arts Companies	25428	11023	14405
表演艺术推广	Promoters of Performing Arts and Similar Events	39911	20254	19657
艺术家经纪人	Agents/Managers For Artists	12123	2630	9494
独立艺术家，作家和表演者	Independent Artists, Writers, And Performers	45444	6754	38690
博物馆	Museums	16289	7443	8846
设计服务	Design Services	443550	137825	305725
广告	Advertising	119620	43722	75898
建筑服务	Architectural Services	46607	17400	29207
园林设计服务	Landscape Architectural Services	5653	2815	2838
室内设计服务	Interior Design Services	16961	6385	10575
工业设计服务	Industrial Design Services	2419	719	1700
平面设计服务	Graphic Design Services	13829	4674	9154
电脑系统设计	Computer Systems Design	221869	55837	166032
摄影与冲印服务	Photography and Photofinishing Services	14421	5804	8617
所有其他设计服务	All Other Design Services	2172	468	1703
美术教育	Fine Arts Education	15325	8765	6560
教育服务	Education Services	278420	72440	205980
文化艺术辅助和文化生产	**Supporting Arts and Cultural Production**	**8113049**	**3027598**	**5085452**
文化艺术辅助服务	Art Support Services	1916559	528222	1388337
租赁	Rental and Leasing	38569	15151	23418
赠款和赠与服务	Grant-Making And Giving Services	39303	12100	27203
工会	Unions	65198	25908	39289
政府	Government	1719694	445029	1274665
其他支持	Other Support Services	53795	30033	23762
信息服务	Information Services	1232240	457272	774968
出版	Publishing	356922	93948	262974
电影	Motion Pictures	131158	53971	77186
录音	Sound Recording	19303	5081	14222
广播	Broadcasting	541430	261526	279903
其他信息服务	Other Information Services	183427	42744	140683
制造	Manufacturing	193484	103710	89774
珠宝和银器制造	Jewelry and Silverware Manufacturing	7477	4156	3321
印刷制品生产	Printed Goods Manufacturing	80333	41153	39180
乐器制造	Musical Instruments Manufacturing	1991	1170	821
定制建筑木制品和金属制品	Custom Architectural Woodwork and Metalwork	56525	35177	21348
照相机和电影设备制造	Camera and Motion Picture Equipment Manufacturing			
其他产品制造业	Other Goods Manufacturing	47158	22054	25103
建筑	Construction	118524	44187	74337
批发及运输行业	Wholesale and Transportation Industries	2859710	1188781	1670929
零售行业	Retail Industries	1792534	705426	1087107
其他产业	**All Other Industries**	**25456086**	**11665500**	**13790586**

6-7 续表 continued

单位：百万美元 (USD million)

产业	Industry	文化艺术生产卫星账户总产出 ACPSA Output	文化艺术生产卫星账户中间消耗 Consumption ACPSA Intermediate	文化艺术生产卫星账户增加值 ACPSA Value-added
合 计	**Total**	**1382306**	**504497**	**877809**
核心文化艺术生产	**Core Arts and Cultural Production**	**277803**	**98792**	**179010**
表演艺术	Performing Arts	107173	34534	72639
表演艺术公司	Performing Arts Companies	24637	10680	13957
表演艺术推广	Promoters of Performing Arts and Similar Events	31041	15753	15288
艺术家经纪人	Agents/Managers For Artists	6562	1423	5139
独立艺术家，作家和表演者	Independent Artists, Writers, And Performers	44933	6678	38255
博物馆	Museums	14504	6627	7876
设计服务	Design Services	139786	51462	88324
广告	Advertising	47370	17314	30056
建筑服务	Architectural Services	34590	12914	21676
园林设计服务	Landscape Architectural Services	5450	2714	2736
室内设计服务	Interior Design Services	16132	6073	10059
工业设计服务	Industrial Design Services	2376	706	1670
平面设计服务	Graphic Design Services	13129	4438	8691
电脑系统设计	Computer Systems Design	5272	1327	3945
摄影与冲印服务	Photography and Photofinishing Services	14131	5687	8444
所有其他设计服务	All Other Design Services	1336	288	1048
美术教育	Fine Arts Education	6152	3519	2633
教育服务	Education Services	10188	2651	7538
文化艺术辅助和文化生产	**Supporting Arts and Cultural Production**	**1063701**	**387006**	**676695**
文化艺术辅助服务	Art Support Services	155702	42082	113621
租赁	Rental and Leasing	8695	3416	5280
赠款和赠与服务	Grant-Making And Giving Services	1564	482	1082
工会	Unions	2263	899	1364
政府	Government	142404	36852	105552
其他支持	Other Support Services	777	434	343
信息服务	Information Services	716087	263195	452891
出版	Publishing	129864	34183	95681
电影	Motion Pictures	125846	51786	74060
录音	Sound Recording	19178	5048	14129
广播	Broadcasting	277465	134024	143441
其他信息服务	Other Information Services	163734	38155	125579
制造	Manufacturing	35987	19521	16466
珠宝和银器制造	Jewelry and Silverware Manufacturing	6930	3852	3078
印刷制品生产	Printed Goods Manufacturing	13309	6818	6491
乐器制造	Musical Instruments Manufacturing	1838	1080	758
定制建筑木制品和金属制品	Custom Architectural Woodwork and Metalwork	8184	5093	3091
照相机和电影设备制造	Camera and Motion Picture Equipment Manufacturing			
其他产品制造业	Other Goods Manufacturing	5725	2678	3048
建筑	Construction	26081	9723	16357
批发及运输行业	Wholesale and Transportation Industries	62570	26011	36560
零售行业	Retail Industries	67275	26475	40800
其他产业	**All Other Industries**	**40802**	**18698**	**22104**

注：1.资料来源：美国商务部经济分析局。

2.文化艺术生产卫星账户选择美国国内生产总值账户中文化艺术产品和服务的特定一部分，并提供相关信息(下表同)。

a) Data Source: Bureau of Economic Analysis, U.S. Department of Commerce.

b) ACPSA(Arts and Cultural Production Satellite Account)provides information on a select group of arts and cultural goods and services that are currently in the U.S. GDP accounts. The same applies to the table following.

6-8 按产业分类的美国文化从业人员及劳动报酬(2017年)
Employment and Compensation of Culture by Industry in America(2017)

产　业	Industry	从业人员(千人) Total Employment (thousands of employees)	劳动报酬(百万美元) Compensation (USD million)
合　计	**Total**	**152154**	**10420585**
核心文化艺术生产	**Core Arts and Cultural Production**	**5403**	**397100**
表演艺术	Performing Arts	349	29837
表演艺术公司	Performing Arts Companies	126	6158
表演艺术推广	Promoters of Performing Arts and Similar Events	144	6247
艺术家经纪人	Agents/Managers For Artists	27	4200
独立艺术家，作家和表演者	Independent Artists, Writers, And Performers	52	13231
博物馆	Museums	167	5175
设计服务	Design Services	1876	201672
广告	Advertising	442	30829
建筑服务	Architectural Services	189	20169
园林设计服务	Landscape Architectural Services	33	1967
室内设计服务	Interior Design Services	44	1851
工业设计服务	Industrial Design Services	19	910
平面设计服务	Graphic Design Services	64	4018
电脑系统设计	Computer Systems Design	1003	137466
摄影与冲印服务	Photography and Photofinishing Services	67	3278
所有其他设计服务	All Other Design Services	15	1185
美术教育	Fine Arts Education	315	5894
教育服务	Education Services	2696	154523
文化艺术辅助和文化生产	**Supporting Arts and Cultural Production**	**44981**	**2956228**
文化艺术辅助服务	Art Support Services	15648	1153033
租赁	Rental and Leasing	84	6008
赠款和赠与服务	Grant-Making And Giving Services	227	16920
工会	Unions	682	36583
政府	Government	14434	1078152
其他支持	Other Support Services	221	15370
信息服务	Information Services	2341	286049
出版	Publishing	858	131729
电影	Motion Pictures	427	33135
录音	Sound Recording	17	2590
广播	Broadcasting	841	83744
其他信息服务	Other Information Services	197	34851
制造	Manufacturing	971	59303
珠宝和银器制造	Jewelry and Silverware Manufacturing	25	1739
印刷制品生产	Printed Goods Manufacturing	441	26256
乐器制造	Musical Instruments Manufacturing	11	653
定制建筑木制品和金属制品制造	Custom Architectural Woodwork and Metalwork	267	15187
照相机和电影设备制造	Camera and Motion Picture Equipment Manufacturing		
其他产品制造业	Other Goods Manufacturing	228	15468
建筑	Construction	584	54551
与文化艺术生产卫星账户无关的生产	NonACPSA-related Production	**101771**	**7067257**
批发及运输行业	Wholesale and Transportation Industries	9443	796346
零售行业	Retail Industries	15994	606945
其他产业	**All Other Industries**	**101771**	**7067257**

6-8 续表 continued

产 业	Industry	文化艺术生产卫星账户从业人员（千人） ACPSA employment (thousands of employees)	文化艺术生产卫星账户劳动报酬（百万美元） ACPSA compensation (USD million)
合 计	**Total**	**5108**	**404854**
核心文化艺术生产	**Core Arts and Cultural Production**	**1241**	**81559**
表演艺术	Performing Arts	300	26181
表演艺术公司	Performing Arts Companies	122	5966
表演艺术推广	Promoters of Performing Arts and Similar Events	112	4859
艺术家经纪人	Agents/Managers For Artists	15	2274
独立艺术家，作家和表演者	Independent Artists, Writers, And Performers	51	13082
博物馆	Museums	149	4608
设计服务	Design Services	567	42750
广告	Advertising	175	12208
建筑服务	Architectural Services	140	14969
园林设计服务	Landscape Architectural Services	32	1897
室内设计服务	Interior Design Services	42	1761
工业设计服务	Industrial Design Services	19	893
平面设计服务	Graphic Design Services	61	3815
电脑系统设计	Computer Systems Design	24	3266
摄影与冲印服务	Photography and Photofinishing Services	66	3212
所有其他设计服务	All Other Design Services	9	729
美术教育	Fine Arts Education	126	2366
教育服务	Education Services	99	5655
文化艺术辅助和文化生产	**Supporting Arts and Cultural Production**	**3704**	**311967**
文化艺术辅助服务	Art Support Services	1250	92799
租赁	Rental and Leasing	19	1355
赠款和赠与服务	Grant-Making And Giving Services	9	673
工会	Unions	24	1270
政府	Government	1195	89279
其他支持	Other Support Services	3	222
信息服务	Information Services	1346	156321
出版	Publishing	312	47929
电影	Motion Pictures	410	31793
录音	Sound Recording	17	2573
广播	Broadcasting	431	42916
其他信息服务	Other Information Services	175	31109
制造	Manufacturing	173	10641
珠宝和银器制造	Jewelry and Silverware Manufacturing	23	1612
印刷制品生产	Printed Goods Manufacturing	73	4350
乐器制造	Musical Instruments Manufacturing	10	603
定制建筑木制品和金属制品制造	Custom Architectural Woodwork and Metalwork	39	2199
照相机和电影设备制造	Camera and Motion Picture Equipment Manufacturing		
其他产品制造业	Other Goods Manufacturing	28	1878
建筑	Construction	128	12004
与文化艺术生产卫星账户无关的生产	NonACPSA-related Production	**163**	**11328**
批发及运输行业	Wholesale and Transportation Industries	207	17424
零售行业	Retail Industries	600	22779
其他产业	**All Other Industries**	**163**	**11328**

6-9　加拿大文化产业基本情况
Basic Statistics on Culture Industries in Canada

单位：百万加元　　　　(CAD million)

类　别	Category	2011	2012	2013	2014
文化产业合计	**Culture Industries, Total**	**55185**	**57087**	**54458**	**56073**
文化产品	Culture Products	42057	43172	42189	43229
遗址和图书馆	Heritage and Libraries	552	575	492	522
现场表演	Live Performance	1844	1896	1915	2038
视觉和应用艺术	Visual and Applied Arts	7402	7677	6773	7228
文学作品	Written and Published Works	9089	9149	8679	8320
视听和交互媒体	Audio-visual and Interactive Media	11754	12105	12400	12908
录音	Sound Recording	448	456	396	438
教育和培训	Education and Training	3603	3767	3378	3434
治理、资金和专业支持	Governance, Funding and Professional Support	6842	6958	7517	7690
多领域	Multi	525	589	638	652
其他产品	All Other Products	13128	13915	12269	12844

注：1.资料来源：加拿大统计局。
2.多领域包括与多个文化领域相关的文化产业，如与文化相关的会议和展会组织商;磁光学媒体的生产和复制；非金融无形资产的租赁;网络出版和传播以及网络搜索门户行业。这些文化产业都会影响不止一个文化域但不能轻易分配给单个域,所以将它们聚合在一起。

a) Data source: Statistics Canada.

b) The Multi domain includes culture industries that are associated with more than one culture domain: the culture portion of convention and trade show organizers; manufacturing and reproducing magnetic optical media; lessors of non-financial intangible assets; internet publishing and broadcasting and web search portal industries. These culture industries all affect more than one culture domain but cannot be easily allocated to a single domain, so they have been aggregated together.

6-9　续表　continued

单位：白万加元　　　　(CAD million)

类　别	Category	2015	2016	2017	2018
文化产业合计	**Culture Industries, Total**	**56280**	**56467**	**59280**	**60884**
文化产品	Culture Products	43123	43465	45410	46332
遗址和图书馆	Heritage and Libraries	564	604	637	662
现场表演	Live Performance	2175	2374	2470	2549
视觉和应用艺术	Visual and Applied Arts	7563	7976	8306	8519
文学作品	Written and Published Works	8012	7743	7990	7540
视听和交互媒体	Audio-visual and Interactive Media	12447	12598	13223	13732
录音	Sound Recording	473	514	574	598
教育和培训	Education and Training	3486	3367	3476	3570
治理、资金和专业支持	Governance, Funding and Professional Support	7729	7629	8066	8506
多领域	Multi	674	659	670	656
其他产品	All Other Products	13157	13002	13869	14552

6-10 澳大利亚文化产业增加值基本情况
The Added Value of Creative Industries in Australia

单位：百万澳元 (AUD million)

类　别	Category	2005/2006	2006/2007	2007/2008
合　计	**Total**	**35144**	**36891**	**36805**
音乐和表演艺术	Music&Performing Arts	412	450	440
电影、电视和广播	Film,Television&Radio	5504	5150	4883
广告&市场营销	Advertising & Marketing	779	793	806
软件开发&交互内容	Software &Interactive Content	15373	17000	16876
文学、印刷、出版媒体	Writing,Publishing& Print Media	8159	8131	8016
设计&视觉艺术	Design&Visual Arts	1897	1943	1965
建筑	Architecture	3020	3470	3820

6-10 续表 continued

单位：百万澳元 (AUD million)

类　别	Category	2008/2009	2009/2010	2010/2011	2011/2012
合　计	**Total**	**33704**	**33600**	**32809**	**32666**
音乐和表演艺术	Music&Performing Arts	459	494	512	559
电影、电视和广播	Film,Television&Radio	4418	4463	4327	4419
广告&市场营销	Advertising & Marketing	805	784	768	767
软件开发&交互内容	Software &Interactive Content	14931	15053	15286	15708
文学、印刷、出版媒体	Writing,Publishing& Print Media	7365	7231	6484	5925
设计&视觉艺术	Design&Visual Arts	1925	1876	1907	1939
建筑	Architecture	3800	3700	3525	3350

资料来源：市场研究公司IBISWorld的工业报告预测。
Data source: IBISWorld.

6-11 英国文化产业增加值基本情况
Gross value added for the Creative Industries in UK

单位：百万英镑 (GBP million)

类别	Category	2011	2012	2013	2014
合计	**Total**	**70838**	**74353**	**79021**	**84419**
广告和营销	Advertising and Marketing	6755	7799	9253	10775
建筑设计	Architecture	2858	3040	3006	3534
工艺品	Crafts	261	265	198	405
产品、图表和时尚设计	Design: Product, Graphic and Fashion Design	2293	2536	2706	2636
电影、电视、视频、广播和摄影	Film, TV, Video, Radio and Photography	13276	13688	13760	14635
信息技术、软件和计算机服务	It, Software and Computer Services	27937	28876	30855	33240
出版	Publishing	10006	10278	10366	10361
博物馆、艺术馆和图书馆	Museums, Galleries and Libraries	1205	1272	1296	1394
音乐、表演艺术和视觉艺术	Music and the Visual and Performing Arts	6247	6599	7581	7441
文化产业增加值占总增加值的比重(%)	**The Added Value of Cultural Industries as % of Total Value-added(%)**	**4.8**	**4.9**	**5.0**	**5.0**

6-11 续表 continued

单位：百万英镑 (GBP million)

类别	Category	2015	2016	2017	2018
合计	**Total**	**90286**	**94809**	**101526**	**111698**
广告和营销	Advertising and Marketing	11814	12570	13302	18623
建筑设计	Architecture	3962	3839	3898	3641
工艺品	Crafts	364	288	298	300
产品、图表和时尚设计	Design: Product, Graphic and Fashion Design	3239	3666	3949	2518
电影、电视、视频、广播和摄影	Film, TV, Video, Radio and Photography	15291	15345	16709	20814
信息技术、软件和计算机服务	It, Software and Computer Services	34899	37248	40620	45444
出版	Publishing	10765	11473	11751	10042
博物馆、艺术馆和图书馆	Museums, Galleries and Libraries	1553	1482	1451	999
音乐、表演艺术和视觉艺术	Music and the Visual and Performing Arts	8399	8898	9547	9317
文化产业增加值占总增加值的比重(%)	**The Added Value of Cultural Industries as % of Total Value-added(%)**	**5.3**	**5.3**	**5.5**	**5.8**

6-12 德国文化产业基本情况
Key Data on the Culture and Creative Industries in Germany

类 别	Category	企业数量(个) Number of Enterprises(unit)				
		2011	2012	2013	2014	2015
合 计(扣除重复计算)	**Total(No Double Counting)**	**244290**	**245816**	**246353**	**246967**	**250439**
音乐产业	Music Industry	13894	13796	13811	13759	14057
图书市场	Book Market	16702	16828	16811	16798	17079
艺术市场	Art Market	13422	13203	13153	12794	12752
电影产业	Film Industry	18199	18282	18440	18267	18624
广播产业	Broadcasting Industry	18128	18154	18159	18074	18179
表演艺术产业	Performing Art Industry	15982	16497	17004	17473	18249
设计产业	Design Industry	52439	53676	54454	55624	57127
建筑市场	Architectural Market	40702	40762	40205	40040	39849
出版市场	Press Market	33498	33131	32557	32119	32341
广告	Advertising Market	34577	33448	32107	30855	30221
软件/游戏产业	Software/Games Industry	30413	31915	33365	34725	35933
其他	Other Activities	7736	7751	7812	7775	7887
占全国企业数的比重(%)	**as % of National Total**	**7.60**	**7.56**	**7.60**	**7.62**	**7.69**

资料来源：德国联邦经济技术部。
Data source: Federal Ministry of Economics and Technology.

6-12 续表 1 continued

类 别	Category	企业数量(个) Number of Enterprises(unit)			
		2016	2017	2018	2019
合 计(扣除重复计算)	**Total(No Double Counting)**	**254484**	**254657**	**259349**	**258790**
音乐产业	Music Industry	14430	14197	14881	14670
图书市场	Book Market	17268	17254	17531	17450
艺术市场	Art Market	12874	12616	12649	12390
电影产业	Film Industry	19075	19013	20218	19975
广播产业	Broadcasting Industry	17880	18071	17339	17091
表演艺术产业	Performing Art Industry	19080	19419	20786	21212
设计产业	Design Industry	58431	59548	60307	60481
建筑市场	Architectural Market	39691	39605	38723	38395
出版市场	Press Market	32241	31569	31590	31082
广告	Advertising Market	30220	28490	29562	29142
软件/游戏产业	Software/Games Industry	37375	39016	40561	41963
其他	Other Activities	8249	8183	8140	8197
占全国企业数的比重(%)	**as % of National Total**	**7.79**	**7.74**	**7.91**	**7.87**

6-12 续表 2 continued

类 别	Category	营业额(百万欧元) Total Turnovers (EUR 100 million)				
		2011	2012	2013	2014	2015
合 计(扣除重复计算)	**Total (No Double Counting)**	**140970**	**143338**	**143155**	**146895**	**152067**
音乐产业	Music Industry	6639	7099	7674	7896	8178
图书市场	Book Market	14255	14032	13737	13686	13657
艺术市场	Art Market	2341	2316	2292	2091	2170
电影产业	Film Industry	9283	9228	9060	9328	9844
广播产业	Broadcasting Industry	7905	8327	8942	9378	9578
表演艺术产业	Performing Art Industry	3742	3909	3971	4262	4502
设计产业	Design Industry	18353	18535	18338	18566	19078
建筑市场	Architectural Market	8708	8813	9130	9554	10236
出版市场	Press Market	31711	31931	31065	30657	30133
广告	Advertising Market	24929	24965	25175	26130	27033
软件/游戏产业	Software/Games Industry	28442	29642	29418	31619	34362
其他	Other Activities	1652	1587	1531	1418	1381
占全国企业数的比重(%)	**as % of National Total**	**2.48**	**2.49**	**2.48**	**2.50**	**2.54**

6-12 续表 3 continued

类 别	Category	营业额(百万欧元) Total Turnovers (EUR 100 million)			
		2016	2017	2018	2019
合 计(扣除重复计算)	**Total (No Double Counting)**	**158814**	**158578**	**171051**	**174085**
音乐产业	Music Industry	8139	8858	8685	9039
图书市场	Book Market	14024	13572	14077	14257
艺术市场	Art Market	2249	2151	2223	2192
电影产业	Film Industry	9572	9523	9874	10011
广播产业	Broadcasting Industry	9892	10484	10657	10864
表演艺术产业	Performing Art Industry	4770	4851	5604	5724
设计产业	Design Industry	19764	19428	20604	20949
建筑市场	Architectural Market	10700	10829	11943	12427
出版市场	Press Market	30054	29855	29416	30019
广告	Advertising Market	29405	28344	29975	29633
软件/游戏产业	Software/Games Industry	37727	38005	46655	50166
其他	Other Activities	1425	1343	1411	1378
占全国企业数的比重(%)	**as % of National Total**	**2.61**	**2.56**	**2.58**	**2.56**

6-13 法国文化产业增加值及构成
Value-added of Cultural Industries and Its Composition in France

年 份 Year	文化产业 Cultural Industries	音 像 Audio-visual Arts	现场表演 Live Performance	报 刊 Press	广 告 Advertising
增加值(亿欧元) Value-added (EUR 100 million)					
2014	439	126	69	53	49
构 成(%) Composition (%)					
1995	100.0	25.0	11.9	22.1	10.6
2013	100.0	28.0	15.6	12.5	11.2
2014	100.0	28.6	15.7	12.1	11.2

6-13 续表 continued

年 份 Year	文化遗产 Cultural Heritage	建筑设计 Architecture	视觉艺术 Visual Arts	书籍 Books	文化教育 Cultural Education
增加值(亿欧元) Value-added (EUR 100 million)					
2014	42	30	26	26	18
构 成(%) Composition (%)					
1995	4.8	6.4	5.7	8.3	5.2
2013	9.4	7.3	5.9	6.0	4.1
2014	9.6	6.9	5.9	5.9	4.2

注：1.资料来源：法国文化统计部门。
2.上表数据按现价计算。
a) Data source:Culture Ministerial Statistical Department.
b) Data in the table above is calculated in current price.

6-14 西班牙核心文化产业增加值
Value-added of Core Cultural Industries in Spain

类　别	Category	2009	2010	2011	2012
合　计(亿欧元)	**Total (EUR 100 million)**	**284**	**285**	**274**	**253**
文化遗产、档案馆和图书馆	Heritage, Archives and Libraries	21	21	21	20
书籍、报刊	Books, Newspapers and Magazines	104	108	106	96
造型艺术	Plastic Arts	44	40	40	36
表演艺术	Performing Arts	24	24	23	22
视听和多媒体	Audio-visual and Media	74	74	68	61
跨学科文化	Interdisciplinary Culture	17	18	17	17
构 成 (%)	**As % of Total Value-added(%)**	**100**	**100**	**100**	**100**
文化遗产、档案馆和图书馆	Heritage, Archives and Libraries	7.4	7.3	7.3	7.8
书籍、报刊	Books, Newspapers and Magazines	36.5	37.9	38.5	38.2
造型艺术	Plastic Arts	15.6	14.1	14.8	14.4
表演艺术	Performing Arts	8.5	8.4	8.3	8.5
视听和多媒体	Audio-visual and Media	26.1	26.1	24.7	24.3
跨学科文化	Interdisciplinary Culture	6.0	6.2	6.4	6.8
占GDP的比重(%)	**As % of GDP(%)**	**2.8**	**2.8**	**2.7**	**2.5**
文化遗产、档案馆和图书馆	Heritage, Archives and Libraries	0.2	0.2	0.2	0.2
书籍、报刊	Books, Newspapers and Magazines	1.0	1.1	1.1	1.0
造型艺术	Plastic Arts	0.4	0.4	0.4	0.4
表演艺术	Performing Arts	0.2	0.2	0.2	0.2
视听和多媒体	Audio-visual and Media	0.7	0.7	0.7	0.6
跨学科文化	Interdisciplinary Culture	0.2	0.2	0.2	0.2

注：1.资料来源：西班牙文化部。
　　2.按2008年可比价计算。

a) Data source: Ministry of Education, Culture and Sport, Spain.

b) Data in the table above is calculated at constant price base on year of 2008.

6-15 日本文化产业基本情况
Basic Statistics on Culture Industries in Japan

类别	Category	企业数量(千家) Number of Enterprises(1000 unit)		
		1999	2004	2011
全国企业数	**All Industries**	**5414.8**	**4709.5**	**5768.5**
创意产业企业数	**Creative Industries**	**243.4**	**211.9**	**178.0**
创意产业-制造业	**Creative Industries-manufacturing**	**107.4**	**78.5**	**53.4**
纤维和服装服装	Fiber & Apparel Clothing	71.3	47.6	32.2
家具	Furniture	10.2	10.9	7.2
皮革制品	Leather Article	8.2	5.6	2.8
餐具	Tableware	2.7	2.1	1.5
玩具	Toys	4.2	3.2	2.4
首饰	Jewelry	2.5	1.7	1.4
工艺	Crafts	7.8	6.7	5.5
文具	Stationery	0.6	0.5	0.4
创意产业-服务业	**Creative Industries-service**	**136.0**	**133.4**	**124.6**
软件和计算机服务	Software & Computer Service	14.4	20.1	25.4
广告	Advertising	11.7	10.9	10.5
出版	Publishing	3.6	2.6	7.0
建筑	Architecture	59.2	53.8	46.7
电视和收音机	Tv & Radio	1.7	1.6	2.2
音乐视频	Music & Video	27.8	27.2	20.0
电影	Film	4.6	4.4	3.0
表演艺术	Performing Arts	2.2	2.3	2.0
设计	Design	9.6	9.4	7.0
艺术	Arts	1.1	1.1	0.6

6-15 续表 continued

类 别	Category	从业人员数量(千人) Engaged Persons (1000 person)		
		1999	2004	2011
全国就业总人口	**All Industries**	**45450.5**	**40128.6**	**55838.3**
创意产业就业人口	**Creative Industries**	**2387.4**	**2154.9**	**2053.2**
创意产业-制造业	**Creative Industries-manufacturing**	**921.8**	**620.4**	**456.4**
纤维和服装服装	Fiber & Apparel Clothing	629.8	389.0	293.4
家具	Furniture	90.9	87.1	60.2
皮革制品	Leather Article	52.6	35.1	18.6
餐具	Tableware	33.6	27.2	19.3
玩具	Toys	41.6	28.5	22.8
首饰	Jewelry	15.2	11.0	8.1
工艺	Crafts	45.6	32.5	23.8
文具	Stationery	12.3	10.0	10.1
创意产业-服务业	**Creative Industries-service**	**1465.6**	**1534.5**	**1596.8**
软件和计算机服务	Software & Computer Service	455.7	618.8	795.4
广告	Advertising	146.6	144.5	128.0
出版	Publishing	118.7	121.0	117.0
建筑	Architecture	429.3	357.7	294.2
电视和收音机	Tv & Radio	68.5	62.9	68.1
音乐视频	Music & Video	105.6	107.1	83.0
电影	Film	68.6	43.5	49.1
表演艺术	Performing Arts	26.4	31.0	28.0
设计	Design	44.4	46.3	32.7
艺术	Arts	1.7	1.8	1.2

资料来源：日本政策研究大学院大学(GRIPS)。
Data source: National Graduate Institute for Policy Studies.

6-16 韩国文化产业统计(2012年)
Statistics of Korea's Creative Content Industry(2012)

类别	Category	企业数量(个) Number of Enterprises (unit)	从业人员数量(人) Engaged Persons (person)	销售额(百万美元) Total Sales (million USD)	出口额(千美元) Exports (thousand USD)	进口额(千美元) Imports (thousand USD)
合 计	**Total**	**111587**	**611437**	**77474**	**4611505**	**1673787**
出版	Publication	26702	198262	18729	245154	314305
漫画	Manhwa	8856	10161	673	17105	5286
音乐	Music	37116	78402	3546	235097	12993
游戏	Games	16189	95051	8658	2638916	179135
电影	Movie	2630	30857	3910	20175	59409
动画	Animation	341	4503	463	112542	6261
广播	Broadcast	945	40774	12590	233821	136071
广告	Advertisements	5804	36424	11082	97492	779936
人物形象	Characters	1992	26897	6674	416454	179430
知识信息	Knowledge Information	9696	69961	8460	444837	508
文化产业解决方案	Contents Solution	1316	20145	2689	149912	453

资料来源：韩国内容产业振兴院。
Data source: KOCCA.

6-17 印度娱乐传媒业营业额基本情况
Business Revenue of Entertainment and Media Industry in India

单位：10亿卢比 (INR billion)

类别	Category	2011	2012	2013		
				营业额 Business Revenue	构成(%) as % of Total Revenue	比上年增长(%) Increase compared to last year(%)
合 计	**Total**	**805**	**965**	**1120**	**100.0**	**16.1**
电视	Television	340	383	420	37.5	9.7
出版印刷	Publishing and Printing	190	212	223	19.9	5.2
互联网	Internet	116	171	252	22.5	47.4
电影	Film	96	112	126	11.3	12.5
户外广告	Outdoor Advertising	16	17	19	1.7	11.8
广播	Broadcasting	14	15	18	1.6	20.0
音乐	Music	12	13	12	1.1	-7.7
游戏	Games	11	18	21	1.9	16.7
互联网广告	Internet Advertising	10	23	29	2.6	26.1

资料来源：PWC数据公司。
Data source: PWC Data Centre.

附录一

Appendix 1

中国入选世界文化遗产项目

Items Listing in World Cultural Heritage of China

1.中国入选“世界遗产名录”的文化和自然遗产项目

序号	名　称	项　目	批准时间
1	泰山	文化与自然双重遗产	1987.12
2	敦煌莫高窟	文化遗产	1987.12
3	周口店“北京人”遗址	文化遗产	1987.12
4	长城1	文化遗产	1987.12
5	秦始皇陵及兵马俑	文化遗产	1987.12
6	明清皇宫2	文化遗产	1987.12
7	黄山	文化与自然双重遗产	1990.12
8	黄龙国家级名胜区	自然遗产	1992.12
9	武陵源国家级名胜区	自然遗产	1992.12
10	九寨沟国家级名胜区	自然遗产	1992.12
11	武当山古建筑群	文化遗产	1994.12
12	曲阜孔庙、孔府及孔林	文化遗产	1994.12
13	承德避暑山庄及周围寺庙	文化遗产	1994.12
14	布达拉宫和大昭寺注3	文化遗产	1994.12
15	峨眉山—乐山风景名胜区	文化与自然双重遗产	1996.12
16	庐山风景名胜区	文化景观	1996.12
17	苏州古典园林	文化遗产	1997.12
18	平遥古城	文化遗产	1997.12
19	丽江古城	文化遗产	1997.12
20	天坛	文化遗产	1998.11
21	颐和园	文化遗产	1998.11
22	武夷山	文化与自然双重遗产	1999.12
23	大足石刻	文化遗产	1999.12
24	皖南古村落：西递、宏村	文化遗产	2000.11

注：1. 2002年11月辽宁九门口水上长城获批加入此项世界文化遗产。
2. 明清皇宫：包括北京故宫(北京)和沈阳故宫(辽宁)，分别于1987年12月和2004年7月获批。
3. 2001年12月拉萨的罗布林卡获批加入此项世界文化遗产。
4. 明清皇家陵寝：明显陵(湖北钟祥市)、清东陵(河北遵化市)、清西陵(河北易县)于 2000年11月获批，明孝陵(江苏南京市)、明十三陵(北京昌平区)于 2003年7月获批，盛京三陵(辽宁沈阳市)于2004年7月获批。
5. 丝绸之路：长安-天山走廊的路网为中国、哈萨克斯坦和吉尔吉斯斯坦三国联合申报并共有的项目。

续表 continued

序号	名 称	项 目	批准时间
25	明清皇家陵寝注4	文化遗产	2000.11
26	龙门石窟	文化遗产	2000.11
27	青城山和都江堰	文化遗产	2000.11
28	云冈石窟	文化遗产	2001.12
29	“三江并流”	自然遗产	2003.7
30	高句丽王城、王陵及贵族墓葬	文化遗产	2004.7
31	澳门历史城区	文化遗产	2005.7
32	四川大熊猫栖息地	自然遗产	2006.7
33	殷墟	文化遗产	2006.7
34	中国南方喀斯特	自然遗产	2007.6
35	开平碉楼与古村落	文化遗产	2007.6
36	福建土楼	文化遗产	2008.7
37	三清山	自然遗产	2008.7
38	五台山	文化景观	2009.6
39	登封“天地之中”历史建筑群	文化遗产	2010.7
40	中国丹霞	自然遗产	2010.8
41	杭州西湖文化景观	文化景观	2011.6
42	元上都遗址	文化遗产	2012.6
43	云南澄江帽天山化石地	自然遗产	2012.7
44	云南红河哈尼梯田	文化景观	2013.6
45	新疆天池	自然遗产	2013.6
46	丝绸之路：长安-天山走廊的路网	文化遗产	2014.6
47	大运河	文化遗产	2014.6
48	土司遗址	文化遗产	2015.7
49	广西左江花山岩画	文化景观	2016.7
50	湖北神农架	自然遗产	2016.7
51	青海可可西里	自然遗产	2017.7
52	厦门鼓浪屿	文化遗产	2017.7
53	贵州梵净山	自然遗产	2018.7
54	良渚古城遗址	文化遗产	2019.7
55	黄(渤)海候鸟栖息地	自然遗产	2019.7

2.中国入选世界“非物质文化遗产名录”的项目

序号	名　称	批准时间	备注
1	昆曲	2001	
2	古琴艺术	2003	
3	新疆维吾尔木卡姆艺术	2005	
4	蒙古族长调民歌(注)	2005	
5	中国篆刻	2008	
6	中国雕版印刷技艺	2009	
7	中国书法	2009	
8	中国剪纸	2009	
9	中国传统木结构营造技艺	2009	
10	南京云锦织造技艺	2009	
11	端午节	2009	
12	中国朝鲜族农乐舞	2009	
13	《格萨尔》史诗	2009	
14	侗族大歌	2009	
15	甘肃花儿	2009	
16	新疆《玛纳斯》史诗	2009	
17	妈祖信俗	2009	
18	蒙古族呼麦	2009	
19	福建南音	2009	
20	青海热贡艺术	2009	
21	中国传统桑蚕织技艺	2009	
22	藏戏	2009	
23	龙泉青瓷传统烧制技艺	2009	
24	宣纸传统制作技艺	2009	
25	西安鼓乐	2009	
26	粤剧	2009	
27	羌年	2009	急需保护的非物质文化遗产
28	中国木拱桥传统营造技艺	2009	急需保护的非物质文化遗产
29	黎族传统纺染织绣技艺	2009	急需保护的非物质文化遗产
30	麦西热甫	2010	急需保护的非物质文化遗产
31	中国水密隔舱福船制造技艺	2010	急需保护的非物质文化遗产
32	中国活字印刷术	2010	急需保护的非物质文化遗产
33	中医针灸	2010	
34	京剧	2010	
35	赫哲族说唱艺术伊玛堪	2011	急需保护的非物质文化遗产
36	皮影戏	2011	
37	福建木偶戏传承人培养计划	2012	非物质文化遗产优秀实践名册
38	珠算	2013	
39	二十四节气	2016	
40	藏医药浴法	2018	

注：该项目为与蒙古国共同申报。

附录二
Appendix 2

主要统计指标解释

Explanatory Notes on Main Statistical Indicators

主要统计指标解释

国内生产总值(GDP)　指按市场价格计算的一个国家所有常住单位在一定时期内生产活动的最终成果。国内生产总值有三种表现形态，即价值形态、收入形态和产品形态。从价值形态看，它是所有常住单位在一定时期内生产的全部货物和服务价值与同期投入的全部非固定资产货物和服务价值的差额，即所有常住单位的增加值之和。

对于一个地区来说，称为地区生产总值或地区 GDP。

人口数　年度统计的年末人口数指每年 12 月 31 日 24 时的人口数。年度统计的全国人口总数内未包括香港、澳门特别行政区和台湾省以及海外华侨人数。

城镇人口和乡村人口　城镇人口是指居住在城镇范围内的全部常住人口；乡村人口是除上述人口以外的全部人口。

就业人员　指在 16 周岁及以上，从事一定社会劳动并取得劳动报酬或经营收入的人员。

法人单位　指有权拥有资产、承担负债，并独立从事社会经济活动（或与其他单位进行交易）的组织。法人单位应同时具备以下条件：（1）依法成立，有自己的名称、组织机构和场所，能够独立承担民事责任；（2）独立拥有（或授权使用）资产或者经费，承担负债，有权与其他单位签订合同；（3）具有包括资产负债表在内的账户，或者能够根据需要编制账户。法人单位包括五种类型：企业法人、事业单位法人、机关法人、社会团体和其他成员组织法人、其他法人。

全社会固定资产投资　是以货币形式表现的在一定时期内全社会建造和购置固定资产的工作量以及与此有关的费用的总称。

居民可支配收入　指居民可用于最终消费支出和储蓄的总和，即居民可以用来自由支配的收入。既包括现金收入，也包括实物收入。

货物进出口总额　指实际进出我国国境的货物总金额。出口货物按离岸价格统计，进口货物按到岸价格统计。

一般公共预算收入　指国家财政参与社会产品分配所取得的收入，是实现国家职能的财力保证。主要包括：（1）各项税收：包括国内增值税、国内消费税、进口货物增值税和消费税、出口货物退增值税和消费税、营业税、企业所得税、个人所得税、资源税、城市维护建设税、房产税、印花税、城镇土地使用税、土地增值税、车船税、船舶吨税、车辆购置税、关税、耕地占用税、契税、烟叶税等。（2）非税收入：包括专项收入、行政事业性收费、罚没收入和其他收入。财政收入按现行分税制财政体制划分为中央本级收入和地方本级收入。

一般公共预算支出　指国家财政将筹集起来的资金进行分配使用，以满足经济建设和各项事业的需要。财政支出根据政府在经济和社会活动中的不同职权，划分为中央财政支出和地方财政支出。

旅游收入　指游客在中国（大陆）境内旅行、游览过程中用于交通、参观游览、住宿、餐饮、购物、娱乐等全部花费。

入境游客　指报告期内来中国（大陆）观光、度假、探亲访友、就医疗养、购物、参加会议或从事经济、文化、体育、宗教活动的外国人、港澳台同胞等游客（即入境旅游人数）。统计时，入境游客按每入境一次统计 1 人次。入境游客包括入境过夜游客和入境一日游游客。

国内游客　指报告期内在中国（大陆）观光游览、度假、探亲访友、就医疗养、购物、参加会议或从事经济、文化、体育、宗教活动的中国（大陆）居民人数，其出游的目的不是通过所从事的活动谋取报酬。统计时，国内游客按每出游一次统计 1 人次。

文化及相关产业　指为社会公众提供文化产品和文化相关产品的生产活动的集合。《文化及相关产业分类(2018)》规定文化及相关产业包括新闻信息服务、内容创作生产、创意设计服务等九大类。按业态不同，可分为文化制造业、文化批零业和文化服务业。

规模以上文化制造业企业 指《文化及相关产业分类(2018)》所规定行业范围内，年主营业务收入在2000万元及以上的工业企业法人。

R&D（研究与试验发展） 指在科学技术领域，为增加知识总量、以及运用这些知识去创造新的应用而进行的系统的、创造性的活动，包括基础研究、应用研究、试验发展三类活动。

R&D人员全时当量 指报告期企业R&D全时人员（全年从事R&D活动累积工作时间占全部工作时间的90%及以上人员）工作量与非全时人员按实际工作时间折算的工作量之和。

R&D经费内部支出 指企业在报告年度用于内部开展R&D活动的实际支出。包括用于R&D项目（课题）活动的直接支出，以及间接用于R&D活动的管理费、服务费、与R&D有关的基本建设支出以及外协加工费等。不包括生产性活动支出、归还贷款支出以及与外单位合作或委托外单位进行R&D活动而转拨给对方的经费支出。

限额以上文化批零业企业 指《文化及相关产业分类(2018)》所规定行业范围内，年主营业务收入在2000万元及以上的批发业企业法人和年主营业务收入在500万元及以上的零售业企业法人。

规模以上文化服务业企业 指《文化及相关产业分类(2018)》所规定行业范围内，年主营业务收入在1000万元及以上的服务业企业，其中交通运输、仓储和邮政业，信息传输、软件和信息技术服务业，水利、环境和公共设施管理业的营业收入在2000万元及以上，居民服务、修理和其他服务业以及文化、体育和娱乐业的年营业收入在500万元及以上。

少儿读物 指供初中及初中以下少年儿童阅读的书籍。

版权合同登记 指根据国际条约和中国有关法律法规，申请人到著作权行政管理部门登记著作权质权等各类授权合同的行为。

作品自愿登记 指作者、其他享有著作权的公民、法人或者非法人单位和专有权所有人及其代理人，自愿到著作权行政管理部门登记应予以保护作品的行为。

版权输出和引进 指以受版权保护的作品的财产权为标的物，与国外的出版单位等相关机构进行的交易行为，其内容涉及图书、报刊、影视、动漫、戏剧、音乐、软件等。

广播（电视）节目综合人口覆盖率 指根据国家广电总局制定的《广播电视人口覆盖率统计技术标准和方法》进行统计调查的，在对象区内能接收到中央、省、地市、或县通过无线、有线或卫星等各种技术方式转播的各级广播（电视）节目的人口数占全部总人口的比重。

有线广播电视实际用户数 指通过广播电视有线传输网收看电视节目的家庭用户数，包括接收模拟信号和接收数字信号的有线电视用户数。不包括宾馆、单位、写字楼等集体用户。

数字电视实际用户数 指通过广播电视有线传输网收看数字信号电视节目的家庭用户数。

全年广播（电视）节目制作时间 指广播电视节目制作机构全年自采、自编、自录的及合作制作、加工制作的各类广播（电视）节目（包括直播节目）的总时长。

公共广播（电视）节目套数 指经国家广电总局批准的、广播电视播出机构开办的不向听众收取收听（收看）费用，以为大众提供公共广播（电视）服务为主要目的，用固定频率（频道）播出，并编有整套自办节目时间表的广播（电视）节目套数。

全年公共广播（电视）节目播出时间 指广播电视播出机构自办节目频率（频道）内公共节目全年播出的时间（含节目重复播出时间）。

艺术表演团体 指由文化部门主办或实行行业管理（经文化市场行政部门审批或已申报登记并领取相关许可证），专门从事表演艺术等活动的各类专业艺术表演团体，含民间职业剧团。不包括群众业余文艺表演团体。

艺术表演场馆 指由文化部门主办或实行行业管理（经文化市场行政部门审批或已申报登记并领取相关许可证），有观众席、舞台、灯光设备，公开售票、专供文艺团体演出的文化活动场所。

博物馆　指为了研究、教育、欣赏的目的，收藏、保护、展示人类活动和自然环境的见证物，向公众开放，非营利性、永久性社会服务机构，包括以博物馆（院）、纪念馆（舍）、美术（艺术）馆、科技馆、陈列馆等专有名称开展活动的单位。

总藏量　指公共图书馆已编目的古籍、图书、期刊和报纸的合订本、小册子、手稿，以及缩微制品、录像带、录音带、光盘等视听文献资料数量之和。

藏品　指文博机构根据收藏品的文化属性、自然属性等情况，所划分的文物藏品、标本藏品、模型藏品（含具有收藏、展示价值的雕塑、绘画等艺术作品）和复制品藏品的总和。本指标所统计的藏品是指报告期末，该机构已经整理并登记入账的藏品数。

国家综合档案馆　指归口中央或地方各级档案行政管理部门直接管理的，按行政区划或历史时期设置的，收集和管理所辖范围内多种门类档案的档案馆。

国家级风景名胜区　指经国务院审定公布的风景名胜区。

娱乐场所　指以营利为目的，并向公众开放、消费者自娱自乐的歌舞、游艺等场所，以及各地文化行政部门依据相关规定管理并发放《娱乐场所经营许可证》的其它娱乐场所。

网吧　指通过计算机等设备向公众提供互联网上网服务的营业性娱乐文化服务场所。

动漫企业　指经文化部、财政部、国家税务总局三部门联合认定的从事漫画创作、动画创作、网络动漫（含手机动漫）创作、动漫舞台创作、动漫软件开发和动漫衍生产品研发等动漫业务的企业。

移动个性化回铃用户　指报告期末电信企业开通的、可由用户自己选择回铃音的移动电话用户。包括使用套餐由电信企业提供多种回铃音的移动电话用户。

互联网宽带接入用户　指报告期末在电信企业登记注册，通过 xDSL、FTTx+LAN、FTTH/O 以及其他宽带接入方式和普通专线接入公众互联网的用户。

互联网普及率　指报告期末互联网网民占行政区域总人口的比率。互联网网民是指通过定期调查进行估算的过去半年内使用过互联网的 6 周岁及以上中国居民。

网页长度（总字节数）　指报告期内中国所有网站所含网页的总长度。网站是指以域名本身或者“www.+域名”为网址的 web 站点，其中包括中国的国家顶级域名.CN 和类别顶级域名（gTLD）下的 web 站点，该域名的注册者位于中国境内。

网站数　指报告期内中国所有网站的总数量。网站是指以域名本身或者“www.+域名”为网址的 web 站点，其中包括中国的国家顶级域名.CN 和类别顶级域名（gTLD）下的 web 站点，该域名的注册者位于中国境内。

互联网宽带接入端口　指用于接入互联网用户的各类实际安装运行的接入端口的数量，包括 xDSL 用户接入端口、LAN 接入端口、FTTH/O 端口及其他类型接入端口等，不包括窄带拨号接入端口。

互联网国际出口带宽　指基础电信企业与其他国家和地区相连的网络出口带宽总数。

互联网及相关服务企业数　指获得工业和信息化部或省、自治区、直辖市通信管理局颁发的《增值电信业务经营许可证》、在中国大陆境内经营全国或区域性增值电信业务的服务商数。

互联网及相关服务收入　指企业经营《增值电信业务经营许可证》中注册的业务所获得的收入总和。

更多指标解释可参见《中国统计年鉴》和相关专业统计年鉴。

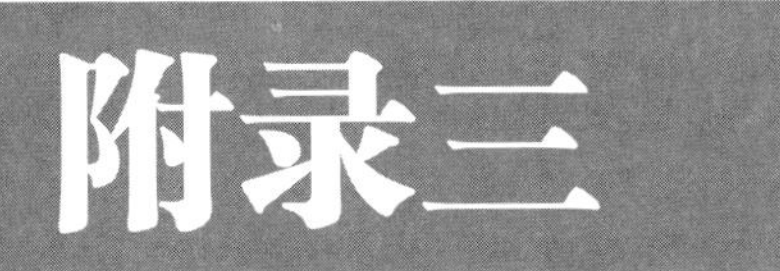

Appendix 3

文化及相关产业分类(2018)

Classification of Culture and Related Industries (2018)

文化及相关产业分类(2018)

一、分类目的和作用

（一）为深化文化体制改革和持续推进社会主义文化强国建设提供统计保障，建立科学可行的文化及相关产业统计制度，制定本分类。

（二）本分类为反映我国文化及相关产业生产活动提供标准分类依据，为文化及相关产业统计提供统一的定义和范围，为发展文化产业、推进社会主义文化繁荣兴盛提供统计服务。

二、分类定义和范围

（一）定义。

本分类规定的文化及相关产业是指为社会公众提供文化产品和文化相关产品的生产活动的集合。

（二）范围。

1.以文化为核心内容，为直接满足人们的精神需要而进行的创作、制造、传播、展示等文化产品（包括货物和服务）的生产活动。具体包括新闻信息服务、内容创作生产、创意设计服务、文化传播渠道、文化投资运营和文化娱乐休闲服务等活动。

2.为实现文化产品的生产活动所需的文化辅助生产和中介服务、文化装备生产和文化消费终端生产（包括制造和销售）等活动。

三、编制原则

（一）以《国民经济行业分类》为基础。

本分类以《国民经济行业分类》（GB/T 4754-2017）为基础，根据文化生产活动的特点，将行业分类中相关的类别重新组合，是《国民经济行业分类》的派生分类。

（二）兼顾文化管理需要和可操作性。

根据我国文化体制改革和发展的实际，本分类在考虑文化生产活动特点的同时，兼顾文化主管部门管理的需要；同时立足于现行统计制度和方法，充分考虑分类的可操作性。

（三）与国际分类标准相衔接。

本分类借鉴了联合国教科文组织的《文化统计框架-2009》的分类方法，在定义和覆盖范围上与其衔接。

四、结构和编码

本分类采用线分类法和分层次编码方法，将文化及相关产业划分为三层，分别用阿拉伯数字编码表示。第一层为大类，用 01-09 数字表示，共有 9 个大类；第二层为中类，用 3 位数字表示，共有 43 个中类；第三层为小类，用 4 位数字表示，共有 146 个小类。

本分类代码结构:

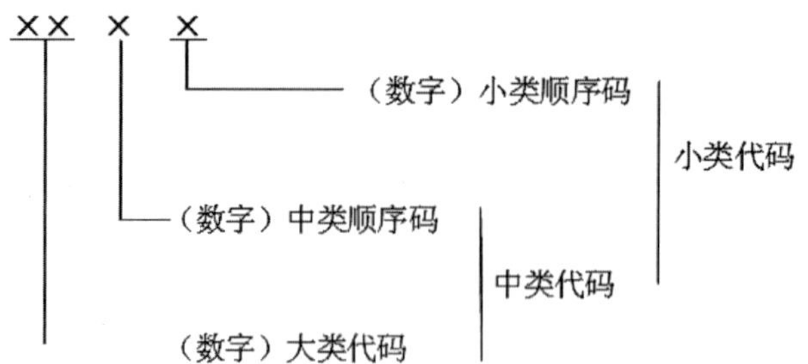

五、有关说明

（一）本分类建立了与《国民经济行业分类》（GB/T 4754-2017）的对应关系。在本分类中，如国民经济某行业小类仅部分活动属于文化及相关产业，则在行业代码后加“*”做标识，并对属于文化生产活动的内容进行说明；如国民经济某行业小类全部纳入文化及相关产业，则小类类别名称与行业类别名称完全一致。

（二）本分类全部小类对应或包含在《国民经济行业分类》（GB/T 4754-2017）相应的行业小类中，具体范围和说明可参见《2017 国民经济行业分类注释》。

（三）本分类 01-06 大类为文化核心领域，07-09 大类为文化相关领域。

六、文化及相关产业分类表

表 1 文化及相关产业的类别名称和行业代码

代码			类别名称	说明	行业分类代码
大类	中类	小类			
			文化核心领域	本领域包括 01-06 大类。	
01			新闻信息服务		
	011		新闻服务		
		0110	新闻业	包括新闻采访、编辑、发布和其他新闻服务。	8610
	012		报纸信息服务		
		0120	报纸出版	包括党报出版、综合新闻类报纸出版和其他报纸出版服务。	8622
	013		广播电视信息服务		
		0131	广播	指广播节目的现场制作、播放及其他相关活动，还包括互联网广播。	8710
		0132	电视	指有线和无线电视节目的现场制作、播放及其他相关活动，还包括互联网电视。	8720
		0133	广播电视集成播控	指 IP 电视、手机电视、互联网电视等专网及定向传播视听节目服务的集成播控，还包括普通广播电视节目集成播控。	8740
	014		互联网信息服务		
		0141	互联网搜索服务	指互联网中的特殊站点，专门用来帮助人们查找存储在其他站点上的信息。	6421
		0142	互联网其他信息服务	包括网上新闻、网上软件下载、网上音乐、网上视频、网上图片、网上动漫、网上文学、网上电子邮件、网上新媒体、网上信息发布、网站导航和其他互联网信息服务。	6429
02			内容创作生产		
	021		出版服务		
		0211	图书出版	包括书籍出版、课本类书籍出版和其他图书出版服务。	8621
		0212	期刊出版	包括综合类杂志出版，经济、哲学、社会科学类杂志出版，自然科学、技术类杂志出版，文化、教育类杂志出版，少儿读物类杂志出版和其他杂志出版服务。	8623
		0213	音像制品出版	包括录音制品出版和录像制品出版服务。	8624
		0214	电子出版物出版	包括马列毛泽东思想、哲学等分类别电子出版物，综合类电子出版物和其他电子出版物出版服务。	8625
		0215	数字出版	指利用数字技术进行内容编辑加工，并通过网络传播数字内容产品的出版服务。	8626
		0216	其他出版业	指其他出版服务。	8629
	022		广播影视节目制作		
		0221	影视节目制作	指电影、电视和录像（含以磁带、光盘为载体）节目的制作活动，该节目可以作为电视、电影播出、放映，也可以作为出版、销售的原版录像带（或光盘），还可以在其他场合宣传播放，还包括影视节目的后期制作，但不包括电视台制作节目的活动。	8730

代码			类别名称	说明	行业分类代码
大类	中类	小类			
		0222	录音制作	指从事录音节目、音乐作品的制作活动，其节目或作品可以在广播电台播放，也可以制作成出版、销售的原版录音带（磁带或光盘），还可以在其他宣传场合播放，但不包括广播电台制作节目的活动。	8770
	023		创作表演服务		
		0231	文艺创作与表演	指文学、美术创造和表演艺术（如戏曲、歌舞、话剧、音乐、杂技、马戏、木偶等表演艺术）等活动。	8810
		0232	群众文体活动	指对各种主要由城乡群众参与的文艺类演出、比赛、展览等公益性文化活动的管理活动。	8870
		0233	其他文化艺术业	包括网络（手机）文化服务，史料、史志编辑服务，艺（美）术品、收藏品鉴定和评估服务，街头报刊橱窗管理服务和其他未列明文化艺术服务。	8890
	024		数字内容服务		
		0241	动漫、游戏数字内容服务	指将动漫和游戏中的图片、文字、视频、音频等信息内容运用数字化技术进行加工、处理、制作并整合应用的服务，使其通过互联网传播，在计算机、手机、电视等终端播放，在存储介质上保存。	6572
		0242	互联网游戏服务	指以互联网为传输媒介，以游戏运营商服务器和用户计算机为处理终端，以游戏客户端软件为信息交互窗口，旨在实现娱乐、休闲、交流和取得虚拟成就的具有可持续性的个体性多人在线游戏。包括互联网电子竞技服务。	6422
		0243	多媒体、游戏动漫和数字出版软件开发	仅指通用应用软件中的多媒体软件、游戏动漫软件、数字出版软件开发。该小类包含在应用软件开发行业小类中。	6513*
		0244	增值电信文化服务	仅指固定网增值电信、移动网增值电信、其他增值电信中的文化服务。该小类包含在其他电信服务行业小类中。	6319*
		0245	其他文化数字内容服务	仅指文化宣传领域数字内容服务。该小类包含在其他数字内容服务行业小类中。	6579*
	025		内容保存服务		
		0251	图书馆	包括公共图书馆、高等院校图书馆、专业图书馆和其他图书馆管理服务。	8831
		0252	档案馆	包括综合档案馆、专门档案馆、部门档案馆、企业档案馆、事业单位档案馆和其他档案馆管理服务。	8832
		0253	文物及非物质文化遗产保护	指对具有历史、文化、艺术、科学价值，并经有关部门鉴定，列入文物保护范围的不可移动文物的保护和管理活动；对我国口头传统和表现形式，传统表演艺术，社会实践、意识、节庆活动，有关的自然界和宇宙的知识和实践，传统手工艺等非物质文化遗产的保护和管理活动。	8840
		0254	博物馆	指收藏、研究、展示文物和标本的博物馆的活动，以及展示人类文化、艺术、科技、文明的美术馆、艺术馆、展览馆、科技馆、天文馆等管理活动。	8850
		0255	烈士陵园、纪念馆	包括烈士陵园和烈士纪念馆管理服务。	8860
	026		工艺美术品制造		
		0261	雕塑工艺品制造	指以玉石、宝石、象牙、角、骨、贝壳等硬质材料，木、竹、椰壳、树根、软木等天然植物，以及石膏、泥、面、塑料等为原料，经雕刻、琢、磨、捏或塑等艺术加工而制成的各种供欣赏和实用的工艺品的制作活动。	2431

代码			类别名称	说明	行业分类代码
大类	中类	小类			
		0262	金属工艺品制造	指以金、银、铜、铁、锡等各种金属为原料，经过制胎、浇铸、锻打、錾刻、搓丝、焊接、纺织、镶嵌、点兰、烧制、打磨、电镀等各种工艺加工制成的造型美观、花纹图案精致的工艺美术品的制作活动。	2432
		0263	漆器工艺品制造	指将半生漆、腰果漆加工调配成各种鲜艳的漆料，以木、纸、塑料、铜、布等作胎，采用推光、雕填、彩画、镶嵌、刻灰等传统工艺和现代漆器工艺进行的工艺制品的制作活动。	2433
		0264	花画工艺品制造	指以绢、丝、绒、纸、涤纶、塑料、羽毛、通草以及鲜花草等为原料，经造型设计、模压、剪贴、干燥等工艺精制而成的花、果、叶等人造花类工艺品，以画面出现、可以挂或摆的具有欣赏性、装饰性的画类工艺品的制作活动。	2434
		0265	天然植物纤维编织工艺品制造	指以竹、藤、棕、草、柳、葵、麻等天然植物纤维为材料，经编织或镶嵌而成具有造型艺术或图案花纹，以欣赏为主的工艺陈列品以及工艺实用品的制作活动。	2435
		0266	抽纱刺绣工艺品制造	指以棉、麻、丝、毛及人造纤维纺织品等为主要原料，经设计、刺绣、抽、拉、钩等工艺加工各种生活装饰用品，以及以纺织品为主要原料，经特殊手工工艺或民间工艺方法加工成各种具有较强装饰效果的生活用纺织品的制作活动。	2436
		0267	地毯、挂毯制造	指以羊毛、丝、棉、麻及人造纤维等为原料，经手工编织、机织、栽绒等方式加工而成的各种具有装饰性的地面覆盖物或可用于悬挂、垫坐等用途的生活装饰用品的制作活动。	2437
		0268	珠宝首饰及有关物品制造	指以金、银、铂等贵金属及其合金以及钻石、宝石、玉石、翡翠、珍珠等为原料，经金属加工和连结组合、镶嵌等工艺加工制作各种图案的装饰品的制作活动。	2438
		0269	其他工艺美术及礼仪用品制造	指其他工艺美术品的制造活动。	2439
	027		艺术陶瓷制造		
		0271	陈设艺术陶瓷制造	指以粘土、瓷土、瓷石、长石、石英等为原料，经制胎、施釉、装饰、烧制等工艺制成，主要供欣赏、装饰的陶瓷工艺美术品制造。	3075
		0272	园艺陶瓷制造	指专门为园林、公园、室外景观的摆设或具有一定功能的大型陶瓷制造。	3076
03			创意设计服务		
	031		广告服务		
		0311	互联网广告服务	指提供互联网广告设计、制作、发布及其他互联网广告服务。包括网络电视、网络手机等各种互联网终端的广告的服务。	7251
		0312	其他广告服务	指除互联网广告以外的广告服务。	7259
	032		设计服务		
		0321	建筑设计服务	仅包括房屋建筑工程，体育、休闲娱乐工程，室内装饰和风景园林工程专项设计服务。该小类包含在工程设计活动行业小类中。	7484*
		0322	工业设计服务	指独立于生产企业的工业产品和生产工艺设计，不包括工业产品生产环境设计、产品传播设计、产品设计管理等活动。	7491
		0323	专业设计服务	包括时装、包装装潢、多媒体、动漫及衍生产品、饰物装饰、美术图案、展台、模型和其他专业设计服务。	7492
04			文化传播渠道		
	041		出版物发行		

代码			类别名称	说明	行业分类代码
大类	中类	小类			
		0411	图书批发	包括书籍、课本和其他图书的批发和进出口。	5143
		0412	报刊批发	包括报纸、杂志的批发和进出口。	5144
		0413	音像制品、电子和数字出版物批发	包括音像制品及电子出版物的批发和进出口。	5145
		0414	图书、报刊零售	包括图书零售服务，报纸、杂志专门零售服务，图书、报刊固定摊点零售服务。	5243
		0415	音像制品、电子和数字出版物零售	包括音像制品专门零售店、电子出版物专门零售、音像制品及电子出版物固定摊点零售服务。	5244
		0416	图书出租	指各种图书出租服务，不包括图书馆的租书业务。	7124
		0417	音像制品出租	指各种音像制品出租服务，不包括以销售音像制品为主的出租音像活动。	7125
	042		广播电视节目传输		
		0421	有线广播电视传输服务	指有线广播电视网和信号的传输服务。	6321
		0422	无线广播电视传输服务	指无线广播电视信号的传输服务。	6322
		0423	广播电视卫星传输服务	包括卫星广播电视信号的传输、覆盖与接收服务，卫星广播电视传输、覆盖、接收系统的设计、安装、调试、测试、监测等服务。	6331
	043		广播影视发行放映		
		0431	电影和广播电视节目发行	包括电影发行和进出口交易、非电视台制作的电视节目发行和进出口服务。	8750
		0432	电影放映	指专业电影院以及设在娱乐场所独立（或相对独立）的电影放映等活动。	8760
	044		艺术表演		
		0440	艺术表演场馆	指有观众席、舞台、灯光设备，专供文艺团体演出的场所管理活动。	8820
	045		互联网文化娱乐平台		
		0450	互联网文化娱乐平台	仅包括互联网演出购票平台、娱乐应用服务平台、音视频服务平台、读书平台、艺术品鉴定拍卖平台和文化艺术平台。该小类包含在互联网生活服务平台行业小类中。	6432*
	046		艺术品拍卖及代理		
		0461	艺术品、收藏品拍卖	指艺术品、收藏品拍卖活动。包括艺（美）术品拍卖服务、文物拍卖服务、古董和字画拍卖服务。	5183
		0462	艺术品代理	指艺术品代理活动。包括字画代理、古玩收藏品代理、画廊艺术经纪代理和其他艺术品代理。	5184
	047		工艺美术品销售		
		0471	首饰、工艺品及收藏品批发	指首饰、工艺品及收藏品的批发活动。	5146
		0472	珠宝首饰零售	指珠宝首饰的零售活动。	5245
		0473	工艺美术品及收藏品零售	指专门经营具有收藏价值和艺术价值的工艺品、艺术品、古玩、字画、邮品等的店铺零售活动。	5246
05			文化投资运营		

代　码			类别名称	说　明	行业分类代码
大类	中类	小类			
	051		投资与资产管理		
		0510	文化投资与资产管理	仅指政府主管部门转变职能后，成立的国有文化资产管理机构和文化行业管理机构的活动；文化投资活动，不包括资本市场的投资。该小类包含在投资与资产管理行业小类中。	7212*
	052		运营管理		
		0521	文化企业总部管理	仅指文化企业总部的活动，其对外经营业务由下属的独立核算单位或单独核算单位承担，还包括派出机构的活动（如办事处等）。该小类包含在企业总部管理行业小类中。	7211*
		0522	文化产业园区管理	仅指非政府部门的文化产业园区管理服务。该小类包含在园区管理服务行业小类中。	7221*
06			文化娱乐休闲服务		
	061		娱乐服务		
		0611	歌舞厅娱乐活动	指各种歌舞厅娱乐活动。	9011
		0612	电子游艺厅娱乐活动	指各种电子游艺厅娱乐服务。	9012
		0613	网吧活动	指通过计算机等装置向公众提供互联网上网服务的网吧、电脑休闲室等营业性场所的服务。	9013
		0614	其他室内娱乐活动	包括儿童室内游戏娱乐服务、室内手工制作娱乐服务和其他室内娱乐服务。	9019
		0615	游乐园	指配有大型娱乐设施的室外娱乐活动及以娱乐为主的活动。	9020
		0616	其他娱乐业	指公园、海滩和旅游景点内小型设施的娱乐活动及其他娱乐活动。	9090
	062		景区游览服务		
		0621	城市公园管理	指主要为人们提供休闲、观赏、游览以及开展科普活动的城市各类公园管理活动。	7850
		0622	名胜风景区管理	指对具有一定规模的自然景观、人文景观的管理和保护活动，以及对环境优美、具有观赏、文化和科学价值风景名胜区的保护与管理活动。	7861
		0623	森林公园管理	指国家自然保护区、名胜景区以外的，以大面积人工林或天然林为主体而建设的公园管理活动。	7862
		0624	其他游览景区管理	指其他未列明的游览景区的管理活动。	7869
		0625	自然遗迹保护管理	包括地质遗迹保护管理、古生物遗迹保护管理等。	7712
		0626	动物园、水族馆管理服务	指以保护、繁殖、科学研究、科普、供游客观赏为目的，饲养野生动物场所的管理服务。	7715
		0627	植物园管理服务	指以调查、采集、鉴定、引种、驯化、保存、推广、科普为目的，并供游客游憩、观赏的园地管理服务。	7716
	063		休闲观光游览服务		
		0631	休闲观光活动	指以农林牧渔业、制造业等生产和服务领域为对象的休闲观光旅游活动。	9030
		0632	观光游览航空服务	指直升机、热气球等游览飞行服务。	5622
			文化相关领域	本领域包括07-09大类。	
07			文化辅助生产和中介服务		
	071		文化辅助用品制造		

代码			类别名称	说明	行业分类代码
大类	中类	小类			
		0711	文化用机制纸及纸板制造	仅指未涂布印刷书写用纸、涂布类印刷用纸、感应纸及纸板制造。该小类包含在机制纸及纸板制造行业小类中。	2221*
		0712	手工纸制造	指采用手工操作成型，制成纸的生产活动。包括手工纸（宣纸、国画纸、其他手工纸）及手工纸板。	2222
		0713	油墨及类似产品制造	指由颜料、联接料（植物油、矿物油、树脂、溶剂）和填充料经过混合、研磨调制而成，用于印刷的有色胶浆状物质，以及用于计算机打印、复印机用墨等的生产活动。	2642
		0714	工艺美术颜料制造	指油画、水粉画、广告等艺术用颜料的制造。	2644
		0715	文化用信息化学品制造	指电影、照相、医用、幻灯及投影用感光材料、冲洗套药，磁、光记录材料，光纤维通讯用辅助材料，及其专用化学制剂的制造。	2664
	072		印刷复制服务		
		0721	书、报刊印刷	指书、报刊的印刷活动。	2311
		0722	本册印制	指由各种纸及纸板制作的，用于书写和其他用途的本册生产活动。	2312
		0723	包装装潢及其他印刷	指根据一定的商品属性、形态，采用一定的包装材料，经过对商品包装的造型结构艺术和图案文字的设计与安排来装饰美化商品的印刷，以及其他印刷活动。	2319
		0724	装订及印刷相关服务	指专门企业从事的装订、压印媒介制造等与印刷有关的服务。	2320
		0725	记录媒介复制	指将母带、母盘上的信息进行批量翻录的生产活动。	2330
		0726	摄影扩印服务	包括摄影服务、照片扩印及处理服务。	8060
	073		版权服务		
		0730	版权和文化软件服务	仅指版权服务、文化软件服务。该小类包含在知识产权服务行业小类中。	7520*
	074		会议展览服务		
		0740	会议、展览及相关服务	指以会议为主，也可附带展览及其他相关的活动形式，包括项目策划组织、场馆租赁保障、相关服务。	7281-7284 7289
	075		文化经纪代理服务		
		0751	文化活动服务	指策划、组织、实施各类文化、晚会、娱乐、演出、庆典、节日等活动的服务。	9051
		0752	文化娱乐经纪人	指各种文化娱乐经纪人活动。包括演员挑选、推荐服务，艺术家、作家经纪人服务，演员经纪人服务，模特经纪人服务，其他演员、艺术家经纪人服务。	9053
		0753	其他文化艺术经纪代理	指其他文化艺术经纪代理活动。	9059
		0754	婚庆典礼服务	仅指婚庆礼仪服务。该小类包含在婚姻服务行业小类中。	8070*
		0755	文化贸易代理服务	仅指文化贸易代理服务。该小类包含在贸易代理行业小类中。	5181*
		0756	票务代理服务	指除旅客交通票务代理外的各种票务代理服务。	7298
	076		文化设备（用品）出租服务		
		0761	休闲娱乐用品设备出租	指各种休闲娱乐用品设备出租活动。	7121

代码			类别名称	说明	行业分类代码
大类	中类	小类			
		0762	文化用品设备出租	指各种文化用品设备出租活动。	7123
	077		文化科研培训服务		
		0771	社会人文科学研究	指各种社会人文科学研究活动。	7350
		0772	学术理论社会（文化）团体	仅指学术理论社会团体、文化团体的服务。该小类包含在专业性团体行业小类中。	9521*
		0773	文化艺术培训	指国家学校教育制度以外，由正规学校或社会各界办的文化艺术培训活动，不包括少年儿童的课外艺术辅导班。	8393
		0774	文化艺术辅导	仅包括美术、舞蹈、音乐、书法和武术等辅导服务。该小类包含在其他未列明教育行业小类中。	8399*
08			文化装备生产		
	081		印刷设备制造		
		0811	印刷专用设备制造	指使用印刷或其他方式将图文信息转移到承印物上的专用生产设备的制造。	3542
		0812	复印和胶印设备制造	指各种用途的复印设备和集复印、打印、扫描、传真为一体的多功能一体机的制造；以及主要用于办公室的胶印设备、文字处理设备及零件的制造。	3474
	082		广播电视电影设备制造及销售		
		0821	广播电视节目制作及发射设备制造	指广播电视节目制作、发射设备及器材的制造。	3931
		0822	广播电视接收设备制造	指专业广播电视接收设备的制造，但不包括家用广播电视接收设备的制造。	3932
		0823	广播电视专用配件制造	指专业用录像重放及其他配套的广播电视设备的制造，但不包括家用广播电视装置的制造。	3933
		0824	专业音响设备制造	指广播电视、影剧院、录音棚、会议、各种场地等专业用录音、音响设备及其他配套设备的制造。	3934
		0825	应用电视设备及其他广播电视设备制造	指应用电视设备、其他广播电视设备和器材的制造。	3939
		0826	广播影视设备批发	指广播影视设备的批发和进出口活动。	5178
		0827	电影机械制造	指各种类型或用途的电影摄影机、电影录音摄影机、影像放映机及电影辅助器材和配件的制造。	3471
	083		摄录设备制造及销售		
		0831	影视录放设备制造	指非专业用录像机、摄像机、激光视盘机等影视设备整机及零部件的制造，包括教学用影视设备的制造，但不包括广播电视等专业影视设备的制造。	3953
		0832	娱乐用智能无人飞行器制造	指按照国家有关安全规定标准，经允许生产并主要用于娱乐的智能无人飞行器的制造。该小类包含在智能无人飞行器制造行业小类中。	3963*
		0833	幻灯及投影设备制造	指通过媒体将在电子成像器件上的文字图像、胶片上的文字图像、纸张上的文字图像及实物投射到银幕上的各种设备、器材及零配件的制造。	3472
		0834	照相机及器材制造	指各种类型或用途的照相机的制造。包括用以制备印刷板，用于水下或空中照相的照相机制造，以及照相机用闪光装置、摄影暗室装置和零件的制造。	3473
		0835	照相器材零售	指照相器材专门零售。	5248

代码			类别名称	说明	行业分类代码
大类	中类	小类			
	084		演艺设备制造及销售		
		0841	舞台及场地用灯制造	指演出舞台、演出场地、运动场地、大型活动场地用灯制造。	3873
		0842	舞台照明设备批发	仅指各类舞台照明设备的批发。该小类包含在电气设备批发行业小类中。	5175*
	085		游乐游艺设备制造		
		0851	露天游乐场所游乐设备制造	指主要安装在公园、游乐园、水上乐园、儿童乐园等露天游乐场所的电动及非电动游乐设备和游艺器材的制造。	2461
		0852	游艺用品及室内游艺器材制造	指主要供室内、桌上等游艺及娱乐场所使用的游乐设备、游艺器材和游艺娱乐用品，以及主要安装在室内游乐场所的电子游乐设备的制造。	2462
		0853	其他娱乐用品制造	指其他未列明的娱乐用品制造。	2469
	086		乐器制造及销售		
		0861	中乐器制造	指各种中乐器的制造活动。	2421
		0862	西乐器制造	指各种西乐器的制造活动。	2422
		0863	电子乐器制造	指各种电子乐器的制造活动。	2423
		0864	其他乐器及零件制造	指其他未列明的乐器、乐器零件及配套产品的制造。	2429
		0865	乐器批发	指各种乐器的批发活动。	5147
		0866	乐器零售	指各种乐器的零售活动。	5247
09			文化消费终端生产		
	091		文具制造及销售		
		0911	文具制造	指办公、学习等使用的各种文具的制造。	2411
		0912	文具用品批发	指文具用品的批发活动。	5141
		0913	文具用品零售	指文具用品的零售活动。	5241
	092		笔墨制造		
		0921	笔的制造	指用于学习、办公或绘画等用途的各种笔制品的制造。	2412
		0922	墨水、墨汁制造	指各种墨水、墨汁及墨汁类似品的制造活动。	2414
	093		玩具制造		
		0930	玩具制造	指以儿童为主要使用者，用于玩耍、智力开发等娱乐器具的制造。	2451-2456 2459
	094		节庆用品制造		
		0940	焰火、鞭炮产品制造	指节日、庆典用焰火及民用烟花、鞭炮等产品的制造。	2672
	095		信息服务终端制造及销售		
		0951	电视机制造	指非专业用电视机制造。包括彩色、黑白电视机以及其他视频设备（移动电视机和其他未列明视频设备）的制造。	3951
		0952	音响设备制造	指非专业用音箱、耳机、组合音响、功放、无线电收音机、收录音机等音响设备的制造。	3952
		0953	可穿戴智能文化设备制造	指由用户穿戴和控制，并且自然、持续地运行和交互的个人移动计算文化设备产品的制造。该小类包含在可穿戴智能设备制造行业小类中。	3961*

代　码			类别名称	说　明	行业分类代码
大类	中类	小类			
		0954	其他智能文化消费设备制造	指虚拟现实设备制造活动。该小类包含在其他智能消费设备制造行业小类中。	3969*
		0955	家用视听设备批发	指家用视听设备批发活动。	5137
		0956	家用视听设备零售	指专门经营电视、音响设备、摄录像设备等的店铺零售活动。	5271
		0957	其他文化用品批发	包括玩具批发服务以及玩具、游艺及娱乐用品、照相器材和其他文化娱乐用品批发和进出口。	5149
		0958	其他文化用品零售	指专门经营游艺用品及其他未列明文化用品的店铺零售活动。	5249

注：行业分类代码后标有“*”的表示该行业类别仅有部分内容属于文化及相关产业。

表 2 带“*”行业分类文化生产活动内容的说明

序号	国民经济行业分类及代码	文化及相关产业类别名称及小类代码	文化生产活动的内容
1	应用软件开发（6513*）	多媒体、游戏动漫和数字出版软件开发（0243）	包括应用软件开发中的多媒体软件、游戏动漫软件、数字出版软件开发活动。
2	其他电信服务（6319*）	增值电信文化服务（0244）	仅指固定网增值电信、移动网增值电信、其他增值电信中的文化服务，包括手机报、个性化铃音等业务服务。
3	其他数字内容服务（6579*）	其他文化数字内容服务（0245）	仅指文化宣传领域数字内容服务。
4	工程设计活动（7484*）	建筑设计服务（0321）	仅包括房屋建筑工程，体育、休闲娱乐工程，室内装饰和风景园林工程专项设计服务。
5	互联网生活服务平台（6432*）	互联网文化娱乐平台（0450）	仅包括互联网演出购票平台、娱乐应用服务平台、音视频服务平台、读书平台、艺术品鉴定拍卖平台和文化艺术平台。
6	投资与资产管理（7212*）	文化投资与资产管理（0510）	指政府主管部门转变职能后，成立的国有文化资产管理机构和文化行业管理机构的活动；文化投资活动，不包括资本市场的投资。
7	企业总部管理（7211*）	文化企业总部管理（0521）	指不具体从事对外经营业务，只负责文化企业的重大决策、资产管理，协调管理下属各机构和内部日常工作的文化企业总部的活动，其对外经营业务由下属的独立核算单位或单独核算单位承担，还包括派出机构的活动（如办事处等）。
8	园区管理服务（7221*）	文化产业园区管理（0522）	仅指非政府部门的文化产业园区管理服务。
9	机制纸及纸板制造（2221*）	文化用机制纸及纸板制造（0711）	包括未涂布印刷书写用纸制造、涂布类印刷用纸制造、感应纸及纸板制造。
10	知识产权服务（7520*）	版权和文化软件服务（0730）	版权服务包括版权代理服务，版权鉴定服务，版权咨询服务，著作权登记服务，著作权使用报酬收转服务，版权交易、版权贸易服务和其他版权服务。文化软件服务指与文化有关的软件服务，包括软件代理、软件著作权登记、软件鉴定等服务。
11	婚姻服务（8070*）	婚庆典礼服务（0754）	指婚庆礼仪服务。包括婚礼策划、组织服务，婚礼租车服务，婚礼用品出租服务，婚礼摄像服务和其他婚姻服务。
12	贸易代理（5181*）	文化贸易代理服务（0755）	包括文化用品、图书、音像、文化用家用电器和广播电视器材等国际国内贸易代理服务。
13	专业性团体（9521*）	学术理论社会（文化）团体（0772）	学术理论社会团体包括党的理论研究、史学研究、思想工作研究、社会人文科学研究等团体的服务。文化团体包括新闻、图书、报刊、音像、版权、广播、电视、电影、演员、作家、文学艺术、美术家、摄影家、文物、博物馆、图书馆、文化馆、游乐园、公园、文艺理论研究、民族文化等团体的服务。

序号	国民经济行业分类及代码	文化及相关产业类别名称及小类代码	文化生产活动的内容
14	其他未列明教育（8399*）	文化艺术辅导（0774）	包括美术、舞蹈、音乐、书法和武术等辅导服务。
15	智能无人飞行器制造（3963*）	娱乐用智能无人飞行器制造（0832）	指按照国家有关安全规定标准，经允许生产并主要用于娱乐的智能无人飞行器的制造。
16	电气设备批发（5175*）	舞台照明设备批发（0842）	包括各类舞台照明设备的批发。
17	可穿戴智能设备制造（3961*）	可穿戴智能文化设备制造（0953）	指由用户穿戴和控制，并且自然、持续地运行和交互的个人移动计算文化设备产品的制造。
18	其他智能消费设备制造（3969*）	其他智能文化消费设备制造（0954）	仅指虚拟现实设备制造活动。